工会法一本通

法规应用研究中心 编

编辑说明

"法律一本通"系列丛书自2005年出版以来，以其科学的体系、实用的内容，深受广大读者的喜爱。2007年、2011年、2014年、2016年、2018年、2019年、2021年、2023年我们对其进行了改版，丰富了其内容，增强了其实用性，博得了广大读者的赞誉。

我们秉承"以法释法"的宗旨，在保持原有的体例之上，今年再次对"法律一本通"系列丛书进行改版，以达到"应办案所需，适学习所用"的目标。新版丛书具有以下特点：

1. 丛书以主体法的条文为序，逐条穿插关联的现行有效的法律、行政法规、部门规章、司法解释、请示答复和部分地方规范性文件，以方便读者理解和适用。

2. 丛书紧扣实践和学习两个主题，在目录上标注了重点法条，并在某些重点法条的相关规定之前，对收录的相关文件进行分类，再按分类归纳核心要点，以便读者最便捷地查找使用。

3. 丛书紧扣法律条文，在主法条的相关规定之后附上案例指引，收录最高人民法院、最高人民检察院指导性案例、公报案例以及相关机构公布的典型案例的裁判摘要、案例要旨或案情摘要等。通过相关案例，可以进一步领会和把握法律条文的适用，从而作为解决实际问题的参考。并对案例指引制作索引目录，方便读者查找。

4. 丛书以脚注的形式，对各类法律文件之间或者同一法律文件不同条文之间的适用关系、重点法条疑难之处进行说明，以便读者系统地理解我国现行各个法律部门的规则体系，从而更好地为教学科研和司法实践服务。

5. 丛书结合二维码技术的应用为广大读者提供增值服务，扫描前勒口二维码，即可在图书出版之日起一年内免费部分使用中国法治出版社推出的【法融】数据库。【法融】数据库中"国家法律法规"栏目便于读者查阅法律文件准确全文及效力，"最高法指导案例"和"最高检指导案例"两个栏目提供最高人民法院和最高人民检察院指导性案例的全文，为读者提供更多增值服务。

目　录

中华人民共和国工会法

第一章　总　则

- ★　第 一 条　【立法目的】 ································· 1
- ★　第 二 条　【工会性质及基本职责】 ················· 2
- ★　第 三 条　【劳动者有依法参加和组织工会的权利】 ········ 3
- 　　第 四 条　【工会活动准则】 ························· 6
- 　　第 五 条　【工会职能】 ···························· 6
- ★　第 六 条　【工会具体职责】 ························· 7
- ★　第 七 条　【工会对企业生产的服务与职工教育】 ········ 11
- ★　第 八 条　【加强产业工人队伍建设】 ················· 12
- 　　第 九 条　【总工会对外交往方针和原则】 ············· 14

第二章　工会组织

- ★　第 十 条　【工会组织原则】 ························· 14
- 　　第十一条　【各级工会组织的建立】 ··················· 16
- 　　第十二条　【工会组织的建立报批及帮助指导】 ········· 37
- ★　第十三条　【工会组织的撤销及合并】 ················· 37
- 　　第十四条　【工会主席及专职工作人员的确立】 ········· 41
- ★　第十五条　【法人资格】 ···························· 45
- 　　第十六条　【工会委员会任期】 ······················· 47
- 　　第十七条　【基层工会委员会会议的召开】 ············· 47

1

★ 第 十 八 条 【工会主席、副主席工作调动限制】………… 48
　　第 十 九 条 【基层工会主席、副主席及委员劳动合同期限的规定】…………………………………………… 53

第三章 工会的权利和义务

★ 第 二 十 条 【工会监督权】………………………… 55
★ 第二十一条 【劳动合同指导、集体合同代签与争议处理】…………………………………………… 74
★ 第二十二条 【对辞退、处分职工的提出意见权】……… 77
★ 第二十三条 【对职工劳动权益的维护】……………… 82
★ 第二十四条 【对劳保和安全卫生提出意见权】……… 105
★ 第二十五条 【职工生产安全维护】…………………… 106
★ 第二十六条 【工会的调查权】………………………… 110
★ 第二十七条 【工会对工伤的调查处理权】…………… 113
★ 第二十八条 【对停工、怠工的协调】………………… 119
★ 第二十九条 【工会对劳动争议的调解】……………… 125
★ 第 三 十 条 【县级以上总工会提供法律援助服务】… 142
　　第三十一条 【职工集体福利协助】…………………… 143
　　第三十二条 【加强思想政治引领，丰富职工文化生活】… 149
　　第三十三条 【评优等管理职能】……………………… 149
　　第三十四条 【对发展计划的建议权】………………… 149
　　第三十五条 【政府协商】……………………………… 150

第四章 基层工会组织

★ 第三十六条 【企业权力机构及其工作机构】………… 151
　　第三十七条 【集体企业工会职责】…………………… 154
　　第三十八条 【工会参与民主管理】…………………… 154

第三十九条	【工会代表对企事业单位、社会组织决策的参与】	155
★ 第四十条	【职工代表的产生】	155
第四十一条	【工会活动的时间安排】	157
第四十二条	【工会工作人员待遇】	157

第五章 工会的经费和财产

★ 第四十三条	【工会经费来源及使用】	157
第四十四条	【工会经费的保障】	160
★ 第四十五条	【工会经费管理】	161
第四十六条	【物质条件保障】	202
第四十七条	【工会财产禁止侵占】	202
第四十八条	【工会隶属关系不随意变动原则】	203
第四十九条	【工会离退休人员待遇】	203

第六章 法律责任

★ 第五十条	【工会对侵权的维护】	203
第五十一条	【阻挠工会活动的法律责任】	205
第五十二条	【工会工作人员工作、人身尊严的维护】	205
★ 第五十三条	【对工会工作人员的赔偿】	206
第五十四条	【对工会的违法情形】	210
第五十五条	【工会的起诉权】	210
第五十六条	【工作人员的违法处理】	211

第七章 附则

第五十七条	【实施办法的制定】	211

第五十八条　【生效日期】…………………… 218

附录一
中国工会章程 …………………………………………… 219
　　（2023年10月12日）
企业工会工作条例 ……………………………………… 236
　　（2006年12月11日）

附录二
全国总工会推选工会劳动法律监督十大优秀案例 ………… 249
全国总工会、最高法、最高检联合发布劳动法律监督
　"一函两书"典型案例 ………………………………… 257
全国工会职工法律援助十大典型案例 …………………… 274

附录三
本书所涉文件目录 ……………………………………… 294

案例索引目录

- 怀孕女工旷工案 …………………………………… 9
- 确认劳动关系案 …………………………………… 10
- 刘某与某服饰有限公司劳动合同纠纷案 ………… 10
- 工会主席遭辞退案 ………………………………… 51
- 工会主席被解聘案 ………………………………… 52
- 用人单位以规章制度形式否认劳动者加班事实案 … 72
- 员工离职后要求用人单位支付年终奖案 ………… 73
- 某人寿保险有限公司诉马某劳动争议案 ………… 73
- 劳动合同限制生育案 ……………………………… 77
- 单位单方解除劳动合同案 ………………………… 79
- 用人单位经济性裁员未事先报告案 ……………… 80
- 末位淘汰不合法案 ………………………………… 81
- 单亲妈妈患癌被非法辞退案 ……………………… 81
- 物流公司欠薪案 …………………………………… 96
- 资不抵债长期拖欠工资案 ………………………… 97
- 孕期遭恶意调岗被迫辞职案 ……………………… 97
- 职工加班变值班案 ………………………………… 98
- 65位农民工维权案 ………………………………… 99
- 女职工申请"同工同酬"案 ……………………… 99
- 李某与某科技公司劳动合同争议纠纷案 ………… 100
- 生育津贴低于实际工资案 ………………………… 101
- 被辞退怀孕女职工返回工作岗位案 ……………… 101

1

- 女职工哺乳期间工资被降案 ……………………… 102
- 对怀孕女职工调岗又降薪案 ……………………… 102
- 单位拒付奖金提成案 ……………………………… 103
- 公司违法解聘女职工应当赔偿案 ………………… 104
- 孕期被辞后不愿履行原合同案 …………………… 104
- 合同约定与用工实际不符案 ……………………… 105
- 未签劳动合同单位付双倍工资赔偿案 …………… 111
- 17位厨师追索赔偿金和加班费案 ………………… 112
- 职业病维权遇困境案 ……………………………… 116
- 杨某某与某安装工程公司工伤确认案 …………… 117
- 杨某与某保安公司工伤确认案 …………………… 117
- 唐山某学校医务室职工华某的工伤认定、工伤等级异议、
  工伤赔偿案 ………………………………………… 118
- 郭某与某建筑有限公司劳动合同纠纷案 ………… 119
- 用人单位停产案 …………………………………… 124
- 签解除协议用人单位不付款案 …………………… 125
- 用人单位不依约履行劳动合同案 ………………… 139
- 职工索赔经济补偿差额案 ………………………… 139
- 职工未洗净食品被解职案 ………………………… 140
- 毕业后离职被单位索赔案 ………………………… 141
- 11位职工追索加班费案 …………………………… 141
- 违法解除受害人劳动合同案 ……………………… 142
- 用人单位多支付补偿案 …………………………… 143
- 生育津贴差额案 …………………………………… 144
- 派遣工不同意变更主体案 ………………………… 145
- 95位退休职工获取暖补贴案 ……………………… 146
- 14名农民工与某物流有限公司劳动争议纠纷案 … 146

- 任某某与某防腐工程公司工伤社会保险待遇纠纷案 ………… 147
- 刘某与某公司工伤社会保险待遇纠纷案 ………………… 147
- 1200余名职工与某钢厂停产重整期间社会保险费争议案 …… 148
- 克扣产假案 ……………………………………………… 150

中华人民共和国工会法

（1992年4月3日第七届全国人民代表大会第五次会议通过 根据2001年10月27日第九届全国人民代表大会常务委员会第二十四次会议《关于修改〈中华人民共和国工会法〉的决定》第一次修正 根据2009年8月27日第十一届全国人民代表大会常务委员会第十次会议《关于修改部分法律的决定》第二次修正 根据2021年12月24日第十三届全国人民代表大会常务委员会第三十二次会议《关于修改〈中华人民共和国工会法〉的决定》第三次修正）

目 录

第一章 总　　则
第二章 工会组织
第三章 工会的权利和义务
第四章 基层工会组织
第五章 工会的经费和财产
第六章 法律责任
第七章 附　　则

第一章 总　　则

第一条　立法目的[①]

为保障工会在国家政治、经济和社会生活中的地位，确定工会的权利与义务，发挥工会在社会主义现代化建设事业中的作用，根据宪法，制定本法。

---

① 条文主旨为编者所加，下同。

第二条　工会性质及基本职责

工会是中国共产党领导的职工自愿结合的工人阶级群众组织，是中国共产党联系职工群众的桥梁和纽带。

中华全国总工会及其各工会组织代表职工的利益，依法维护职工的合法权益。

● **法　律**

1.《民法典》（2020年5月28日）[①]

第90条　具备法人条件，基于会员共同意愿，为公益目的或者会员共同利益等非营利目的设立的社会团体，经依法登记成立，取得社会团体法人资格；依法不需要办理法人登记的，从成立之日起，具有社会团体法人资格。

第91条　设立社会团体法人应当依法制定法人章程。

社会团体法人应当设会员大会或者会员代表大会等权力机构。

社会团体法人应当设理事会等执行机构。理事长或者会长等负责人按照法人章程的规定担任法定代表人。

● **部门规章及文件**

2.《人力资源社会保障部、国家发展改革委、交通运输部、应急部、市场监管总局、国家医保局、最高人民法院、全国总工会关于维护新就业形态劳动者劳动保障权益的指导意见》（2021年7月16日）

四、齐抓共管，完善劳动者权益保障工作机制

……

（十六）保障新就业形态劳动者权益是稳定就业、改善民生、加强社会治理的重要内容。各地区要加强组织领导，强化责任落

[①] 本书法律文件使用简称，以下不再标注。本书所示规范性文件的日期为该文件的通过、发布、修改后公布日期之一。以下不再标注。

实，切实做好新就业形态劳动者权益保障各项工作。人力资源社会保障部、国家发展改革委、交通运输部、应急部、市场监管总局、国家医保局、最高人民法院、全国总工会等部门和单位要认真履行职责，强化工作协同，将保障劳动者权益纳入数字经济协同治理体系，建立平台企业用工情况报告制度，健全劳动者权益保障联合激励惩戒机制，完善相关政策措施和司法解释。

（十七）各级工会组织要加强组织和工作有效覆盖，拓宽维权和服务范围，积极吸纳新就业形态劳动者加入工会。加强对劳动者的思想政治引领，引导劳动者理性合法维权。监督企业履行用工责任，维护好劳动者权益。积极与行业协会、头部企业或企业代表组织开展协商，签订行业集体合同或协议，推动制定行业劳动标准。

……

第三条 劳动者有依法参加和组织工会的权利

在中国境内的企业、事业单位、机关、社会组织（以下统称用人单位）中以工资收入为主要生活来源的劳动者，不分民族、种族、性别、职业、宗教信仰、教育程度，都有依法参加和组织工会的权利。任何组织和个人不得阻挠和限制。

工会适应企业组织形式、职工队伍结构、劳动关系、就业形态等方面的发展变化，依法维护劳动者参加和组织工会的权利。

● 宪　法

1.《宪法》（2018年3月11日）

第35条 中华人民共和国公民有言论、出版、集会、结社、游行、示威的自由。

● 法　律

2. 《劳动法》（2018年12月29日）

第7条　劳动者有权依法参加和组织工会。

工会代表和维护劳动者的合法权益，依法独立自主地开展活动。

3. 《劳动合同法》（2012年12月28日）

第64条　被派遣劳动者有权在劳务派遣单位或者用工单位依法参加或者组织工会，维护自身的合法权益。

4. 《公司法》（2023年12月29日）

第17条　公司职工依照《中华人民共和国工会法》组织工会，开展工会活动，维护职工合法权益。公司应当为本公司工会提供必要的活动条件。公司工会代表职工就职工的劳动报酬、工作时间、休息休假、劳动安全卫生和保险福利等事项依法与公司签订集体合同。

公司依照宪法和有关法律的规定，建立健全以职工代表大会为基本形式的民主管理制度，通过职工代表大会或者其他形式，实行民主管理。

公司研究决定改制、解散、申请破产以及经营方面的重大问题、制定重要的规章制度时，应当听取公司工会的意见，并通过职工代表大会或者其他形式听取职工的意见和建议。

5. 《外商投资法》（2019年3月15日）

第8条　外商投资企业职工依法建立工会组织，开展工会活动，维护职工的合法权益。外商投资企业应当为本企业工会提供必要的活动条件。

6. 《民办教育促进法》（2018年12月29日）

第27条　民办学校依法通过以教师为主体的教职工代表大会等形式，保障教职工参与民主管理和监督。

民办学校的教师和其他工作人员，有权依照工会法，建立工会组织，维护其合法权益。

7.《个人独资企业法》（1999年8月30日）

第6条 个人独资企业应当依法招用职工。职工的合法权益受法律保护。

个人独资企业职工依法建立工会，工会依法开展活动。

● 部门规章及文件

8.《人力资源社会保障部办公厅、最高人民法院办公厅、司法部办公厅、全国总工会办公厅、全国工商联办公厅、中国企联办公室关于加强新就业形态劳动纠纷一站式调解工作的通知》（2024年1月19日）

六、创新推进线上线下融合调解。充分利用人力资源社会保障部门、人民法院、司法行政部门、工会、工商联、企业联合会等单位在线调解平台，做好劳动纠纷"总对总"在线诉调对接，对符合在线调解条件的劳动纠纷开展全流程在线调解活动，包括提交调解申请、音视频调解、司法确认、法律咨询等，为新就业形态劳动者提供优质、低成本的多元解纷服务。

七、切实加强组织领导。人力资源社会保障部门、人民法院、司法行政部门、工会、工商联、企业联合会等单位要密切协作，强化组织保障，设立一站式调解中心的，由设立单位安排人员派驻、轮驻，也可吸收其他调解组织调解员、劳动争议仲裁员、劳动保障法律监督员和律师、专家学者等社会力量开展工作。积极争取交通运输、应急管理、市场监管等职能部门和行业主管部门支持，共同建立健全维护新就业形态劳动者合法权益联动工作机制。人力资源社会保障部门发挥牵头作用，做好组织协调、办案指导等工作，提供协助协商、就业帮扶等服务；人民法院根据需要设置人民法院巡回审判点（窗口）等，会同有关部门进一步畅通调解、仲裁与诉讼、执行衔接渠道，积极履行指导调解的法定职能；司法行政部门通过在一站式调解中心派驻人民调解工作室、引导激励律师参与公益法律服务等方式，做好一站式调解工作；工会、工商联和企联组织选派工作人员或者推荐行业领域专业人员积极参与一站式调解工作。相关职能部门、行业主管部门规范企业经营行为，做好综合监督工作。各单位共同加强宣传，及时总结推广经验做法，营造良好社会氛围。

第四条　工会活动准则

工会必须遵守和维护宪法，以宪法为根本的活动准则，以经济建设为中心，坚持社会主义道路，坚持人民民主专政，坚持中国共产党的领导，坚持马克思列宁主义、毛泽东思想、邓小平理论、"三个代表"重要思想、科学发展观、习近平新时代中国特色社会主义思想，坚持改革开放，保持和增强政治性、先进性、群众性，依照工会章程独立自主地开展工作。

工会会员全国代表大会制定或者修改《中国工会章程》，章程不得与宪法和法律相抵触。

国家保护工会的合法权益不受侵犯。

第五条　工会职能

工会组织和教育职工依照宪法和法律的规定行使民主权利，发挥国家主人翁的作用，通过各种途径和形式，参与管理国家事务、管理经济和文化事业、管理社会事务；协助人民政府开展工作，维护工人阶级领导的、以工农联盟为基础的人民民主专政的社会主义国家政权。

第六条　工会具体职责

维护职工合法权益、竭诚服务职工群众是工会的基本职责。工会在维护全国人民总体利益的同时，代表和维护职工的合法权益。

工会通过平等协商和集体合同制度等，推动健全劳动关系协调机制，维护职工劳动权益，构建和谐劳动关系。

工会依照法律规定通过职工代表大会或者其他形式，组织职工参与本单位的民主选举、民主协商、民主决策、民主管理和民主监督。

工会建立联系广泛、服务职工的工会工作体系，密切联系职工，听取和反映职工的意见和要求，关心职工的生活，帮助职工解决困难，全心全意为职工服务。

● 法　律

1.《劳动法》（2018 年 12 月 29 日）

第 33 条　企业职工一方与企业可以就劳动报酬、工作时间、休息休假、劳动安全卫生、保险福利等事项，签订集体合同。集体合同草案应当提交职工代表大会或者全体职工讨论通过。

集体合同由工会代表职工与企业签订；没有建立工会的企业，由职工推举的代表与企业签订。

第 34 条　集体合同签订后应当报送劳动行政部门；劳动行政部门自收到集体合同文本之日起十五日内未提出异议的，集体合同即行生效。

第 35 条　依法签订的集体合同对企业和企业全体职工具有约束力。职工个人与企业订立的劳动合同中劳动条件和劳动报酬等标准不得低于集体合同的规定。

2.《劳动合同法》（2012 年 12 月 28 日）

第 51 条　企业职工一方与用人单位通过平等协商，可以就劳动报酬、工作时间、休息休假、劳动安全卫生、保险福利等事项订立集体合同。集体合同草案应当提交职工代表大会或者全体职工讨论通过。

集体合同由工会代表企业职工一方与用人单位订立；尚未建立工会的用人单位，由上级工会指导劳动者推举的代表与用人单位订立。

第52条 企业职工一方与用人单位可以订立劳动安全卫生、女职工权益保护、工资调整机制等专项集体合同。

第53条 在县级以下区域内，建筑业、采矿业、餐饮服务业等行业可以由工会与企业方面代表订立行业性集体合同，或者订立区域性集体合同。

第54条 集体合同订立后，应当报送劳动行政部门；劳动行政部门自收到集体合同文本之日起十五日内未提出异议的，集体合同即行生效。

依法订立的集体合同对用人单位和劳动者具有约束力。行业性、区域性集体合同对当地本行业、本区域的用人单位和劳动者具有约束力。

第55条 集体合同中劳动报酬和劳动条件等标准不得低于当地人民政府规定的最低标准；用人单位与劳动者订立的劳动合同中劳动报酬和劳动条件等标准不得低于集体合同规定的标准。

第56条 用人单位违反集体合同，侵犯职工劳动权益的，工会可以依法要求用人单位承担责任；因履行集体合同发生争议，经协商解决不成的，工会可以依法申请仲裁、提起诉讼。

3.《社会保险法》（2018年12月29日）

第9条 工会依法维护职工的合法权益，有权参与社会保险重大事项的研究，参加社会保险监督委员会，对与职工社会保险权益有关的事项进行监督。

4. 《就业促进法》（2015 年 4 月 24 日）

第 9 条　工会、共产主义青年团、妇女联合会、残疾人联合会以及其他社会组织，协助人民政府开展促进就业工作，依法维护劳动者的劳动权利。

5. 《乡镇企业法》（1996 年 10 月 29 日）

第 14 条　乡镇企业依法实行民主管理，投资者在确定企业经营管理制度和企业负责人，作出重大经营决策和决定职工工资、生活福利、劳动保护、劳动安全等重大问题时，应当听取本企业工会或者职工的意见，实施情况要定期向职工公布，接受职工监督。

● 案例指引[①]

1. 怀孕女工旷工案（《2016 年北京工会劳动维权十大案例评析》）[②]

案例摘要：本案争议焦点，是单位能否以怀孕女工严重违反公司规章制度为由与其解除劳动关系。从《劳动合同法》第 39 条来看，在孕期、产期、哺乳期的女职工，存在该条款规定的情形的，单位可以与其解除劳动合同。本案中，女工母某没有证据证明其休假是经过公司批准的，也没有提供医生开具的病假单和诊断证明，所以其擅自休假的行为构成了旷工。另外，单位将有关规章制度快递给她，她本人应该知晓其行为的性质和法律后果，故公司以旷工为由与其解除劳动关系是有法律依据的。该案给我们一个启示：工会在调解劳动争议过程中，既要保护职工的合法权益，也应注意保护用人单位的合法权益。只有在合法的基础上讲理、讲情，才能化解双方的矛盾，推动整个社会建立和谐稳定的劳动关系。

[①] 本书案例收录时略有修改。

[②] 载京工网，https：//www.workerbj.cn/jgw/html/weiquan/shuofa/2017/0125/47028.html，最后访问时间：2025 年 2 月 10 日。

2. 确认劳动关系案（《2019年北京工会劳动维权十大案例评析》）①

案例摘要：建设单位在工程概算中应将工伤保险费用单独列支，但是在实际情况中，承包单位往往将劳务分包给劳务公司。一些劳务公司不与工人签订劳动合同，不缴纳社会保险费，工资也都是现金发放。因为未签订书面劳动合同，工人在工作中受到伤害，必须先证明和建筑公司或劳务公司存在劳动关系，才能进行工伤认定、伤残评定，获得应有的工伤赔偿。劳动关系认定难，成为挡在工伤职工维权道路上的一道坎。通过本案例，建议农民工在工作期间注意保留诸如工资发放凭证、工作证等能证明存在劳动关系的证据，以便在需要证明存在劳动关系时有所准备。

3. 刘某与某服饰有限公司劳动合同纠纷案（《2019年职工法律援助十大典型案例》）②

案例摘要：签订劳动合同，是构建和谐劳动关系中必须系好的"第一粒扣子"，这是本案重要的社会价值体现。目前，用工先签约，按约去履行，仍然是小企业、民营企业用工过程中的短板，遵守"契约文化"的社会氛围尚未完全形成。政府、企业、工会等构建和谐劳动关系的各个主体，应发挥"钉钉子"精神，从流程、细节、查纠等细微处入手，深入推进《中共中央、国务院关于构建和谐劳动关系的意见》中"健全劳动关系协调机制"和"全面实行劳动合同制度"等制度和机制的落地生根，打造好构建和谐劳动关系的根基。任何人不得从其违法行为中获利。目前，不签、假签劳动合同的现象，在一些用人单位仍然存在。《劳动合同法》第3条规定了订立劳动合同应当遵循合法、公平、平等自愿、协商一致、诚实信用

---

① 载京工网，https：//www.workerbj.cn/jgw/html/weiquan/shuofa/2020/0427/110970.html，最后访问时间：2025年2月10日。

② 载河北省总工会，http：//www.hebgh.org.cn/sjd/wqfw/flyz/202008/t20200817_350194.html，最后访问时间：2025年2月10日。

的基本原则,用人单位和劳动者均应当遵守。劳动者与用人单位签订空白劳动合同,双方不存在基于"平等自愿、协商一致"的劳动合同成立的合意,用人单位滥用职工信任,迷信所谓的签订空白劳动合同的损招、怪招更是"错上加错",其非法目的当然不能实现。用人单位招用劳动者,应当自用工之日起一个月内签订书面的劳动合同。用人单位未及时签订劳动合同的,应当承担给付"双倍工资"的法律责任。职工因签订空白合同而造成权利救济上的不利和被动时,更应体会到签订劳动合同"诚信"原则的可贵。

第七条 工会对企业生产的服务与职工教育

工会动员和组织职工积极参加经济建设,努力完成生产任务和工作任务。教育职工不断提高思想道德、技术业务和科学文化素质,建设有理想、有道德、有文化、有纪律的职工队伍。

● 法 律

1.《消防法》(2021年4月29日)

第6条 各级人民政府应当组织开展经常性的消防宣传教育,提高公民的消防安全意识。

机关、团体、企业、事业等单位,应当加强对本单位人员的消防宣传教育。

应急管理部门及消防救援机构应当加强消防法律、法规的宣传,并督促、指导、协助有关单位做好消防宣传教育工作。

教育、人力资源行政主管部门和学校、有关职业培训机构应当将消防知识纳入教育、教学、培训的内容。

新闻、广播、电视等有关单位,应当有针对性地面向社会进行消防宣传教育。

工会、共产主义青年团、妇女联合会等团体应当结合各自工作对象的特点,组织开展消防宣传教育。

村民委员会、居民委员会应当协助人民政府以及公安机关、应急管理等部门，加强消防宣传教育。

2. 《人口与计划生育法》（2021 年 8 月 20 日）

第 7 条　工会、共产主义青年团、妇女联合会及计划生育协会等社会团体、企业事业组织和公民应当协助人民政府开展人口与计划生育工作。

3. 《国防教育法》（2024 年 9 月 13 日）

第 8 条　国防动员、兵役、退役军人事务、国防科研生产、边防海防、人民防空、国防交通等工作的主管部门，依照本法和有关法律、法规的规定，开展国防教育。

工会、共产主义青年团、妇女联合会和其他群团组织，应当在各自的工作范围内开展国防教育。

4. 《禁毒法》（2007 年 12 月 29 日）

第 12 条　各级人民政府应当经常组织开展多种形式的禁毒宣传教育。

工会、共产主义青年团、妇女联合会应当结合各自工作对象的特点，组织开展禁毒宣传教育。

5. 《科学技术普及法》（2024 年 12 月 25 日）

第 18 条　工会、共产主义青年团、妇女联合会等群团组织应当结合各自工作对象的特点组织开展科普活动。

第八条　加强产业工人队伍建设

工会推动产业工人队伍建设改革，提高产业工人队伍整体素质，发挥产业工人骨干作用，维护产业工人合法权益，保障产业工人主人翁地位，造就一支有理想守信念、懂技术会创新、敢担当讲奉献的宏大产业工人队伍。

● 部门规章及文件

1. 《住房和城乡建设部等部门关于加快培育新时代建筑产业工人队伍的指导意见》(2020年12月18日)

　　四、保障措施
　　……
　　(二)发挥工会组织和社会组织积极作用。充分发挥工会组织作用,着力加强源头(劳务输出地)建会、专业作业企业建会和用工方建会,提升建筑工人入会率。鼓励依托现有行业协会等社会组织,建设建筑工人培育产业协作机制,搭建施工专业作业用工信息服务平台,助力小微专业作业企业发展。
　　……

2. 《关于全面推行中国特色企业新型学徒制 加强技能人才培养的指导意见》(2021年6月8日)

　　六、保障措施
　　(一)加强组织领导。各级人力资源社会保障部门、财政部门、国资监管部门、工会以及工商联要进一步提高认识,增强责任感和紧迫感,把全面推行企业新型学徒制培训作为实施职业技能提升行动、加强高技能人才培养的重要内容,认真组织实施。要建立密切配合、协同推进的工作机制,加强组织领导,全面推动实施。国资监管部门、工商联要以重点行业、重要领域和规模以上企业为着力点,大力推行企业新型学徒制培训。
　　(二)协调推动实施。企业按属地管理原则纳入当地工作范畴,享受当地政策。各级人力资源社会保障部门要建立与企业的联系制度,做好工作指导。要主动对接属地中央企业,做好资金、政策的落实以及服务保障工作。要加大工作力度,加强工作力量,做好对各类企业特别是中小微企业新型学徒培训的管理服务工作。各企业要加强组织实施,建立人事(劳资)部门牵头,生产、安全、财务、工会等有关部门密切配合、协同推进的工作机制,制定

13

工作方案，认真规划、扎实组织、全面推动。各技工院校要积极参加企业新型学徒培养工作，并将其作为校企合作的重要内容。

（三）加强考核评价。鼓励企业职工人人持证，推动企业全面自主开展技能人才评价，并将参加新型学徒制培训的人员纳入其中。指导企业将学徒技能评价融入日常企业生产活动过程中，灵活运用过程化考核、模块化考核和业绩评审、直接认定等多种方式，对学徒进行职业技能等级认定，加大学徒高级工、技师、高级技师评价工作。加大社会培训评价机构和行业组织的征集遴选力度，注重发挥工商联所属商会作用，大力推行社会化职业技能等级认定。

（四）加强宣传动员。广泛动员企业、院校、培训机构和职工积极参与学徒制培训，扩大企业新型学徒制影响力和覆盖面。强化典型示范，突出导向作用，大力宣传推行企业新型学徒制的典型经验和良好成效，努力营造全社会关心尊重技能人才、重视支持企业职工培训工作的良好社会氛围。

第九条　总工会对外交往方针和原则

中华全国总工会根据独立、平等、互相尊重、互不干涉内部事务的原则，加强同各国工会组织的友好合作关系。

第二章　工 会 组 织

第十条　工会组织原则

工会各级组织按照民主集中制原则建立。

各级工会委员会由会员大会或者会员代表大会民主选举产生。企业主要负责人的近亲属不得作为本企业基层工会委员会成员的人选。

> 各级工会委员会向同级会员大会或者会员代表大会负责并报告工作，接受其监督。
> 工会会员大会或者会员代表大会有权撤换或者罢免其所选举的代表或者工会委员会组成人员。
> 上级工会组织领导下级工会组织。

● 法　律

1.《工会法》（2021 年 12 月 24 日）

第 12 条　基层工会、地方各级总工会、全国或者地方产业工会组织的建立，必须报上一级工会批准。

上级工会可以派员帮助和指导企业职工组建工会，任何单位和个人不得阻挠。

● 其他规范性文件

2.《企业工会工作条例》（2006 年 12 月 11 日）

第 5 条　企业工会在本企业党组织和上级工会的领导下，依照法律和工会章程独立自主地开展工作，密切联系职工群众，关心职工群众生产生活，热忱为职工群众服务，努力建设成为组织健全、维权到位、工作活跃、作用明显、职工信赖的职工之家。

第 8 条　会员大会或会员代表大会是企业工会的权力机关，每年召开一至两次会议。经企业工会委员会或三分之一以上会员提议可临时召开会议。

会员代表大会的代表由会员民主选举产生，会员代表实行常任制，任期与企业本届工会委员会相同，可连选连任。

会员在一百人以下的企业工会应召开会员大会。

第 11 条　企业工会委员会由会员大会或会员代表大会差额选举产生，选举结果报上一级工会批准，每届任期三年或者五年。

大型企业工会经上级工会批准,可设立常务委员会,负责工会委员会的日常工作,其下属单位可建立工会委员会。

第12条 企业工会委员会是会员大会或会员代表大会的常设机构,对会员大会或会员代表大会负责,接受会员监督。在会员大会或会员代表大会闭会期间,负责日常工作。

第14条 企业工会委员会实行民主集中制,重要问题须经集体讨论作出决定。

第十一条 各级工会组织的建立

用人单位有会员二十五人以上的,应当建立基层工会委员会;不足二十五人的,可以单独建立基层工会委员会,也可以由两个以上单位的会员联合建立基层工会委员会,也可以选举组织员一人,组织会员开展活动。女职工人数较多的,可以建立工会女职工委员会,在同级工会领导下开展工作;女职工人数较少的,可以在工会委员会中设女职工委员。

企业职工较多的乡镇、城市街道,可以建立基层工会的联合会。

县级以上地方建立地方各级总工会。

同一行业或者性质相近的几个行业,可以根据需要建立全国的或者地方的产业工会。

全国建立统一的中华全国总工会。

● 法律

1.《妇女权益保障法》(2022年10月30日)

第6条 中华全国妇女联合会和地方各级妇女联合会依照法律和中华全国妇女联合会章程,代表和维护各族各界妇女的利益,做好维护妇女权益、促进男女平等和妇女全面发展的工作。

工会、共产主义青年团、残疾人联合会等群团组织应当在各自的工作范围内，做好维护妇女权益的工作。

● 其他规范性文件

2.《企业工会工作条例》（2006年12月11日）

第6条　企业工会依法组织职工加入工会，维护职工参加工会的权利。

第7条　会员二十五人以上的企业建立工会委员会；不足二十五人的可以单独建立工会委员会，也可以由两个以上企业的会员按地域或行业联合建立基层工会委员会。同时按有关规定建立工会经费审查委员会、工会女职工委员会。

企业工会具备法人条件的，依法取得社会团体法人资格，工会主席是法定代表人。

企业工会受法律保护，任何组织和个人不得随意撤销或将工会工作机构合并、归属到其他部门。

企业改制须同时建立健全工会组织。

第42条　企业工会有女会员十名以上的，应建立工会女职工委员会，不足十名的应设女职工委员。

女职工委员会在企业工会委员会领导和上一级工会女职工委员会指导下开展工作。

女职工委员会主任由企业工会女主席或副主席担任。企业工会没有女主席或副主席的，由符合相应条件的工会女职工委员担任，享受同级工会副主席待遇。

女职工委员会委员任期与同级工会委员会委员相同。

第43条　女职工委员会依法维护女职工的合法权益，重点是女职工经期、孕期、产期、哺乳期保护，禁忌劳动、卫生保健、生育保险等特殊利益。

第44条　女职工委员会定期研究涉及女职工特殊权益问题，向企业工会委员会和上级女职工委员会报告工作，重要问题应提交企业职工代表大会或职工大会审议。

第45条　企业工会应为女职工委员会开展工作与活动提供必要的经费。

3.《工会基层组织选举工作条例》(2016年10月9日)

<h3 style="text-align:center">第一章　总　　则</h3>

第1条　为规范工会基层组织选举工作，加强基层工会建设，发挥基层工会作用，根据《中华人民共和国工会法》《中国工会章程》等有关规定，制定本条例。

第2条　本条例适用于企业、事业单位、机关和其他社会组织单独或联合建立的基层工会委员会。

第3条　基层工会委员会由会员大会或会员代表大会选举产生。工会委员会的主席、副主席，可以由会员大会或会员代表大会直接选举产生，也可以由工会委员会选举产生。

第4条　工会会员享有选举权、被选举权和表决权。保留会籍的人员除外。

第5条　选举工作应坚持党的领导，坚持民主集中制，遵循依法规范、公开公正的原则，尊重和保障会员的民主权利，体现选举人的意志。

第6条　选举工作在同级党组织和上一级工会领导下进行。未建立党组织的在上一级工会领导下进行。

第7条　基层工会委员会换届选举的筹备工作由上届工会委员会负责。

新建立的基层工会组织选举筹备工作由工会筹备组负责。筹备组成员由同级党组织代表和职工代表组成，根据工作需要，上级工会可以派人参加。

<h3 style="text-align:center">第二章　委员和常务委员名额</h3>

第8条　基层工会委员会委员名额，按会员人数确定：

不足25人，设委员3至5人，也可以设主席或组织员1人；

25人至200人，设委员3至7人；

201人至1000人，设委员7至15人；

1001人至5000人，设委员15至21人；

5001人至10000人，设委员21至29人；

10001人至50000人，设委员29至37人；

50001人以上，设委员37至45人。

第9条 大型企事业单位基层工会委员会，经上一级工会批准，可以设常务委员会，常务委员会由9至11人组成。

第三章 候选人的提出

第10条 基层工会委员会的委员、常务委员会委员和主席、副主席的选举均应设候选人。候选人应信念坚定、为民服务、勤政务实、敢于担当、清正廉洁，热爱工会工作，受到职工信赖。

基层工会委员会委员候选人中应有适当比例的劳模（先进工作者）、一线职工和女职工代表。

第11条 单位行政主要负责人、法定代表人、合伙人以及他们的近亲属不得作为本单位工会委员会委员、常务委员会委员和主席、副主席候选人。

第12条 基层工会委员会的委员候选人，应经会员充分酝酿讨论，一般以工会分会或工会小组为单位推荐。由上届工会委员会或工会筹备组根据多数工会分会或工会小组的意见，提出候选人建议名单，报经同级党组织和上一级工会审查同意后，提交会员大会或会员代表大会表决通过。

第13条 基层工会委员会的常务委员会委员、主席、副主席候选人，可以由上届工会委员会或工会筹备组根据多数工会分会或工会小组的意见提出建议名单，报经同级党组织和上一级工会审查同意后提出；也可以由同级党组织与上一级工会协商提出建议名单，经工会分会或工会小组酝酿讨论后，由上届工会委员会或工会筹备组根据多数工会分会或工会小组的意见，报经同级党组织和上一级工会审查同意后提出。

根据工作需要，经上一级工会与基层工会和同级党组织协商同意，上一级工会可以向基层工会推荐本单位以外人员作为工会主席、副主席候选人。

第14条 基层工会委员会的主席、副主席，在任职一年内应按规定参加岗位任职资格培训。凡无正当理由未按规定参加岗位任职资格培训的，一般不再提名为下届主席、副主席候选人。

第四章 选举的实施

第15条 基层工会组织实施选举前应向同级党组织和上一级工会报告，制定选举工作方案和选举办法。

基层工会委员会委员候选人建议名单应进行公示，公示期不少于5个工作日。

第16条 会员不足100人的基层工会组织，应召开会员大会进行选举；会员100人以上的基层工会组织，应召开会员大会或会员代表大会进行选举。

召开会员代表大会进行选举的，按照有关规定由会员民主选举产生会员代表。

第17条 参加选举的人数为应到会人数的三分之二以上时，方可进行选举。

基层工会委员会委员和常务委员会委员应差额选举产生，可以直接采用候选人数多于应选人数的差额选举办法进行正式选举，也可以先采用差额选举办法进行预选产生候选人名单，然后进行正式选举。委员会委员和常务委员会委员的差额率分别不低于5%和10%。常务委员会委员应从新当选的工会委员会委员中产生。

第18条 基层工会主席、副主席可以等额选举产生，也可以差额选举产生。主席、副主席应从新当选的工会委员会委员中产生，设立常务委员会的应从新当选的常务委员会委员中产生。

第19条 基层工会主席、副主席由会员大会或会员代表大会直接选举产生的，一般在经营管理正常、劳动关系和谐、职工队伍稳定的中小企事业单位进行。

第20条　召开会员大会进行选举时，由上届工会委员会或工会筹备组主持；不设委员会的基层工会组织进行选举时，由上届工会主席或组织员主持。

召开会员代表大会进行选举时，可以由大会主席团主持，也可由上届工会委员会或工会筹备组主持。大会主席团成员由上届工会委员会或工会筹备组根据各代表团（组）的意见，提出建议名单，提交代表大会预备会议表决通过。

召开基层工会委员会第一次全体会议选举常务委员会委员、主席、副主席时，由上届工会委员会或工会筹备组或大会主席团推荐一名新当选的工会委员会委员主持。

第21条　选举前，上届工会委员会或工会筹备组或大会主席团应将候选人的名单、简历及有关情况向选举人介绍。

第22条　选举设监票人，负责对选举全过程进行监督。

召开会员大会或会员代表大会选举时，监票人由全体会员或会员代表、各代表团（组）从不是候选人的会员或会员代表中推选，经会员大会或会员代表大会表决通过。

召开工会委员会第一次全体会议选举时，监票人从不是常务委员会委员、主席、副主席候选人的委员中推选，经全体委员会议表决通过。

第23条　选举采用无记名投票方式。不能出席会议的选举人，不得委托他人代为投票。

选票上候选人的名单按姓氏笔画为序排列。

第24条　选举人可以投赞成票或不赞成票，也可以投弃权票。投不赞成票者可以另选他人。

第25条　会员或会员代表在选举期间，如不能离开生产、工作岗位，在监票人的监督下，可以在选举单位设立的流动票箱投票。

第26条 投票结束后，在监票人的监督下，当场清点选票，进行计票。

选举收回的选票，等于或少于发出选票的，选举有效；多于发出选票的，选举无效，应重新选举。

每张选票所选人数等于或少于规定应选人数的为有效票，多于规定应选人数的为无效票。

第27条 被选举人获得应到会人数的过半数赞成票时，始得当选。

获得过半数赞成票的被选举人人数超过应选名额时，得赞成票多的当选。如遇赞成票数相等不能确定当选人时，应就票数相等的被选举人再次投票，得赞成票多的当选。

当选人数少于应选名额时，对不足的名额可以另行选举。如果接近应选名额且符合第八条规定，也可以由大会征得多数会员或会员代表的同意减少名额，不再进行选举。

第28条 大会主持人应当场宣布选举结果及选举是否有效。

第29条 基层工会委员会、常务委员会和主席、副主席的选举结果，报上一级工会批准。上一级工会自接到报告15日内应予批复。违反规定程序选举的，上一级工会不得批准，应重新选举。

基层工会委员会的任期自选举之日起计算。

第五章 任期、调动、罢免和补选

第30条 基层工会委员会每届任期三年或五年，具体任期由会员大会或会员代表大会决定。经选举产生的工会委员会委员、常务委员会委员和主席、副主席可连选连任。基层工会委员会任期届满，应按期换届选举。遇有特殊情况，经上一级工会批准，可以提前或延期换届，延期时间一般不超过半年。

上一级工会负责督促指导基层工会组织按期换届。

第31条 基层工会主席、副主席任期未满时，不得随意调动其工作。因工作需要调动时，应征得本级工会委员会和上一级工会的同意。

第32条　经会员大会或会员代表大会民主测评和上级工会与同级党组织考察，需撤换或罢免工会委员会委员、常务委员会委员和主席、副主席时，须依法召开会员大会或会员代表大会讨论，非经会员大会全体会员或会员代表大会全体代表无记名投票过半数通过，不得撤换或罢免。

第33条　基层工会主席因工作调动或其他原因空缺时，应及时按照相应民主程序进行补选。

补选主席，如候选人是委员的，可以由工会委员会选举产生，也可以由会员大会或会员代表大会选举产生；如候选人不是委员的，可以经会员大会或会员代表大会补选为委员后，由工会委员会选举产生，也可以由会员大会或会员代表大会选举产生。

补选主席的任期为本届工会委员会尚未履行的期限。

补选主席前征得同级党组织和上一级工会的同意，可暂由一名副主席或委员主持工作，期限一般不超过半年。

第六章　经费审查委员会

第34条　凡建立一级工会财务管理的基层工会组织，应在选举基层工会委员会的同时，选举产生经费审查委员会。

第35条　基层工会经费审查委员会委员名额一般3至11人。经费审查委员会设主任1人，可根据工作需要设副主任1人。

基层工会的主席、分管财务和资产的副主席、财务和资产管理部门的人员，不得担任同级工会经费审查委员会委员。

第36条　基层工会经费审查委员会由会员大会或会员代表大会选举产生。主任、副主任可以由经费审查委员会全体会议选举产生，也可以由会员大会或会员代表大会选举产生。

第37条　基层工会经费审查委员会的选举结果，与基层工会委员会选举结果同时报上一级工会批准。

基层工会经费审查委员会的任期与基层工会委员会相同。

第七章 女职工委员会

第 38 条 基层工会组织有女会员 10 人以上的建立女职工委员会，不足 10 人的设女职工委员。女职工委员会与基层工会委员会同时建立。

第 39 条 基层工会女职工委员会委员由同级工会委员会提名，在充分协商的基础上产生，也可召开女职工大会或女职工代表大会选举产生。

第 40 条 基层工会女职工委员会主任由同级工会女主席或女副主席担任，也可经民主协商，按照相应条件配备女职工委员会主任。女职工委员会主任应提名为同级工会委员会或常务委员会委员候选人。基层工会女职工委员会主任、副主任名单，与工会委员会选举结果同时报上一级工会批准。

第八章 附 则

第 41 条 乡镇（街道）、开发区（工业园区）、村（社区）建立的工会委员会，县级以下建立的区域（行业）工会联合会如进行选举的，参照本条例执行。

第 42 条 本条例由中华全国总工会负责解释。

第 43 条 本条例自发布之日起施行，以往有关规定与本条例不一致的，以本条例为准。1992 年 5 月 18 日全国总工会办公厅印发的《工会基层组织选举工作暂行条例》同时废止。

4.《工会女职工委员会工作条例》（2024 年 5 月 9 日）

第一章 总 则

第 1 条 为加强工会女职工委员会组织建设和工会女职工工作，根据《中华人民共和国工会法》和《中国工会章程》的有关规定，制定本条例。

第 2 条 工会女职工委员会是在同级工会委员会领导下和上一级工会女职工委员会指导下的女职工组织，根据女职工的特点和意愿开展工作。

第3条 工会女职工委员会以马克思列宁主义、毛泽东思想、邓小平理论、"三个代表"重要思想、科学发展观、习近平新时代中国特色社会主义思想为指导，坚持自觉接受党的领导，深刻领悟"两个确立"的决定性意义，增强"四个意识"、坚定"四个自信"、做到"两个维护"，保持和增强政治性、先进性、群众性，坚定不移走中国特色社会主义工会发展道路。推动男女平等基本国策的贯彻落实，履行维权服务基本职责，大力推进服务化、体系化、品牌化、创新化、数智化建设，不断提高工会女职工组织引领力、组织力、服务力，团结动员广大女职工为以中国式现代化全面推进强国建设、民族复兴伟业而奋斗。

第二章 基 本 任 务

第4条 加强思想政治引领。坚持不懈用习近平新时代中国特色社会主义思想凝心铸魂，开展理想信念教育，团结引导广大女职工听党话、跟党走。教育女职工践行社会主义核心价值观，树立自尊、自信、自立、自强精神，不断提高思想道德素质、科学文化素质和技术技能素质，做伟大事业的建设者、文明风尚的倡导者、敢于追梦的奋斗者。

第5条 推动女职工提升素质建功立业。按照"五位一体"总体布局和"四个全面"战略布局要求，贯彻新发展理念，把握中国工人运动和工会工作的主题和方向，弘扬劳模精神、劳动精神、工匠精神，积极参与产业工人队伍建设改革，动员和组织广大女职工在推动实现经济社会高质量发展中建功立业。

第6条 维护女职工合法权益，保障女职工特殊权益。依法维护女职工在政治、经济、文化、社会和家庭等方面的合法权益和特殊权益，同一切歧视、虐待、摧残、迫害女职工的行为作斗争。参与有关保护女职工权益的法律、法规、规章、政策的制定和完善，监督、协助有关部门贯彻实施。代表和组织女职工依法依规参加本单位的民主选举、民主协商、民主决策、民主管理和民主监督。指导和帮助女职工与用人单位签订并履行劳动合同。参与平等协商、签订集体合同和女职工权益保护等专项集体合同工作，并参与监督执行。参与涉及女职工特殊权益的劳动关系协调和劳动争议调解，及时反映侵害女职工权益问题，督促和参与侵权案件的调查处理。

第7条 做好女职工关爱服务。开展困难女职工帮扶救助、职工婚恋服务和职工子女关爱等工作。落实国家生育政策，协同做好职工子女托育托管服务。加强女职工心理关怀。

第8条 开展家庭家教家风建设。充分发挥女职工在家庭生活中的独特作用，倡导和支持男女共同履行家庭责任，弘扬社会主义家庭文明新风尚。

第9条 推动营造有利于女职工全面发展的社会环境。积极争取党政支持，会同社会有关方面共同做好女职工工作。在研究决定涉及女职工权益问题时，积极提出意见建议。发现、培养、宣传和推荐先进女职工集体和个人。

第10条 与国际组织开展交流活动。讲好中国工会故事、中国女职工故事和中国巾帼劳模工匠故事，为促进妇女事业发展作出贡献。

第三章 组织制度

第11条 各级工会建立女职工委员会。女职工委员会与工会委员会同时建立。企业、事业单位、机关、社会组织等基层工会委员会有女会员十人以上的建立女职工委员会，不足十人的设女职工委员。

第12条 省、自治区、直辖市，设区的市和自治州，县（旗）、自治县、不设区的市总工会女职工委员会，实行垂直领导的产业工会女职工委员会，按照机构编制管理权限，经机构编制部门同意，设立办公室（女职工部）或明确女职工工作责任部门，负责女职工委员会的日常工作。乡镇（街道），村（社区），企业、事业单位、机关、社会组织，以及区域性、行业性工会联合会，开发区、工业园区工会等，应当建立女职工委员会，根据工作需要设立办公室或明确专兼职工作人员。

第13条 女职工委员会委员由同级工会委员会提名，在充分协商的基础上产生，也可召开女职工大会或女职工代表大会选举产生。县和县以上工会女职工委员会根据工作需要可聘请顾问若干人。注重提高女劳动模范、一线女职工和基层工会女职工工作者在工会女职工委员会委员中的比例，委员中应有新就业形态女性劳动者代表。

第14条 女职工委员会委员任期与同级工会委员会委员任期相同。在任期内，由于委员的工作变动等原因需要调整时，由工会女职工委员会提出相应的替补、增补人选，经同级工会委员会审议通过予以替补、增补，并报上级工会女职工委员会。

第15条 县和县以上工会女职工委员会常务委员会由主任一人、副主任若干人、常务委员若干人组成。

第16条 在工会代表大会、职工代表大会中，女职工代表的比例应与女职工占职工总数的比例相适应。

第17条 工会女职工委员会是县和县以上妇联的团体会员，通过县和县以上地方工会接受妇联的业务指导。

第四章 干　部

第18条 女职工委员会主任由同级工会女主席或女副主席担任，也可经民主协商，按照相应条件配备，享受同级工会副主席待遇。女职工委员会主任应提名为同级工会委员会或常务委员会委员候选人。

第19条 女职工200人以上的企业、事业单位工会女职工委员会，应配备专职女职工工作干部。

第20条　各级工会组织要按照革命化、年轻化、知识化、专业化的要求，落实新时代好干部标准，加强工会女职工工作干部队伍建设。

第21条　各级工会女职工委员会要加强对女职工工作干部的教育培养和关心关爱，提高女职工工作干部队伍的整体素质。工会女职工工作干部要坚持党的基本路线，熟悉工会业务，热爱女职工工作。

第五章　工 作 制 度

第22条　女职工委员会实行民主集中制。凡属重大问题，要广泛听取女职工意见，由委员会或常务委员会进行充分的民主讨论后作出决定。

第23条　女职工委员会根据工作需要制定有关制度。每年召开一至二次常务委员会和委员会会议，也可临时召开会议。

第24条　工会女职工委员会要定期向同级工会委员会和上级工会女职工委员会报告工作。

第25条　工会女职工委员会要建立完善委员工作机制，发挥委员在建言献策、专题调研、参加活动、联系基层等方面的作用。

第26条　县和县以上各级工会女职工委员会要加强对基层的联系、指导和服务，把工作重心放在基层，注重向基层倾斜力量和资源，增强基层女职工组织的活力，为广大女职工服务。

第六章　经　　费

第27条　各级工会组织要为工会女职工委员会开展工作与活动提供必要的经费，所需经费应列入同级工会组织的经费预算。

第七章　附　　则

第28条　本条例由中华全国总工会女职工委员会负责解释。

第29条　本条例自印发之日起施行。

5. 《中华全国总工会关于加强和规范区域性、行业性工会联合会建设的意见》（2020年1月15日）

二、区域性、行业性工会联合会的建立

（四）区域性、行业性工会联合会一般建立在县（市、区、旗）及以下范围内。城市工会可根据本地区域、行业发展情况，从实际出发，探索在市级建立行业性工会联合会。

（五）建立区域性、行业性工会联合会，必须坚持在同级党组织和上一级工会的领导下进行。上级工会及时有效跟踪指导服务，严把组建前置环节，严格规范组建程序，积极稳妥推进组建工作。在广泛征求各方面意见特别是覆盖单位意见，进行充分酝酿协商的基础上，经同级党组织同意并报上一级工会批准后成立工会筹备组。筹备组依法依规做好筹备工作。未建立党组织的，在上一级工会领导下进行。

（六）区域性、行业性工会联合会委员会按照联合制、代表制的原则建立。坚持广泛性和代表性，委员由本区域或行业内所覆盖基层工会的主席和适当比例的有关方面代表等组成，所覆盖基层工会数量较多的，区域性、行业性工会联合会委员会委员可以由所覆盖基层工会主席民主推选代表担任；根据工作需要，可吸收政府有关部门代表参加。

（七）区域性、行业性工会联合会委员会的产生适用《工会基层组织选举工作条例》《基层工会会员代表大会条例》等规定。担任区域性、行业性工会联合会主席、副主席职务，必须履行民主程序。区域性、行业性工会联合会主席、副主席可以由全体委员选举产生，也可以由区域性、行业性工会联合会所覆盖基层工会联合组成会员（代表）大会选举产生。区域、行业内的基层单位行政主要负责人不得作为区域性、行业性工会联合会委员会委员人选，行业协会（商会）会长、副会长等不得担任区域性、行业性工会联合会主席、副主席。上级工会派出的工会干部、社会化工会工作者或者区域、行业龙头骨干企业工会主席、社区工作者等可以作为区域性、行业性工会联合会主席、副主席人选。区域性、行业性工会联合会主席、副主席可以专职，也可以兼职，其任期与区域性、行业性工会联合会委员会相同。

（八）区域性、行业性工会联合会委员会委员实行替补、增补制。区域性、行业性工会联合会委员会委员，当其不再担任原工会组织的主要负责人时，其委员职务由其原单位工会新当选的主要负责人经履行民主程序后予以替补。新覆盖基层工会的主要负责人，经履行民主程序，可以增补为区域性、行业性工会联合会委员会委员。

（九）区域性、行业性工会联合会可结合区域、行业实际，制定工会联合会组织办法等。区域性、行业性工会联合会委员会每届任期三年至五年，任期届满应按时换届。特殊情况需提前或延期换届的，应报上一级工会批准。

（十）建立区域性、行业性工会联合会，原则上所覆盖基层工会的组织领导关系、经费拨缴关系和会员会籍关系保持不变。确需调整的，须经县级以上地方工会批准。

（十一）区域性、行业性工会联合会所覆盖区域、行业内的基层单位，应当分别单独建立基层工会组织（基层工会委员会、联合基层工会委员会或基层工会联合会）。

（十二）区域性、行业性工会联合会的名称应根据区域、行业、单位等情况确定，一般为"××（行政区划名称）+××（区域或行业名称）+工会联合会"，不能以职业名称或基层工会名称等作为区域性、行业性工会联合会的名称。

（十三）具备条件的区域性、行业性工会联合会，要在上级工会的指导下，及时登记取得社团法人资格，开设独立工会经费账户。

（十四）独立管理经费的区域性、行业性工会联合会，应同时成立工会经费审查委员会。区域性、行业性工会联合会所覆盖基层工会女职工较多的，建立女职工委员会，在工会联合会委员会领导下开展工作。

（十五）建立区域性、行业性工会联合会的，应采取有效措施，逐步实现对区域、行业内的基层工会以及不具备单独建会条件的小微企业和零散就业人员全覆盖。实际履行联合会职能但不规范的，应在上级工会指导下，按照联合制、代表制原则，逐步规范为工会联合会。

三、区域性、行业性工会联合会的主要职责任务

（十六）加强对职工的思想政治引领，承担团结引导职工群众听党话、跟党走的政治责任，推动习近平新时代中国特色社会主义思想进社区、进企业、进车间，深化理想信念教育，教育职工践行社会主义核心价值观，恪守社会公德、职业道德、家庭美德、个人品德，遵守劳动纪律。

（十七）在同级党组织和上级工会的领导下，推动和指导区域、行业内基层单位的工会组建、发展会员等工作，夯实工会基层基础。承担本区域、行业职工代表大会工作机构的职责。

（十八）大力弘扬劳模精神、劳动精神、工匠精神，组织开展具有区域特点、行业特色的劳动和技能竞赛、经济技术创新等活动，建设知识型、技能型、创新型的高素质职工队伍。

（十九）代表和组织职工依照法律规定，通过职工代表大会或其他形式参与本区域、行业民主管理和民主监督。调查研究和反映本区域、行业中涉及职工切身利益的重大问题。

（二十）参与制订本区域、本行业涉及劳动和职工权益的政策、标准等。积极推进区域、行业集体协商，推动建立区域、行业集体合同制度。

（二十一）参与协调劳动关系和调解劳动争议，协商解决涉

及职工切身利益问题，为所覆盖区域、行业的基层工会和职工提供法律服务和法律援助。

（二十二）突出行业特色、区域特点、职工需求，强化服务意识、健全服务体系、建立服务机制，精准化、精细化开展服务工作。

四、区域性、行业性工会联合会的工作保障

（二十三）加强区域性、行业性工会联合会工作经费保障，建立区域性、行业性工会联合会建设专项经费，并列入本级工会年度预算，保障工会联合会正常运转。各地工会结合实际，可建立项目补贴办法，实行一事一补。区域性、行业性工会联合会可以争取行政支持，也可在所覆盖基层工会自愿的基础上，由基层工会按照一定比例承担部分工作经费。上级工会要加强对区域性、行业性工会联合会经费使用的指导监督。区域性、行业性工会联合会的经费要做到专款专用。

（二十四）加强区域性、行业性工会联合会办公场地、活动场所、服务阵地建设，根据《基层工会经费收支管理办法》等有关规定，争取多方面、多渠道为区域性、行业性工会联合会办公和开展活动提供必要的设施和活动场所等。

（二十五）各地工会可结合实际，建立区域性、行业性工会联合会工会干部日常性工作补贴制度，对非国家工作人员担任的工会主席、副主席及其他工会干部，可给予适当的工作补贴。

五、加强对区域性、行业性工会联合会建设的领导

（二十六）充分认识加强和规范区域性、行业性工会联合会建设的紧迫性和必要性，把加强对区域性、行业性工会联合会建设摆上重要位置，加强统筹协调、形成工作合力，解决好区域性、行业性工会联合会规范和建设中遇到的矛盾和困难，为区域性、行业性工会联合会作用发挥创造有利条件、提供有力保障，努力把工会联合会建设成深受职工群众信赖的学习型、服务型、创新

型职工之家，工会干部努力成为职工群众信赖的娘家人、贴心人。

（二十七）积极探索符合区域性、行业性工会联合会特点的工会干部管理使用方式，拓宽来源渠道，采取专职、兼职、挂职相结合的方式，配备区域性、行业性工会联合会干部。加强教育培训，切实提高工会干部适应岗位需要的能力素质。

（二十八）加强分类指导，注重对已建立的区域性、行业性工会联合会加强规范；立足区域、行业实际，适应职工需求，指导区域性、行业性工会联合会突出工作重点，发挥优势作用。加强调查研究，及时总结推广好典型、好经验，发挥示范引领作用。加强监督检查，严格考核考评，坚持问题导向，督促整改解决，不断提升区域性、行业性工会联合会整体建设水平。

6.《中华全国总工会关于加强新时代工会女职工工作的意见》（2022年4月25日）

二、聚焦基本职责，实现工会女职工工作水平新提升

（三）加强思想政治引领。坚持用习近平新时代中国特色社会主义思想武装女职工，不断增进广大女职工对新时代党的创新理论的政治认同、思想认同、情感认同。强化理想信念教育，深化中国特色社会主义和中国梦宣传教育，引导女职工坚定不移听党话、矢志不渝跟党走。大力弘扬劳模精神、劳动精神、工匠精神，组织开展巾帼劳模工匠论坛、宣讲等活动，进一步发挥先进典型示范引领作用。加强新时代家庭家教家风建设，倡导开展"培育好家风——女职工在行动"主题实践活动，推动社会主义核心价值观在家庭落地生根。

（四）深化提升素质建功立业工程。贯彻落实产业工人队伍建设改革各项部署，充分发挥技能强国——全国产业工人学习社区、工匠学院等阵地作用，落实科技创新巾帼行动，加强女职工数字技能培训，培育女职工创新工作室，助力女职工成长成才。引导女职工积极参与"建功'十四五'、奋进新征程"主题劳动

和技能竞赛,广泛深入持久开展具有女职工特色的区域性、行业性劳动和技能竞赛,推动竞赛向新产业新业态新组织拓展。开展女职工先进集体和个人表彰或表扬,规范完善"五一巾帼奖"评选管理工作;在全国五一劳动奖章等评选表彰中重视并保障女职工比例。

(五)维护女职工合法权益和特殊利益。参与国家和地方有关女职工权益保护法律法规政策的研究和制定修订,推动地方出台《女职工劳动保护特别规定》实施办法。充分发挥女职工权益保护专项集体合同作用,突出民主管理、生育保护、女职工卫生费、帮助职工平衡工作和家庭责任等重点,提升协商质量和履约实效。定期开展普法宣传活动,常态化做好维权典型案例评选、联合专项执法检查、工会劳动法律监督,及时推动侵犯女职工权益案件调查处理,促进劳动关系和谐稳定,维护劳动领域政治安全。依法维护新就业形态女性劳动者劳动报酬、休息休假、劳动保护、社会保险等权益。

(六)提升女职工生活品质。落实国家生育政策及配套支持措施,支持有条件的用人单位为职工提供托育服务,推动将托育服务纳入职工之家建设和企业提升职工生活品质试点工作,推进工会爱心托管服务,加强女职工休息哺乳室建设,做好职工子女关爱服务,创建家庭友好型工作场所。高度关注女职工劳动保护和身心健康,加大女职工劳动安全卫生知识教育培训力度,推动特定行业、企业等开展女职工职业病检查;扩大宫颈癌、乳腺癌筛查受益人群和覆盖范围,加强女职工人文关怀和心理疏导工作。深化工会婚恋交友服务,教育引导职工树立正确婚恋观,开展更加符合职工需求及特点的婚恋交友活动。

三、夯实组织基础,激发工会女职工组织新活力

(七)扩大工会女职工组织覆盖。坚持以工会组织建设带动工会女职工组织建设,女职工组织与工会组织同时筹备、同时产

生（或换届）、同时报批，努力实现在已建工会组织单位中女职工组织的全覆盖。着力加强产业工会、区域（行业）工会联合会以及乡镇（街道）、村（社区）、工业园区工会女职工委员会建设，建立健全工会女职工组织体系。将工会女职工组织建设工作纳入模范职工之家、劳动关系和谐企业创建以及会员评议职工之家活动等各项评比内容。

（八）加强工会女职工组织机构建设。省、自治区、直辖市，设区的市和自治州总工会，实行垂直领导的产业工会，机关、事业单位工会，根据工作需要，按照机构编制管理权限，经机构编制部门同意，设立女职工委员会办公室（女职工部）或明确女职工工作责任部门，安排专人负责女职工委员会的日常工作。县（旗）、自治县、不设区的市，乡镇（街道）、村（社区），企业和其他社会组织等工会，根据工作需要安排专人负责女职工工作。企业工会女职工委员会是县或者县以上妇联的团体会员，通过县以上地方工会接受妇联的业务指导。

（九）推动工会女职工组织运行制度化规范化。落实女职工委员会向同级工会委员会和上级工会女职工委员会报告工作制度，完善工会女职工委员会委员发挥作用制度。发挥女职工工作联系点、女职工工作信息员、社会化工会工作者、工会积极分子、工会工作志愿者以及社会组织作用。完善女职工工作培训制度，将女职工工作作为工会干部教育培训的重要内容，引导工会领导干部增强重视和支持女职工工作的意识；通过定期举办工会女职工工作干部培训班，逐步实现教育培训对专兼挂工会女职工工作干部的全覆盖。注重培育不同层面工会女职工组织先进典型，以点带面推进工会女职工工作。

四、创新工作方式，拓宽工会女职工工作新路径

（十）构建统筹协调机制。做好对内统筹，各级工会相关部门、产业工会和直属单位结合工作职能，将女职工工作纳入工作

规划、年度安排、重点工作中研究部署、统筹考虑，汇聚资源力量，合力推动女职工工作。做好对外协调，积极争取人社、卫健等政府部门的支持，发挥专家智库作用，整合社会资源，延长工会女职工工作手臂；在现有体制机制不变的前提下，密切与妇联等群团组织的联系合作，凝聚强大合力，共同做好党的群众工作。

（十一）加强调查研究工作。深化对党领导下的工运事业和妇女事业重大成就及历史经验的学习研究，把握工会女职工工作规律性认识，推进理论创新和实践创新。聚焦党中央决策部署和工会重点工作，立足新时代职工队伍和劳动关系发展变化，定期开展女职工队伍状况调查和专题调研。加强调研设计，提高调研质量，及时通报、交流调研成果，加大优秀调研成果宣传力度，推动形成工作性意见、转化为政策制度。

（十二）注重品牌塑造创新。强化品牌意识，推动工会女职工工作传统特色品牌的巩固拓展和发展提升，持之以恒做优做强女职工普法宣传、女职工权益保护专项集体合同、玫瑰书香、会聚良缘、爱心托管、托育服务、女职工休息哺乳室等特色品牌，不断赋予品牌新内涵、新亮点，发挥品牌示范引领效应。结合实际及时发现培育、总结提炼基层典型经验，努力创建更多体现时代特色和地域特点的工作品牌，增强工会女职工工作的社会影响力。

（十三）用好网上工作平台。顺应数字化、信息化、智能化时代发展趋势，依托各级网上工会、智慧工会平台，探索设置符合女职工特点和需求的女职工工作专区，打造快捷高效的女职工工作网上矩阵，提高活动参与度和服务覆盖面，使广大女职工网上网下都能找到娘家人。发挥工会网上舆论阵地和主流网络媒体作用，加强女职工网上引领和女职工工作网上宣传，营造尊重关心女职工、关注支持工会女职工工作的社会氛围。

五、强化组织实施

（十四）加强组织领导。各级工会要高度重视女职工工作，加强对女职工工作的领导，将女职工工作列入重要议事日程，纳入工会工作整体部署。每年至少召开1次党组（党委）会议专题听取女职工工作情况汇报，及时研究解决女职工工作发展中的重大问题。

（十五）加大支持保障。各级工会要赋予女职工工作更多资源手段。选优配强工会女职工工作干部。加大对工会女职工工作的经费支持和保障力度，落实《基层工会经费收支管理办法》，基层工会开展职工子女托管、托育以及"六一"儿童节慰问活动等职工子女关爱服务所需经费，可从工会经费中列支。加强正向激励，将女职工工作情况作为评优评先的重要参考。

（十六）狠抓责任落实。各级工会要强化责任担当，明确思路举措和具体分工，做到层层有责任、事事有人抓，落细落实目标任务。加强指导协调和跟踪问效，坚持一级抓一级、逐级抓落实，及时跟进工作、解决问题，推动工会女职工工作各项部署要求落地见效。

第十二条　工会组织的建立报批及帮助指导

基层工会、地方各级总工会、全国或者地方产业工会组织的建立，必须报上一级工会批准。

上级工会可以派员帮助和指导企业职工组建工会，任何单位和个人不得阻挠。

第十三条　工会组织的撤销及合并

任何组织和个人不得随意撤销、合并工会组织。

基层工会所在的用人单位终止或者被撤销，该工会组织相应撤销，并报告上一级工会。

依前款规定被撤销的工会，其会员的会籍可以继续保留，具体管理办法由中华全国总工会制定。

● **其他规范性文件**

1. 《企业工会工作条例》(2006年12月11日)

第7条 会员二十五人以上的企业建立工会委员会；不足二十五人的可以单独建立工会委员会，也可以由两个以上企业的会员按地域或行业联合建立基层工会委员会。同时按有关规定建立工会经费审查委员会、工会女职工委员会。

企业工会具备法人条件的，依法取得社会团体法人资格，工会主席是法定代表人。

企业工会受法律保护，任何组织和个人不得随意撤销或将工会工作机构合并、归属到其他部门。

企业改制须同时建立健全工会组织。

2. 《工会会员会籍管理办法》(2016年12月12日)

第一章 总 则

第1条 为规范工会会员会籍管理工作，增强会员意识，保障会员权利，根据《中华人民共和国工会法》和《中国工会章程》等有关规定，制定本办法。

第2条 工会会员会籍是指工会会员资格，是职工履行入会手续后工会组织确认其为工会会员的依据。

第3条 工会会员会籍管理，随劳动（工作）关系流动而变动，会员劳动（工作）关系在哪里，会籍就在哪里，实行一次入会、动态接转。

第二章 会籍取得与管理

第4条 凡在中国境内的企业、事业单位、机关和其他社会组织中，以工资收入为主要生活来源或者与用人单位建立劳动关系的体力劳动者和脑力劳动者，不分民族、种族、性别、职业、宗教信仰、教育程度，承认《中国工会章程》，都可以加入工会为会员。

第5条 职工加入工会，由其本人通过口头或书面形式及通过互联网等渠道提出申请，填写《中华全国总工会入会申请书》和《工会会员登记表》，经基层工会审核批准，即为中华全国总工会会员，发给《中华全国总工会会员证》（以下简称"会员证"），享有会员权利，履行会员义务。工会会员卡（以下简称"会员卡"）也可以作为会员身份凭证。

第6条 尚未建立工会的用人单位职工，按照属地和行业就近原则，可以向上级工会提出入会申请，在上级工会的帮助指导下加入工会。用人单位建立工会后，应及时办理会员会籍接转手续。

第7条 非全日制等形式灵活就业的职工，可以申请加入所在单位工会，也可以申请加入所在地的乡镇（街道）、开发区（工业园区）、村（社区）工会和区域（行业）工会联合会等。会员会籍由上述工会管理。

第8条 农民工输出地工会开展入会宣传，启发农民工入会意识；输入地工会按照属地管理原则，广泛吸收农民工加入工会。农民工会员变更用人单位时，应及时办理会员会籍接转手续，不需重复入会。

第9条 劳务派遣工可以在劳务派遣单位加入工会，也可以在用工单位加入工会。劳务派遣单位没有建立工会的，劳务派遣工在用工单位加入工会。

在劳务派遣工会员接受派遣期间，劳务派遣单位工会可以与用工单位工会签订委托管理协议，明确双方对会员组织活动、权益维护等方面的责任与义务。

加入劳务派遣单位工会（含委托用工单位管理）的会员，其会籍由劳务派遣单位工会管理。加入用工单位工会的会员会籍由用工单位工会管理。

第10条 基层工会可以通过举行入会仪式、集体发放会员证或会员卡等形式，增强会员意识。

第11条 基层工会应建立会员档案，实行会员实名制，动态管理会员信息，保障会员信息安全。

第12条 会员劳动（工作）关系发生变化后，由调出单位工会填写会员证"工会组织关系接转"栏目中有关内容。会员的《工会会员登记表》随个人档案一并移交。会员以会员证或会员卡等证明其工会会员身份，新的用人单位工会应予以接转登记。

第13条 已经与用人单位解除劳动（工作）关系并实现再就业的会员，其会员会籍应转入新的用人单位工会。如新的用人单位尚未建立工会，其会员会籍原则上应暂时保留在会员居住地工会组织，待所在单位建立工会后，再办理会员会籍接转手续。

第14条 临时借调到外单位工作的会员，其会籍一般不作变动。如借调时间六个月以上，借调单位已建立工会的，可以将会员关系转到借调单位工会管理。借调期满后，会员关系转回所在单位。会员离开工作岗位进行脱产学习的，如与单位仍有劳动（工作）关系，其会员会籍不作变动。

第15条 联合基层工会的会员会籍接转工作，由联合基层工会负责。区域（行业）工会联合会的会员会籍接转工作，由会员所在基层工会负责。

第16条 各级工会分级负责本单位本地区的会员统计工作。农民工会员由输入地工会统计。劳务派遣工会员由劳务派遣单位工会统计，加入用工单位工会的由用工单位工会统计。保留会籍的人员不列入会员统计范围。

第三章　会籍保留与取消

第17条 会员退休（含提前退休）后，在原单位工会办理保留会籍手续。退休后再返聘参加工作的会员，保留会籍不作变动。

第18条 内部退养的会员，其会籍暂不作变动，待其按国家有关规定正式办理退休手续后，办理保留会籍手续。

第19条 会员失业的，由原用人单位办理保留会籍手续。

原用人单位关闭或破产的，可将其会籍转至其居住地的乡镇（街道）或村（社区）工会。重新就业后，由其本人及时与新用人单位接转会员会籍。

第20条　已经加入工会的职工，在其服兵役期间保留会籍。服兵役期满，复员或转业到用人单位并建立劳动关系的，应及时办理会员会籍接转手续。

第21条　会员在保留会籍期间免交会费，不再享有选举权、被选举权和表决权。

第22条　会员有退会自由。对于要求退会的会员，工会组织应做好思想工作。对经过做思想工作仍要求退会的，由会员所在的基层工会讨论后，宣布其退会并收回其会员证或会员卡。会员没有正当理由连续六个月不交纳会费、不参加工会组织生活，经教育拒不改正，应视为自动退会。

第23条　对严重违法犯罪并受到刑事处分的会员，开除会籍。开除会员会籍，须经会员所在工会小组讨论提出意见，由工会基层委员会决定，并报上一级工会备案，同时收回其会员证或会员卡。

第四章　附　　则

第24条　本办法由中华全国总工会负责解释。

第25条　本办法自印发之日起施行。2000年9月11日印发的《中华全国总工会关于加强工会会员会籍管理有关问题的暂行规定》（总工发〔2000〕18号）同时废止。

第十四条　工会主席及专职工作人员的确立

职工二百人以上的企业、事业单位、社会组织的工会，可以设专职工会主席。工会专职工作人员的人数由工会与企业、事业单位、社会组织协商确定。

● 其他规范性文件

1.《企业工会主席产生办法（试行）》（2008年7月25日）

第一章 总　　则

第1条　为健全完善企业工会主席产生机制，充分发挥工会主席作用，切实履行工作职责，增强工会组织凝聚力，根据《工会法》、《中国工会章程》和《企业工会工作条例》，制定本办法。

第2条　中华人民共和国境内企业和实行企业化管理的事业单位、民办非企业单位的工会主席产生适用本办法。

第3条　企业工会主席产生，应坚持党管干部、依法规范、民主集中、组织有序的原则。

第4条　上一级工会应对企业工会主席产生进行直接指导。

第二章 任 职 条 件

第5条　企业工会主席应具备下列条件：

（一）政治立场坚定，热爱工会工作；

（二）具有与履行职责相应的文化程度、法律法规和生产经营管理知识；

（三）作风民主，密切联系群众，热心为会员和职工服务；

（四）有较强的组织协调能力。

第6条　企业行政负责人（含行政副职）、合伙人及其近亲属，人力资源部门负责人，外籍职工不得作为本企业工会主席候选人。

第三章 候选人产生

第7条　企业工会换届或新建立工会组织，应当成立由上一级工会、企业党组织和会员代表组成的领导小组，负责工会主席候选人提名和选举工作。

第8条　企业工会主席候选人应以工会分会或工会小组为单位酝酿推荐，或由全体会员以无记名投票方式推荐，上届工会委员会、上一级工会或工会筹备组根据多数会员的意见，提出候选人名单。

企业工会主席候选人应多于应选人。

第9条 企业党组织和上级工会应对企业工会主席候选人进行考察，对不符合任职条件的予以调整。

第10条 企业工会主席候选人应进行公示，公示期为七天。公示按姓氏笔画排序。

第11条 企业工会主席候选人应报经企业党组织和上一级工会审批。

第12条 上级工会可以向非公有制企业工会、联合基层工会推荐本企业以外人员作为工会主席候选人。

第四章 民主选举

第13条 企业工会主席产生均应依法履行民主选举程序，经会员民主选举方能任职。

第14条 选举企业工会主席应召开会员大会或会员代表大会，采取无记名投票方式进行。

因故未出席会议的选举人，不得委托他人代为投票。

第15条 企业工会主席可以由会员大会或会员代表大会直接选举产生，也可以由企业工会委员会选举产生；可以与企业工会委员会委员同时进行选举，也可以单独选举。

第16条 会员大会或会员代表大会选举企业工会主席，参加选举人数为应到会人数三分之二以上时，方可进行选举。

企业工会主席候选人获得赞成票超过应到会有选举权人数半数的始得当选。

第17条 任何组织和任何个人不得妨碍民主选举工作，不得阻挠有选举权和被选举权的会员到场，不得以私下串联、胁迫他人等非组织行为强迫选举人选举或者不选举某个人，不得以任何方式追查选举人的投票意向。

第18条 企业工会主席出现空缺，应在三个月内进行补选。补选前应征得同级党组织和上一级工会的同意，暂由一名副主席或委员主持工作，一般期限不得超过三个月。

第五章　管理与待遇

第19条　企业工会主席选举产生后应及时办理工会法人资格登记或工会法人代表变更登记。

企业工会主席一般应按企业副职级管理人员条件选配并享受相应待遇。

公司制企业工会主席应依法进入董事会。

第20条　企业工会主席由同级党组织与上级工会双重领导，以同级党组织领导为主。尚未建立党组织的企业，其工会主席接受上一级工会领导。

第21条　职工二百人以上的企业依法配备专职工会主席。由同级党组织负责人担任工会主席的，应配备专职工会副主席。

企业应依法保障兼职工会主席的工作时间及相应待遇。

第22条　企业工会主席任期未满，企业不得随意调动其工作，不得随意解除其劳动合同。因工作需要调动时，应当征得本级工会委员会和上一级工会同意，依法履行民主程序。

工会专职主席自任职之日起，其劳动合同期限自动延长，延长期限相当于其任职期间；非专职主席自任职之日起，其尚未履行的劳动合同期限短于任期的，劳动合同期限自动延长至任期期满。任职期间个人严重过失或者达到法定退休年龄的除外。

罢免、撤换企业工会主席须经会员大会全体会员或者会员代表大会全体代表无记名投票过半数通过。

第23条　由上级工会推荐并经民主选举产生的企业工会主席，其工资待遇、社会保险费用等，可以由企业支付，也可以由上级工会或上级工会与其他方面合理承担。

第六章　附　　则

第24条　联合基层工会、基层工会联合会主席的产生，参照本办法执行。

第25条 本办法由中华全国总工会负责解释。

第26条 本办法自发布之日起施行。

> **第十五条　法人资格**
>
> 　　中华全国总工会、地方总工会、产业工会具有社会团体法人资格。
>
> 　　基层工会组织具备民法典规定的法人条件的，依法取得社会团体法人资格。

● 法　律

1. 《民法典》（2020年5月28日）

　　第58条　法人应当依法成立。

　　法人应当有自己的名称、组织机构、住所、财产或者经费。法人成立的具体条件和程序，依照法律、行政法规的规定。

　　设立法人，法律、行政法规规定须经有关机关批准的，依照其规定。

　　第90条　具备法人条件，基于会员共同意愿，为公益目的或者会员共同利益等非营利目的设立的社会团体，经依法登记成立，取得社会团体法人资格；依法不需要办理法人登记的，从成立之日起，具有社会团体法人资格。

　　第91条　设立社会团体法人应当依法制定法人章程。

　　社会团体法人应当设会员大会或者会员代表大会等权力机构。

　　社会团体法人应当设理事会等执行机构。理事长或者会长等负责人按照法人章程的规定担任法定代表人。

● 司法解释及文件

2. 《最高人民法院关于在民事审判工作中适用〈中华人民共和国工会法〉若干问题的解释》（2020年12月29日）

　　第1条　人民法院审理涉及工会组织的有关案件时，应当认定依照工会法建立的工会组织的社团法人资格。具有法人资格的工会组织依法独立享有民事权利，承担民事义务。建立工会的企业、事业单位、机关与所建工会以及工会投资兴办的企业，根据法律和司法解释的规定，应当分别承担各自的民事责任。

3.《最高人民法院关于产业工会、基层工会是否具备社会团体法人资格和工会经费集中户可否冻结划拨问题的批复》（2020年12月29日）

各省、自治区、直辖市高级人民法院，解放军军事法院：

山东等省高级人民法院就审判工作中如何认定产业工会、基层工会的社会团体法人资格和对工会财产、经费查封、扣押、冻结、划拨的问题，向我院请示。经研究，批复如下：

一、根据《中华人民共和国工会法》（以下简称工会法）的规定，产业工会社会团体法人资格的取得是由工会法直接规定的，依法不需要办理法人登记。基层工会只要符合《中华人民共和国民法典》、工会法和《中国工会章程》规定的条件，报上一级工会批准成立，即具有社会团体法人资格。人民法院在审理案件中，应当严格按照法律规定的社会团体法人条件，审查基层工会社会团体法人的法律地位。产业工会、具有社会团体法人资格的基层工会与建立工会的营利法人是各自独立的法人主体。企业或企业工会对外发生的经济纠纷，各自承担民事责任。上级工会对基层工会是否具备法律规定的社会团体法人的条件审查不严或不实，应当承担与其过错相应的民事责任。

二、确定产业工会或者基层工会兴办企业的法人资格，原则上以工商登记为准；其上级工会依据有关规定进行审批是必经程序，人民法院不应以此为由冻结、划拨上级工会的经费并替欠债企业清偿债务。产业工会或基层工会投资兴办的具备法人资格的企业，如果投资不足或者抽逃资金的，应当补足投资或者在注册资金不实的范围内承担责任；如果投资全部到位，又无抽逃资金的行为，当企业负债时，应当以企业所有的或者经营管理的财产承担有限责任。

三、根据工会法的规定，工会经费包括工会会员缴纳的会费，建立工会组织的企业事业单位、机关按每月全部职工工资总额的百分之二的比例向工会拨交的经费，以及工会所属的企业、事业单位上缴的收入和人民政府的补助等。工会经费要按比例逐月向地方各级总工会和全国总工会拨交。工会的经费一经拨交，所有权随之转移。在银行独立开列的"工会经费集中户"，与企业经营资金无关，专门用于工会经费的集中与分配，不能在此账户开支费用或挪用、转移资金。因此，人民法院在审理案件中，不应将工会经费视为所在企业的财产，在企业欠债的情况下，不应冻结、划拨工会经费及"工会经费集中户"的款项。

此复

第十六条　工会委员会任期

基层工会委员会每届任期三年或者五年。各级地方总工会委员会和产业工会委员会每届任期五年。

第十七条　基层工会委员会会议的召开

基层工会委员会定期召开会员大会或者会员代表大会，讨论决定工会工作的重大问题。经基层工会委员会或者三分之一以上的工会会员提议，可以临时召开会员大会或者会员代表大会。

第十八条　工会主席、副主席工作调动限制

> 工会主席、副主席任期未满时，不得随意调动其工作。因工作需要调动时，应当征得本级工会委员会和上一级工会的同意。
>
> 罢免工会主席、副主席必须召开会员大会或者会员代表大会讨论，非经会员大会全体会员或者会员代表大会全体代表过半数通过，不得罢免。

● 法　律

1. 《工会法》（2021年12月24日）

第52条　违反本法规定，对依法履行职责的工会工作人员无正当理由调动工作岗位，进行打击报复的，由劳动行政部门责令改正、恢复原工作；造成损失的，给予赔偿。

对依法履行职责的工会工作人员进行侮辱、诽谤或者进行人身伤害，构成犯罪的，依法追究刑事责任；尚未构成犯罪的，由公安机关依照治安管理处罚法的规定处罚。

● 其他规范性文件

2. 《企业工会工作条例》（2006年12月11日）

第28条　按照法律规定，企业工会主席、副主席任期未满时，不得随意调动其工作。因工作需要调动时，应征得本级工会委员会和上一级工会的同意。

罢免工会主席、副主席必须召开会员大会或会员代表大会讨论，非经会员大会全体会员或者会员代表大会全体代表无记名投票过半数通过，不得罢免。

工会专职主席、副主席或者委员自任职之日起，其劳动合同期限自动延长，延长期限相当于其任职期间；非专职主席、副主席或者委员自任职之日起，其尚未履行的劳动合同期限短于任期

的，劳动合同期限自动延长至任期期满。任职期间个人严重过失或者达到法定退休年龄的除外。

3.《企业工会主席合法权益保护暂行办法》(2007年8月20日)

第一章 总　则

第1条 为坚持主动依法科学维权，保护企业工会主席合法权益，保障其依法履行职责，发挥企业工会促进企业发展、维护职工权益的作用，依据《工会法》、《劳动法》、《劳动合同法》等法律法规，制定本办法。

第2条 中华人民共和国境内各类企业工会专职、兼职主席、副主席（以下简称工会主席）的合法权益保护，适用本办法。

企业化管理的事业单位、民办非企业单位工会主席，区域性行业性工会联合会、联合基层工会主席的合法权益保护，参照本办法执行。

第3条 各级工会要依据国家法律法规和政策，严格按照中国工会章程的规定和组织程序，运用法律、经济等手段，保护企业工会主席的合法权益。

第二章 保护内容与措施

第4条 企业工会主席因依法履行职责，被企业降职降级、停职停薪降薪、扣发工资以及其他福利待遇的，或因被诬陷受到错误处理、调动工作岗位的，或遭受打击报复不能恢复原工作、享受原职级待遇的，或未安排合适工作岗位的，上级工会要会同该企业党组织督促企业撤销处理决定，恢复该工会主席原岗位工作，并补足其所受经济损失。

在企业拒不纠正的情况下，上级工会要向企业的上级党组织报告，通过组织渠道促使问题的解决；或会同企业、行业主管部门、或提请劳动行政部门责令该企业改正。

第5条 企业工会主席因依法履行职责，被企业无正当理由解除或终止劳动合同的，上级工会要督促企业依法继续履行其劳动合同，恢复原岗位工作，补发被解除劳动合同期间应得的报酬，或给予本人年收入二倍的赔偿，并给予解除或终止劳动合同时的经济补偿金。

在企业拒不改正的情况下，上级工会要提请劳动行政部门责令该企业改正，直至支持权益受到侵害的工会主席向人民法院提起诉讼。对于发生劳动争议，工会主席本人申请仲裁或者提起诉讼的，应当为其提供法律援助，支付全部仲裁、诉讼费用。

第6条 企业工会主席因依法履行职责，被故意伤害导致人身伤残、死亡的，上级工会要支持该工会主席或者其亲属、代理人依法追究伤害人的刑事责任和民事责任。

对于被故意伤害导致人身伤残的工会主席，上级工会要视其伤残程度给予一次性补助；对于被故意伤害导致死亡的工会主席，要协助其直系亲属做好善后处理事宜，并给予一次性慰问金。

第7条 企业工会主席因依法履行职责，遭受企业解除或终止劳动合同，本人不愿意继续在该企业工作、导致失业的，上级工会要为其提供就业帮助；需要就业培训的，要为其免费提供职业技能培训。在该工会主席失业期间，上级工会要按照本人原岗位工资收入给予补助，享受期限最多不超过六个月。

第8条 企业非专职工会主席因参加工会会议、学习培训、从事工会工作，被企业扣发或减少工资和其它经济收入的，上级工会要督促企业依法予以足额补发。

第三章 保护机制与责任

第9条 各级工会领导机关要建立保护企业工会主席责任制，逐级承担保护企业工会主席合法权益的职责。企业工会的上一级工会要切实负起责任，保护所属企业工会主席的合法权益。

第10条 县（区）级以上工会领导机关要设立工会干部权

益保障金，省级工会50万元、地（市）级工会30万元、县（区）级工会10万元，年末结余滚存下一年度使用。当年使用不足时可以动用滚存结余，仍不足时可追加。本级工会经费有困难时，可向上级工会提出补助申请。

要切实加强工会干部权益保障金的管理，专款专用。各级工会经费审查委员会要加强审查和监督工作。

第11条 县（区）级以上工会领导机关要建立由组织部门牵头、相关部门参加的工作协调机构，受理下级工会或企业工会主席的维权申请、核实、报批和资料存档等相关事宜。

当工会主席合法权益受到侵害后，工会主席本人或者其所在企业工会组织向上一级工会提出书面保护申请及相关证明材料；上一级工会要及时做好调查核实工作，采取相应保护措施。需要支付保障金的，要按照隶属关系向县（区）级地方工会提出申请。县（区）级以上地方工会应依据实际情况，及时向合法权益受到侵害的工会主席支付权益保障金。

第四章 附 则

第12条 全国铁路、金融、民航工会适用本办法。

第13条 本办法由中华全国总工会解释。

第14条 本办法自公布之日起施行。

● 案例指引

1. 工会主席遭辞退案（《2015年北京劳动维权十大案例评析》）[1]

案例摘要：《工会法》和《北京市实施〈中华人民共和国工会法〉办法》规定，用人单位违法解除工会主席的劳动合同，应给予本人年收入二倍的赔偿。法援律师据此制定了以用人单位违法解除劳动合同为认定基础，综合考虑维护工会主席合法权益的诉讼方案。

---

[1] 载京工网，https://www.workerbj.cn/jgw/html/weiquan/shuofa/2015/1230/22962.html，最后访问时间：2025年2月10日。

本案中，用人单位以工会主席不胜任工作为理由解除劳动合同，但公司既未告知岳某本人，也没按照《劳动合同法》的规定，对其进行调岗或者培训，且未经年底考核，就在2014年6月强行终止了劳动合同。同时，单位作为对解除劳动合同负有举证责任的一方，在诉讼过程中未出示相关证据，所以公司与岳某解除劳动合同不符合法律规定。最后，法院采纳了工会法援律师的意见，作出用人单位违法解除劳动合同的认定和判决。

2. 工会主席被解聘案（《2018年北京工会劳动维权十大案例评析》）[①]

案例摘要：本案中，公司虽主张因董事会作出机构调整，已提前与齐某协商变更其岗位等情形，但公司未出示机构调整致使劳动合同无法履行的相关证据，公司属于违法解除劳动合同，应当支付违法解除劳动合同赔偿金。关于齐某能否获得违法解除工会主席劳动合同赔偿金，齐某工会主席的任期在2018年3月届满后，由于某些原因未及时组织换届选举，齐某仍然在履行工会主席的职责。《工会法》第52条规定，"有下列情形之一的，由劳动行政部门责令恢复其工作，并补发被解除劳动合同期间应得的报酬，或者责令给予本人年收入二倍的赔偿：（一）职工因参加工会活动而被解除劳动合同的；（二）工会工作人员因履行本法规定的职责而被解除劳动合同的"。可以看出，职工或工会工作人员请求用人单位给予年收入的两倍赔偿，其前提条件是职工或工会工作人员因参加工会活动或者履行《工会法》规定的职责而被解除劳动合同。结合到本案，齐某未能出示履行工会法规定的职责而被解除劳动合同的相关证据，不符合取得双倍年收入赔偿的要件，但经过援助律师的争取，为齐某争取了一定的赔偿。

[①] 载京工网，https://www.workerbj.cn/jgw/html/weiquan/shuofa/2019/0225/96483.html，最后访问时间：2025年2月10日。

第十九条　基层工会主席、副主席及委员劳动合同期限的规定

> 基层工会专职主席、副主席或者委员自任职之日起，其劳动合同期限自动延长，延长期限相当于其任职期间；非专职主席、副主席或者委员自任职之日起，其尚未履行的劳动合同期限短于任期的，劳动合同期限自动延长至任期期满。但是，任职期间个人严重过失或者达到法定退休年龄的除外。

● 法　律

1.《劳动法》（2018年12月29日）

第25条　劳动者有下列情形之一的，用人单位可以解除劳动合同：

（一）在试用期间被证明不符合录用条件的；

（二）严重违反劳动纪律或者用人单位规章制度的；

（三）严重失职，营私舞弊，对用人单位利益造成重大损害的；

（四）被依法追究刑事责任的。

2.《劳动合同法》（2012年12月28日）

第39条　劳动者有下列情形之一的，用人单位可以解除劳动合同：

（一）在试用期间被证明不符合录用条件的；

（二）严重违反用人单位的规章制度的；

（三）严重失职，营私舞弊，给用人单位造成重大损害的；

（四）劳动者同时与其他用人单位建立劳动关系，对完成本单位的工作任务造成严重影响，或者经用人单位提出，拒不改正的；

（五）因本法第二十六条第一款第一项规定的情形致使劳动合同无效的；

（六）被依法追究刑事责任的。

● 司法解释及文件

3.《最高人民法院关于在民事审判工作中适用〈中华人民共和国工会法〉若干问题的解释》（2020年12月29日）

第2条 根据工会法第十八条规定，人民法院审理劳动争议案件，涉及确定基层工会专职主席、副主席或者委员延长的劳动合同期限的，应当自上述人员工会职务任职期限届满之日起计算，延长的期限等于其工会职务任职的期间。

工会法第十八条规定的"个人严重过失"，是指具有《中华人民共和国劳动法》第二十五条第（二）项、第（三）项或者第（四）项规定的情形。

● 其他规范性文件

4.《企业工会工作条例》（2006年12月11日）

第28条 按照法律规定，企业工会主席、副主席任期未满时，不得随意调动其工作。因工作需要调动时，应征得本级工会委员会和上一级工会的同意。

罢免工会主席、副主席必须召开会员大会或会员代表大会讨论，非经会员大会全体会员或者会员代表大会全体代表无记名投票过半数通过，不得罢免。

工会专职主席、副主席或者委员自任职之日起，其劳动合同期限自动延长，延长期限相当于其任职期间；非专职主席、副主席或者委员自任职之日起，其尚未履行的劳动合同期限短于任期的，劳动合同期限自动延长至任期期满。任职期间个人严重过失或者达到法定退休年龄的除外。

第三章 工会的权利和义务

第二十条 工会监督权

企业、事业单位、社会组织违反职工代表大会制度和其他民主管理制度，工会有权要求纠正，保障职工依法行使民主管理的权利。

法律、法规规定应当提交职工大会或者职工代表大会审议、通过、决定的事项，企业、事业单位、社会组织应当依法办理。

● 法　律

1. 《劳动法》（2018 年 12 月 29 日）

第 8 条　劳动者依照法律规定，通过职工大会、职工代表大会或者其他形式，参与民主管理或者就保护劳动者合法权益与用人单位进行平等协商。

2. 《劳动合同法》（2012 年 12 月 28 日）

第 51 条　企业职工一方与用人单位通过平等协商，可以就劳动报酬、工作时间、休息休假、劳动安全卫生、保险福利等事项订立集体合同。集体合同草案应当提交职工代表大会或者全体职工讨论通过。

集体合同由工会代表企业职工一方与用人单位订立；尚未建立工会的用人单位，由上级工会指导劳动者推举的代表与用人单位订立。

3. 《公司法》（2023 年 12 月 29 日）

第 17 条　公司职工依照《中华人民共和国工会法》组织工会，开展工会活动，维护职工合法权益。公司应当为本公司工会提供必要的活动条件。公司工会代表职工就职工的劳动报酬、工作时间、休息休假、劳动安全卫生和保险福利等事项依法与公司签订集体合同。

公司依照宪法和有关法律的规定，建立健全以职工代表大会为基本形式的民主管理制度，通过职工代表大会或者其他形式，实行民主管理。

公司研究决定改制、解散、申请破产以及经营方面的重大问题、制定重要的规章制度时，应当听取公司工会的意见，并通过职工代表大会或者其他形式听取职工的意见和建议。

4.《安全生产法》（2021年6月10日）

第7条 工会依法对安全生产工作进行监督。

生产经营单位的工会依法组织职工参加本单位安全生产工作的民主管理和民主监督，维护职工在安全生产方面的合法权益。生产经营单位制定或者修改有关安全生产的规章制度，应当听取工会的意见。

5.《职业病防治法》（2018年12月29日）

第40条 工会组织应当督促并协助用人单位开展职业卫生宣传教育和培训，有权对用人单位的职业病防治工作提出意见和建议，依法代表劳动者与用人单位签订劳动安全卫生专项集体合同，与用人单位就劳动者反映的有关职业病防治的问题进行协调并督促解决。

工会组织对用人单位违反职业病防治法律、法规，侵犯劳动者合法权益的行为，有权要求纠正；产生严重职业病危害时，有权要求采取防护措施，或者向政府有关部门建议采取强制性措施；发生职业病危害事故时，有权参与事故调查处理；发现危及劳动者生命健康的情形时，有权向用人单位建议组织劳动者撤离危险现场，用人单位应当立即作出处理。

6.《全民所有制工业企业法》（2009年8月27日）

第10条 企业通过职工代表大会和其他形式，实行民主管理。

第 11 条　企业工会代表和维护职工利益，依法独立自主地开展工作。企业工会组织职工参加民主管理和民主监督。

企业应当充分发挥青年职工、女职工和科学技术人员的作用。

第 49 条　职工有参加企业民主管理的权利，有对企业的生产和工作提出意见和建议的权利；有依法享受劳动保护、劳动保险、休息、休假的权利；有向国家机关反映真实情况，对企业领导干部提出批评和控告的权利。女职工有依照国家规定享受特殊劳动保护和劳动保险的权利。

第 50 条　职工应当以国家主人翁的态度从事劳动，遵守劳动纪律和规章制度，完成生产和工作任务。

第 51 条　职工代表大会是企业实行民主管理的基本形式，是职工行使民主管理权力的机构。

职工代表大会的工作机构是企业的工会委员会。企业工会委员会负责职工代表大会的日常工作。

第 52 条　职工代表大会行使下列职权：

（一）听取和审议厂长关于企业的经营方针、长远规划、年度计划、基本建设方案、重大技术改造方案、职工培训计划、留用资金分配和使用方案、承包和租赁经营责任制方案的报告，提出意见和建议。

（二）审查同意或者否决企业的工资调整方案、奖金分配方案、劳动保护措施、奖惩办法以及其他重要的规章制度。

（三）审议决定职工福利基金使用方案、职工住宅分配方案和其他有关职工生活福利的重大事项。

（四）评议、监督企业各级行政领导干部，提出奖惩和任免的建议。

（五）根据政府主管部门的决定选举厂长，报政府主管部门批准。

第 53 条 车间通过职工大会、职工代表组或者其他形式实行民主管理；工人直接参加班组的民主管理。

● 其他规范性文件

7.《企业工会工作条例》（2006 年 12 月 11 日）

第 36 条 督促企业建立和规范厂务公开制度。

第 37 条 凡设立董事会、监事会的公司制企业，工会应依法督促企业建立职工董事、职工监事制度。

职工董事、职工监事人选由企业工会提名，通过职工代表大会或职工大会民主选举产生，对职工代表大会或职工大会负责。企业工会主席、副主席一般应分别作为职工董事、职工监事的候选人。

第 38 条 建立劳动法律监督委员会，职工人数较少的企业应设立工会劳动法律监督员，对企业执行有关劳动报酬、劳动安全卫生、工作时间、休息休假、女职工和未成年工保护、保险福利等劳动法律法规情况进行群众监督。

第 39 条 建立劳动保护监督检查委员会，生产班组中设立工会小组劳动保护检查员。建立完善工会监督检查、重大事故隐患和职业危害建档跟踪、群众举报等制度，建立工会劳动保护工作责任制。依法参加职工因工伤亡事故和其他严重危害职工健康问题的调查处理。协助与督促企业落实法律赋予工会与职工安全生产方面的知情权、参与权、监督权和紧急避险权。开展群众性安全生产活动。

依照国家法律法规对企业新建、扩建和技术改造工程中的劳动条件和安全卫生设施与主体工程同时设计、同时施工、同时使用进行监督。

发现企业违章指挥、强令工人冒险作业，或者生产过程中发现明显重大事故隐患和职业危害，工会应提出解决的建议；发现危及职工生命安全的情况，工会有权组织职工撤离危险现场。

8. **《事业单位工会工作条例》**（2018年9月4日）

第一章 总 则

第1条 为深入推进新时代事业单位工会工作改革创新，充分发挥事业单位工会作用，促进事业单位改革发展，根据《中华人民共和国工会法》《中国工会章程》，制定本条例。

第2条 本条例所指事业单位工会是指国家为了社会公益目的，由国家机关举办或者其他社会组织利用国有资产举办的，从事教育、科技、文化、卫生、体育等活动的社会服务组织中依法建立的工会组织。

第3条 事业单位工会以马克思列宁主义、毛泽东思想、邓小平理论、"三个代表"重要思想、科学发展观、习近平新时代中国特色社会主义思想为指导，坚持正确政治方向，坚持围绕中心、服务大局，牢牢把握为实现中华民族伟大复兴的中国梦而奋斗的工人运动时代主题，坚定不移走中国特色社会主义工会发展道路，推进事业单位工会制度化、规范化建设，加强维权服务，积极创新实践，强化责任担当，团结动员事业单位职工群众为全面建成小康社会、夺取新时代中国特色社会主义伟大胜利、实现中华民族伟大复兴的中国梦作出积极贡献。

第4条 事业单位工会接受同级党组织和上级工会双重领导，以同级党组织领导为主。对不在事业单位所在地的直属单位工会，实行属地管理原则。

第5条 事业单位工会工作应遵循把握以下原则：坚持党的领导，贯彻落实党的全心全意依靠工人阶级的根本指导方针，始终保持正确的政治方向；坚持以职工为本，保持和增强政治性、先进性、群众性，发挥联系职工桥梁纽带作用；坚持依法依规，做到依法建会、依法管会、依法履职、依法维权；坚持改革创新，适应形势任务要求，积极探索实践，不断加强自身建设，把工会组织建设得更加充满活力、更加坚强有力，努力增强吸引力凝聚力战斗力。

第二章　组织建设

第6条　事业单位应当依法建立工会组织，组织职工加入工会。

会员二十五人以上的事业单位建立工会委员会；不足二十五人的可以单独建立工会委员会，也可以由两个以上事业单位的会员联合建立工会基层委员会，也可以选举组织员或者工会主席一人，主持工会工作。同时按有关规定建立工会经费审查委员会、工会女职工委员会。

第7条　会员人数较多的事业单位工会组织，可以根据需要设立专门工作委员会，承担工会委员会的有关工作。

事业单位内设机构，可以建立工会分会或工会小组。

第8条　事业单位工会具备法人条件的，依法取得社团法人资格，工会主席为法定代表人。

第9条　事业单位工会受法律保护，不得随意撤销、合并或归属其他部门。

事业单位被撤销，其工会组织相应撤销，并报告上一级工会，已取得社团法人资格的，办理社团法人注销手续。

事业单位改革改制，应同时建立健全工会组织和相应机构。

第10条　会员大会或会员代表大会每年至少召开一次会议。经事业单位工会委员会或三分之一以上会员提议，可临时召开会议。

第11条　会员代表大会的代表实行常任制，任期与本单位工会委员会相同。

第12条　会员在一百人以下的事业单位工会应召开会员大会。

第13条　会员大会或会员代表大会的职权：

（一）审议和批准工会委员会的工作报告；

（二）审议和批准工会委员会的经费收支情况报告和经费审查委员会的工作报告；

（三）选举工会委员会和经费审查委员会；

（四）撤换或罢免其所选举的代表或工会委员会组成人员；

（五）讨论决定工会工作其他重大问题；

（六）公开工会内部事务；

（七）民主评议和监督工会工作及工会负责人。

第14条　会员代表大会或会员大会与职工代表大会（或职工大会，下同）须分别行使职权，不得相互替代。

第15条　大型事业单位工会委员会，根据工作需要，经上级工会批准，可设立常务委员会，负责工会委员会的日常工作，其下属单位可建立工会委员会。

事业单位工会委员会委员和常务委员会委员应差额选举产生，可以直接采用候选人数多于应选人数的差额选举办法进行正式选举，也可以先采用差额选举办法进行预选产生候选人名单，然后进行正式选举。委员会委员和常务委员会委员的差额率分别不低于5%和10%。选举结果报上一级工会批准。

第16条　事业单位工会委员会是会员大会或会员代表大会的常设机构，对会员大会或会员代表大会负责，接受会员监督。在会员大会或会员代表大会闭会期间，负责日常工作。

第17条　事业单位工会委员会和经费审查委员会每届任期三年至五年，具体任期由会员大会或者会员代表大会决定。任期届满，应当如期召开会员大会或者会员代表大会，进行换届选举。特殊情况下，经上一级工会批准，可以提前或者延期举行，延期时间一般不超过半年。

第18条　工会委员会实行民主集中制，重要人事事项、大额财务支出、资产处置、评先评优等重大问题、重要事项须经集体讨论作出决定。

第19条　工会委员会（常委会）一般每季度召开一次会议，讨论或决定下列事项：

（一）贯彻党组织、上级工会有关决定和工作部署，执行会员大会或会员代表大会决议；

（二）向党组织、上级工会提交的重要请示、报告，向会员大会或会员代表大会提交的工作报告；

（三）工会工作计划和总结；

（四）向行政提出涉及单位发展、有关维护服务职工重大问题的建议；

（五）工会经费预算执行情况及重大财务支出；

（六）由工会委员会讨论和决定的其他事项。

第三章　职责任务

第20条　事业单位工会的职责任务：

（一）坚持用习近平新时代中国特色社会主义思想武装头脑，认真学习贯彻党的基本理论、基本路线、基本方略，教育引导职工树立共产主义远大理想和中国特色社会主义共同理想，团结引导职工群众听党话、跟党走。

（二）培育和践行社会主义核心价值观，加强和改进职工思想政治工作，开展理想信念教育，实施道德建设工程，培养职工的社会公德、职业道德、家庭美德、个人品德，深化群众性精神文明创建活动，提高职工的思想觉悟、道德水准、文明素养。

（三）弘扬劳模精神、劳动精神、工匠精神，营造劳动光荣的社会风尚和精益求精的敬业风气，深入开展劳动和技能竞赛，开展群众性技术创新、技能培训等活动，提升职工技能技术素质，建设知识型、技能型、创新型职工队伍。

（四）加强职工文化建设，注重人文关怀和心理疏导，开展主题文化体育活动，丰富职工精神文化生活。

（五）加强以职工代表大会为基本形式的民主管理工作，深入推进事业单位内部事务公开，落实职工的知情权、参与权、表达权、监督权。

（六）做好职工维权工作，开展集体协商，构建和谐劳动人事关系，协调处理劳动人事争议，推动解决劳动就业、技能培训、工资报酬、安全健康、社会保障以及职业发展、民主权益、精神文化需求等问题。

（七）做好服务职工工作，倾听职工意见，反映职工诉求，协助党政办好职工集体福利事业，开展困难职工帮扶，组织职工参加疗养、休养及健康体检，为职工办实事、做好事、解难事。

（八）加强工会组织建设，建立健全工会内部运行和开展工作的各项制度，做好会员的发展、接转、教育和会籍管理工作，加强对专（兼）职工会干部和工会积极分子的培养，深入开展"职工之家"和"职工小家"创建活动。

（九）收好、管好、用好工会经费，管理使用好工会资产，加强工会经费和工会资产审查审计监督工作。

第四章　工作制度

第21条　职工代表大会是事业单位实行民主管理的基本形式，是职工行使民主管理权力的机构。

事业单位职工代表大会每三年至五年为一届，每年至少召开一次。召开职工代表大会正式会议，必须有全体职工代表三分之二以上出席。

事业单位工会是职工代表大会工作机构，负责职工代表大会的日常工作。

事业单位工会承担以下与职工代表大会相关的工作职责：

（一）做好职工代表大会的筹备工作和会务工作，组织选举职工代表大会代表，征集和整理提案，提出会议议题、方案和主席团建议人选；

（二）职工代表大会闭会期间，组织传达贯彻会议精神，督促检查会议决议的落实；

（三）组织职工代表的培训，接受和处理职工代表的建议和申诉；

（四）就本单位民主管理工作向单位党组织汇报；

（五）完成职工代表大会委托的其他任务。

事业单位应当为本单位工会承担职工代表大会工作机构的职责提供必要的工作条件和经费保障。

第22条 事业单位的党政工联席会议，研究和解决事关职工切身利益的重要问题，由本单位工会召集。

第23条 建立和规范事务公开制度，协助党政做好事务公开工作，明确公开内容，拓展公开形式，并做好民主监督。

第24条 畅通职工表达合理诉求渠道，通过协商、协调、沟通的办法，化解劳动人事矛盾，构建和谐劳动人事关系。

第25条 建立健全劳动人事关系调解机制，协商解决涉及职工切身利益的问题。建立和完善科学有效的利益协调机制、诉求表达机制、权益保障机制。建立劳动人事关系争议预警机制，做好劳动人事关系争议预测、预报、预防工作。事业单位工会应当积极同有关方面协商，表达职工诉求，提出解决的意见建议。

第五章 自身建设

第26条 事业单位依法依规设置工会工作机构，明确主要职责、机构规格、领导职数和编制数额。

第27条 事业单位工会主席应以专职为主，兼职为辅。职工两百人以上的事业单位，设专职工会主席。工会专职工作人员的具体人数由事业单位工会与单位行政协商确定。根据工作需要和经费许可，事业单位工会可从社会聘用工会工作人员，建立专兼职相结合的干部队伍。

事业单位工会主席、副主席和委员实行任期制，可以连选连任。

工会主席、副主席因工作需要调动时，应当征得本级工会委员会和上一级工会的同意。

工会主席、副主席空缺时，应当及时补选，空缺期限一般不超过半年。

第28条　突出政治标准，选优配强事业单位工会领导班子和干部队伍，牢固树立政治意识、大局意识、核心意识、看齐意识，坚定道路自信、理论自信、制度自信、文化自信，坚决维护党中央权威和集中统一领导。按照既要政治过硬、又要本领高强的要求，建设忠诚干净担当的高素质事业单位工会干部队伍，注重培养专业能力、专业精神，提高做好群众工作本领。

第六章　工会经费和资产

第29条　具备社团法人资格的事业单位工会应当独立设立经费账户。工会经费支出实行工会法定代表人签批制度。

事业单位工会经费主要用于为职工服务和工会活动。

第30条　工会会员按规定标准和程序缴纳会费。

建立工会组织的事业单位，按每月全部职工工资总额的百分之二向事业单位工会拨缴工会经费；由财政统一划拨经费的，工会经费列入同级财政预算，按财政统一划拨方式执行。

事业单位工会因工作需要，可以依据《中华人民共和国工会法》等有关规定，向单位行政申请经费补助。

上级工会有权对下级工会所在事业单位拨缴工会经费情况进行监督检查。对无正当理由拖延或者拒不拨缴工会经费的单位，依据《中华人民共和国工会法》等有关规定处理。

事业单位工会应当按照有关规定收缴、上解工会经费，依法独立管理和使用工会经费。任何组织和个人不得截留、挪用、侵占工会经费。

第31条 事业单位工会应当根据经费独立原则建立预算、决算和经费审查审计制度，坚持遵纪守法、经费独立、预算管理、服务职工、勤俭节约、民主管理的原则。事业单位工会应当建立健全财务制度，完善经费使用流程和程序，各项收支实行工会委员会集体领导下的主席负责制，重大收支必须集体研究决定。

事业单位工会应根据国家和全国总工会的有关政策规定以及上级工会的要求，依法、科学、完整、合理地编制工会经费年度预（决）算，按程序报上一级工会批准，严禁无预算、超预算使用工会经费。

第32条 各级人民政府和事业单位应当依法为事业单位工会办公和开展活动提供必要的设施和活动场所等物质条件。

工会经费、资产和国家拨给工会的不动产及拨付资金形成的资产，任何单位和个人不得侵占、挪用和任意调拨。

第七章 工会经费审查审计

第33条 会员大会或者会员代表大会在选举事业单位工会委员会的同时，选举产生经费审查委员会，会员人数较少的，可以选举经费审查委员一人。

经费审查委员会主任、副主任由经费审查委员会全体会议选举产生。经费审查委员会主任按同级工会副职级配备。

经费审查委员会或者经费审查委员的选举结果，与事业单位工会委员会的选举结果同时报上一级工会批准。

第34条 事业单位工会经费审查委员会的任期与事业单位工会委员会相同，向同级会员大会或者会员代表大会负责并报告工作；在会员大会或者会员代表大会闭会期间，向同级工会委员会负责并报告工作；事业单位工会经费审查委员会应当接受上级工会经费审查委员会的业务指导和督促检查。

第35条 事业单位工会经费审查委员会审查审计同级工会组织的经费收支、资产管理等全部经济活动，定期向会员大会或者会员代表大会报告,并采取一定方式公开,接受会员监督。

经费审查委员会对审查审计工作中的重大事项,有权向同级工会委员会和上一级经费审查委员会报告。

工会主席任期届满或者任期内离任的,应当按照规定对其进行经济责任审计。

第八章 女职工工作

第36条 事业单位工会有女会员十人以上的建立工会女职工委员会,不足十人的设女职工委员。

女职工委员会与工会委员会同时建立,在同级工会委员会领导下开展工作,接受上级工会女职工委员会指导,任期与同级工会委员会相同。女职工委员会委员由同级工会委员会提名,在充分协商的基础上组成或者选举产生。

女职工委员会主任由事业单位工会女主席或者女副主席担任,也可以经民主协商,按照同级工会副主席相应条件选配女职工委员会主任。

第37条 女职工委员会的基本任务是:依法维护女职工的合法权益和特殊利益;组织实施女职工提升素质建功立业工程,全面提高女职工的思想道德、科学文化和业务技能素质;开展家庭文明建设工作;关注女职工身心健康,做好关爱帮困工作;加强工会女职工工作的理论政策研究;关心女职工成长进步,积极发现、培养、推荐女性人才。

第38条 女职工委员会定期研究涉及女职工的有关问题,向同级工会委员会和上级工会女职工委员会报告工作,重要问题应提交职工代表大会审议。

事业单位工会应为女职工委员会开展工作与活动提供必要的场地和经费。

第九章 附 则

第39条 民办非企业单位(社会服务机构)工会参照本条

例执行。

第40条　参照公务员法管理的事业单位工会和承担行政职能的事业单位工会,依照《机关工会工作暂行条例》执行。

从事生产经营活动的事业单位工会,依照《企业工会工作条例》执行。

第41条　各省、自治区、直辖市总工会可依据本条例,制定具体实施办法。

第42条　本条例由中华全国总工会负责解释。

第43条　本条例自公布之日起施行。

9.《中华全国总工会关于加强职工互助保障活动规范和管理的意见》(2018年9月12日)

二、改革和完善治理体系

……

(五)明确各级工会的监管职责。全国总工会对各级工会开展的职工互助保障活动实行统一监管,全总资产监督管理部是全国职工互助保障活动的监管和业务指导部门,负责职工互助保障活动的发展规划、政策制定,以及职工互助保障活动的业务备案、运营行为和资金监管;省级总工会资产监督管理部门要认真履行统一监管工会资产的职责,切实做好职工互助保障组织资产监督管理工作。未实行省级统筹的地区,省级总工会也要对辖区市级总工会开办的职工互助保障活动负起监管责任,落实对本级和下级职工互助保障活动的监管职责,对决策行为、活动内容、经营行为、资金使用、风险控制等实施有效监管。坚持一级抓一级,分级落实监管责任,健全监管制度,完善监管方式,提升监管水平。严格对关键岗位、关键人员的配备管理。市级总工会要主动配合上级工会监管部门工作,上下级工会监管部门要建立协同监管机制,加强联络沟通和信息传递,提升监管效率和质量。

(六)落实职工互助保障组织管理运营自主权。逐步推动职工互助保障组织成为权责明确、依法自治、运转高效的法人主体。职工互助保障组织作为本级工会领导下的独立法人，依法依规依章程自主运营，独立承担相应的管理运营责任。要建立健全职工互助保障组织的内部管理机构、管理制度、议事规则和办事程序，促进职工互助保障组织的规范化建设。

（七）建立健全全国职工互助保障行业自律机制。行业自律是对行政监管的有益补充和有力支撑。适时成立面向全国的职工互助保障活动协会，吸纳职工互助保障组织成为会员，履行组织协调、自律监督、交流培训、咨询评估等职能。通过行业内部协作、调节与监督，增强职工互助保障组织自我约束、自我管理、自我监督能力，引导职工互助保障组织规范开展活动，提升整体管理服务水平。

……

四、强化资金管理使用

各级工会要加强职工互助保障活动资金的安全、规范管理。坚持专款专用，加强预算管理和决策管理，严格执行财务制度，控制好资金管理的各个环节，建立多层次资金监管体系，落实监督职责，确保资金管理使用合法合规。

（十二）严格控制资金使用范围。职工互助保障活动资金属于全体会员所有，主要用于给付会员的互助金，任何组织、个人不得侵占和挪用。职工互助保障活动资金不得用于兴建、改建办公场所。活动资金、结余资金可用于银行存款、购买国债等低风险固定收益类产品，不得购买股票、基金、债券、期货、理财等金融产品，不得违规投资运营，资金增值部分要全部纳入互助资金收入管理。在正常互助金给付外开展的会员活动、帮扶救助等，要建立相应的资金管理制度，严格审批、合理使用，接受会员监督，并在一定范围内向会员公示。规范职工互助保障活动管理费提取工作，严格控制比例，降低费用开支。

（十三）规范资金管理使用。按照集中、统一的原则，提高资金管理统筹层级，避免多头分散管理，控制资金合理结余，提高资金使用效率。要加强财务基础工作，建立健全资金使用管理制度和内控机制，分离不相容岗位，明确各业务环节、岗位的衔接方式及操作标准，健全资金收支管理，坚持收支两条线，减少不必要的资金流转环节。规范账户、账目管理，原则上要设立独立账户，各项保障活动分别建账，分账核算。积极推行全面预算管理，合理编制、有效控制预算，年度预算执行情况要纳入考核体系。严格资金使用决策程序，规范资金使用流程，大额资金使用必须集体决策并保留记录。

（十四）建立多层次资金监管体系。发挥会员监督、工会组织内部和外部共同监督作用。提高职工互助保障活动资金管理透明度，维护会员知情权，接受会员监督。各级工会监管部门要严格履行资金监管职责，依据国家法律法规和全总相关规定，制定职工互助保障活动资金监管办法，督促职工互助保障组织研究制定内部资金管理和风险管理办法，建立职工互助保障资金监督检查机制，对职工互助保障组织进行督查，掌握资金流动状况，对资金风险作出评估。职工互助保障组织要自觉接受工会财务、经审和相关行政部门审计监督。被检查和审计的单位要主动配合，据实提供各种凭单、账册、报表和资料。发现资金管理违规违纪问题必须追究当事人责任，严肃处理，确保资金安全运行。

五、加强组织领导工作

加强职工互助保障活动规范和管理是深入推进工会改革的一项重要内容。规范和管理工作关系到职工互助保障事业的发展、关系到广大职工的切身利益，各级工会要从思想上高度重视，从行动上保持一致，加强党的领导和队伍建设，搞好指导服务，确保规范和管理工作落到实处。

（十五）加强党的领导。职工互助保障活动是传递党和政府对职工关心关爱的一项重要工作，具有很强的政治性。各级工会要坚持党对职工互助保障活动的领导，把加强党的建设与做好职工互助保障工作有机结合起来，推动全面从严治党落到实处。各省级总工会要明确责任分工，切实强化本地区职工互助保障活动的规划管理、监督检查职责，完善落实监管制度，结合区域实际制定具体实施方案。市级总工会要配合省级总工会加强对职工互助保障活动组织的规范和管理，确保各项工作落到实处。要把职工互助保障活动纳入职工保障工作体系，充分发挥权益保障部门等工会职能部门在指导做好职工互助保障活动中的重要作用。

（十六）加强人才队伍建设。建立职工互助保障组织主要负责人员选拔任用制度，明确任职资格，将政治素质高、事业心强、专业本领过硬的干部选派至关键岗位。加大人才培养、选拔、引进、使用、管理工作力度，推进专业化人才队伍建设，为事业发展提供智力支持。建立职工互助保障工作培训体系，注重理论和实操相结合、工会特色和专业特性相融合，通过培训提升队伍整体能力素质。建立健全人员聘用管理、岗位管理和薪酬管理制度，完善干部考核评价和激励机制，优绩优酬，激发队伍整体活力。

（十七）加强廉洁风险防控。织牢织密制度笼子，完善监管制度，突出针对性、指导性和操作性，查找薄弱环节、堵住监管漏洞。加强协同监督，充分发挥纪检组织和工会经审、资产监督管理部门以及相关职能部门作用，促进监督力量互补，增强监督合力。严把选人用人的政治关、廉洁关，加强对职工互助保障活动主要责任人的监督和管理，对互助保障组织负责人任期内、离任时进行审计，确保履职尽责。

全总资产监督管理部根据本意见制定相关配套管理办法，各省级总工会按照本意见加强本省职工互助保障活动规范和管理。中华全国铁路总工会、中国民航工会全国委员会、中国金融工会全国委员会、新疆生产建设兵团工会开展职工互助保障活动参照本意见执行。

● 案例指引

1. 用人单位以规章制度形式否认劳动者加班事实案[人力资源社会保障部、最高人民法院发布《劳动人事争议典型案例（第二批）》]①

案例摘要：本案的争议焦点是某网络公司以规章制度形式否认常某加班事实是否有效。《劳动合同法》第4条规定："用人单位应当依法建立和完善劳动规章制度，保障劳动者享有劳动权利、履行劳动义务。用人单位在制定、修改或者决定有关劳动报酬、工作时间、休息休假、劳动安全卫生、保险福利、职工培训、劳动纪律以及劳动定额管理等直接涉及劳动者切身利益的规章制度或者重大事项时，应当经职工代表大会或者全体职工讨论，提出方案和意见，与工会或者职工代表平等协商确定……用人单位应当将直接涉及劳动者切身利益的规章制度和重大事项决定公示，或者告知劳动者。"通过民主程序制定的规章制度，不违反国家法律、行政法规及政策规定，并已向劳动者公示的，可以作为确定双方权利义务的依据。本案中，一方面，某网络公司的员工手册规定有加班申请审批制度，该规定并不违反法律规定，且具有合理性，在劳动者明知此规定的情况下，可以作为确定双方权利义务的依据。另一方面，某网络公司的员工手册规定21：00之后起算加班时间，并主张18：00至21：00是员工晚餐和休息时间，故自21：00起算加班。鉴于18：00至21：00时间长达3个小时，远超过合理用餐时间，且在下班3个小时后再加班，不具有合理性。在某网络公司不能举证证实该段时间为员工晚餐和休息时间的情况下，其规章制度中的该项规定不具有合理性，

---

① 载最高人民法院网，https：//www.court.gov.cn/zixun/xiangqing/319151.html，最后访问时间：2025年2月10日。

人民法院依法否定了其效力。人民法院结合考勤记录、工作系统记录等证据，确定了常某的加班事实，判决某网络公司支付常某加班费差额。

2. **员工离职后要求用人单位支付年终奖案**（《2020年北京工会劳动维权十大案例评析》）①

  案例摘要：虽然法律对于年终奖的发放并无强制性规定。公司对于年终奖的分配方案，具有一定的自主性。但这也不是说，公司可以随意决定年终奖的分配。因为年终奖的发放，直接涉及职工的切身利益，依据《劳动合同法》第4条的规定，用人单位在制定、修改或者决定有关劳动报酬、保险福利等直接涉及劳动者切身利益的规章制度或者重大事项时，应当经职工代表大会或者全体职工讨论、征求意见，与工会或者职工代表平等协商等民主程序，并向职工进行公示或者告知。在此案中，该公司的相关规章制度和劳动合同都没有对年终奖的分配进行明确规定，更未经过民主程序，所以不能以此为由不向劳动者支付年终奖。

3. **某人寿保险有限公司诉马某劳动争议案**（入库案例：2024-07-2-490-004）②

  案例摘要：劳动报酬、工作时间等涉及劳动者切身利益的规章制度，应当经职工代表大会或者全体职工讨论，并与工会或者职工代表平等协商确定。规章制度实施过程中，工会或者职工认为不适当的，有权提出修改意见。未经民主程序制定，仅经工会事后同意的规章制度，用人单位以此作为用工管理依据的，人民法院依法不予支持。

---

  ① 载《劳动午报》，http：//ldwb. workerbj. cn/content/2021-02/02/content_119719. htm，最后访问时间：2025年2月10日。
  ② 载人民法院案例库，https：//rmfyalk. court. gov. cn/view/content. html?id=0it67RO8%252BStZQyTkNSBuXQZlQ1b93o80yZXdXF3M52M%253D&lib=ck&qw=%E5%B7%A5%E4%BC%9A，最后访问时间：2025年3月13日。

73

第二十一条　劳动合同指导、集体合同代签与争议处理

工会帮助、指导职工与企业、实行企业化管理的事业单位、社会组织签订劳动合同。

工会代表职工与企业、实行企业化管理的事业单位、社会组织进行平等协商，依法签订集体合同。集体合同草案应当提交职工代表大会或者全体职工讨论通过。

工会签订集体合同，上级工会应当给予支持和帮助。

企业、事业单位、社会组织违反集体合同，侵犯职工劳动权益的，工会可以依法要求企业、事业单位、社会组织予以改正并承担责任；因履行集体合同发生争议，经协商解决不成的，工会可以向劳动争议仲裁机构提请仲裁，仲裁机构不予受理或者对仲裁裁决不服的，可以向人民法院提起诉讼。

● 法　律

1.《劳动合同法》（2012年12月28日）

第4条　用人单位应当依法建立和完善劳动规章制度，保障劳动者享有劳动权利、履行劳动义务。

用人单位在制定、修改或者决定有关劳动报酬、工作时间、休息休假、劳动安全卫生、保险福利、职工培训、劳动纪律以及劳动定额管理等直接涉及劳动者切身利益的规章制度或者重大事项时，应当经职工代表大会或者全体职工讨论，提出方案和意见，与工会或者职工代表平等协商确定。

在规章制度和重大事项决定实施过程中，工会或者职工认为不适当的，有权向用人单位提出，通过协商予以修改完善。

用人单位应当将直接涉及劳动者切身利益的规章制度和重大事项决定公示，或者告知劳动者。

第5条　县级以上人民政府劳动行政部门会同工会和企业方

面代表，建立健全协调劳动关系三方机制，共同研究解决有关劳动关系的重大问题。

第6条 工会应当帮助、指导劳动者与用人单位依法订立和履行劳动合同，并与用人单位建立集体协商机制，维护劳动者的合法权益。

第51条 企业职工一方与用人单位通过平等协商，可以就劳动报酬、工作时间、休息休假、劳动安全卫生、保险福利等事项订立集体合同。集体合同草案应当提交职工代表大会或者全体职工讨论通过。

集体合同由工会代表企业职工一方与用人单位订立；尚未建立工会的用人单位，由上级工会指导劳动者推举的代表与用人单位订立。

第53条 在县级以下区域内，建筑业、采矿业、餐饮服务业等行业可以由工会与企业方面代表订立行业性集体合同，或者订立区域性集体合同。

第56条 用人单位违反集体合同，侵犯职工劳动权益的，工会可以依法要求用人单位承担责任；因履行集体合同发生争议，经协商解决不成的，工会可以依法申请仲裁、提起诉讼。

2.《劳动争议调解仲裁法》（2007年12月29日）

第4条 发生劳动争议，劳动者可以与用人单位协商，也可以请工会或者第三方共同与用人单位协商，达成和解协议。

● 部门规章及文件

3.《工资集体协商试行办法》（2000年11月8日）

第9条 工资集体协商代表应依照法定程序产生。职工一方由工会代表。未建工会的企业由职工民主推举代表，并得到半数以上职工的同意。企业代表由法定代表人和法定代表人指定的其他人员担任。

● **其他规范性文件**

4.《企业工会工作条例》（2006年12月11日）

第30条 帮助和指导职工签订劳动合同。代表职工与企业协商确定劳动合同文本的主要内容和条件，为职工签订劳动合同提供法律、技术等方面的咨询和服务。监督企业与所有职工签订劳动合同。

工会对企业违反法律法规和有关合同规定解除职工劳动合同的，应提出意见并要求企业将处理结果书面通知工会。工会应对企业经济性裁员事先提出同意或否决的意见。

监督企业和引导职工严格履行劳动合同，依法督促企业纠正违反劳动合同的行为。

第31条 依法与企业进行平等协商，签订集体合同和劳动报酬、劳动安全卫生、女职工特殊权益保护等专项集体合同。

工会应将劳动报酬、工作时间、劳动定额、保险福利、劳动安全卫生等问题作为协商重点内容。

工会依照民主程序选派职工协商代表，可依法委托本企业以外的专业人士作为职工协商代表，但不得超过本方协商代表总数的三分之一。

小型企业集中的地方，可由上一级工会直接代表职工与相应的企业组织或企业进行平等协商，签订区域性、行业性集体合同或专项集体合同。

劳务派遣工集中的企业，工会可与企业、劳务公司共同协商签订集体合同。

第32条 工会发出集体协商书面要约二十日内，企业不予回应的，工会可要求上级工会协调；企业无正当理由拒绝集体协商的，工会可提请县级以上人民政府责令改正，依法处理；企业违反集体合同规定的，工会可依法要求企业承担责任。

● **案例指引**

劳动合同限制生育案[①]

　　案例摘要：本案中，企业与职工张某某签订的劳动合同附加条款规定"女职工三年内不得怀孕"，违反了我国法律关于劳动合同不得限制女职工生育权利的相关规定，侵犯了女职工的生育权；同时，该企业在张某某意外怀孕期间单方面将其辞退，属于违法解除与女职工张某某的劳动关系，严重侵害了女职工怀孕期间的合法权益。在案件处理过程中，某市总工会一是及时发声，多次与企业进行沟通，反映职工诉求，通过晓之以法、动之以情的思想工作，使企业认识到自身的违法行为，并采取积极措施加以纠正，切实维护了女职工的合法权益；二是积极开展法律体检服务进企业活动，组织专业律师团队，对企业的劳动合同、规章制度、奖惩制度等与职工利益相关的条文进行检查，发现问题，提出意见，并限期整改；三是对有类似需求的企业，免费提供法律咨询服务。

第二十二条　**对辞退、处分职工的提出意见权**

　　企业、事业单位、社会组织处分职工，工会认为不适当的，有权提出意见。

　　用人单位单方面解除职工劳动合同时，应当事先将理由通知工会，工会认为用人单位违反法律、法规和有关合同，要求重新研究处理时，用人单位应当研究工会的意见，并将处理结果书面通知工会。

　　职工认为用人单位侵犯其劳动权益而申请劳动争议仲裁或者向人民法院提起诉讼的，工会应当给予支持和帮助。

---

　　① 载中国工会法律服务平台（中国工会普法网），https：//ghpf. acftu. org/fzxc/nzgqybzpf/yasf/202012/t20201231 _ 773287. html？sdiOEtCa = qqrePtEE7foptx. DeIbK0gF4ko5QqM _ ltk6IEsWdezZNOBjQPzJVf. 9ig _ aNO8VhrzY YPgmI5WuxepQJ4rOvH3fHMbZecx_9. 2Y. Gkzb3QKnoMuV1Fm3vaI7eGGL2qYRm a69PMnYn8qcyDSx_JucBPVYArk，最后访问时间：2025 年 2 月 10 日。

● 法　律

1.《劳动法》（2018 年 12 月 29 日）

　　第 30 条　用人单位解除劳动合同，工会认为不适当的，有权提出意见。如果用人单位违反法律、法规或者劳动合同，工会有权要求重新处理；劳动者申请仲裁或者提起诉讼的，工会应当依法给予支持和帮助。

2.《劳动合同法》（2012 年 12 月 28 日）

　　第 6 条　工会应当帮助、指导劳动者与用人单位依法订立和履行劳动合同，并与用人单位建立集体协商机制，维护劳动者的合法权益。

　　第 39 条　劳动者有下列情形之一的，用人单位可以解除劳动合同：

　　（一）在试用期间被证明不符合录用条件的；

　　（二）严重违反用人单位的规章制度的；

　　（三）严重失职，营私舞弊，给用人单位造成重大损害的；

　　（四）劳动者同时与其他用人单位建立劳动关系，对完成本单位的工作任务造成严重影响，或者经用人单位提出，拒不改正的；

　　（五）因本法第二十六条第一款第一项规定的情形致使劳动合同无效的；

　　（六）被依法追究刑事责任的。

　　第 40 条　有下列情形之一的，用人单位提前三十日以书面形式通知劳动者本人或者额外支付劳动者一个月工资后，可以解除劳动合同：

　　（一）劳动者患病或者非因工负伤，在规定的医疗期满后不能从事原工作，也不能从事由用人单位另行安排的工作的；

　　（二）劳动者不能胜任工作，经过培训或者调整工作岗位，仍不能胜任工作的；

（三）劳动合同订立时所依据的客观情况发生重大变化，致使劳动合同无法履行，经用人单位与劳动者协商，未能就变更劳动合同内容达成协议的。

第43条 用人单位单方解除劳动合同，应当事先将理由通知工会。用人单位违反法律、行政法规规定或者劳动合同约定的，工会有权要求用人单位纠正。用人单位应当研究工会的意见，并将处理结果书面通知工会。

第78条 工会依法维护劳动者的合法权益，对用人单位履行劳动合同、集体合同的情况进行监督。用人单位违反劳动法律、法规和劳动合同、集体合同的，工会有权提出意见或者要求纠正；劳动者申请仲裁、提起诉讼的，工会依法给予支持和帮助。

● 司法解释及文件

3.《最高人民法院关于审理劳动争议案件适用法律问题的解释（一）》（2020年12月29日）

第47条 建立了工会组织的用人单位解除劳动合同符合劳动合同法第三十九条、第四十条规定，但未按照劳动合同法第四十三条规定事先通知工会，劳动者以用人单位违法解除劳动合同为由请求用人单位支付赔偿金的，人民法院应予支持，但起诉前用人单位已经补正有关程序的除外。

● 案例指引

1. 单位单方解除劳动合同案 （《2014年北京劳动维权十大案例评析》）[①]

案例摘要：本案庭审时，单位提交了《事情经过》《检查》《学习记录》《签到表》《奖惩条例》等证据，认为张某违反了规章制

[①] 载京工网，https://www.workerbj.cn/jgw/html/weiquan/shuofa/2014/1230/5943.html，最后访问时间：2025年2月10日。

度，所以不同意支付解除劳动合同经济补偿金。张某认可《事情经过》《检查》等内容的真实性，这些证据显示他存在不服从管理的行为。但是，《劳动合同法》第43条规定，用人单位单方解除劳动合同，应当事先将理由通知工会……用人单位应当研究工会的意见，并将处理结果书面通知工会。因张某对《签到表》和《奖惩条例》不予认可，且公司与他解除劳动合同时未通过工会组织，程序不合法，所以仲裁委认定公司与张某协商一致解除劳动合同，对张某要求支付解除劳动合同经济补偿金的请求予以支持。从理论上说，劳动者还可以向工会提出异议，由工会向单位提出纠正意见，但在实践中操作起来比较困难。在该案件中，工会法援律师经过仔细研究案情，发现了单位解除劳动合同未经过工会这一程序上的瑕疵，最终使仲裁委采纳了援助律师的代理意见，裁决单位向张某支付经济补偿金，成功维护了劳动者的合法权益。

2. 用人单位经济性裁员未事先报告案（《2020年北京工会劳动维权十大案例评析》）[①]

案例摘要：《劳动合同法》第41条对经济性裁员作出了明确规定。此外，用人单位还应当注意，不能以经济性裁员为由与《劳动合同法》第42条规定的有特殊情形的劳动者解除劳动合同。庭审中，北京某旅游公司主张其与员工解除劳动合同属于经济性裁员，并提交了公司财务报告、员工花名册、向属地劳动行政部门报告的裁员方案等证据，以证明其确因生产经营困难进行经济性裁员，符合法律的有关规定。但是经过质证发现，北京某旅游公司向属地的劳动行政部门报告裁员方案的时间晚于公司的实际裁员时间。另外，该公司没有提前30日向工会或者全体职工说明情况，没有听取工会或者职工的意见。经济性裁员必须达到法定人数、符合法定情形、履行法定程序，三者缺一不可。

---

① 载《劳动午报》，http://ldwb.workerbj.cn/content/2021-02/02/content_119719.htm，最后访问时间：2025年2月10日。

3. 末位淘汰不合法案（《全省工会法律援助十大典型案例②》）[1]

案例摘要："末位淘汰"叫10%淘汰率法则，也叫271原则，即认为一个组织中，有20%的人是好的，70%的人是中间状态，10%的人是差的。目前，不少企业通过末位淘汰加速员工队伍优胜劣汰等措施，激发全体员工斗志，提升公司效益，但实际上侵害了职工合法权益。《劳动合同法》就用人单位单方解除劳动合同的权利，作了列举方式的规定，即必须符合法定条件或情形的，用人单位才可以单方解除劳动合同。之所以采取列举方式，而不作概括式的规定，就是为了防止用人单位不正当解雇劳动者。无论从法律规定还是司法实践来看，"末位淘汰"均是一种损害劳动者权益的违法行为。需要指出的是，实践中很多用人单位并不直接单方解除劳动合同，而是以各种手段，挤走企业不想要、不愿留的人，迫使其辞职，且不支付经济补偿金。对这种隐蔽的、变相的解雇行为，工会组织应积极开展企业劳动用工风险评估，提醒督促企业依法规范用工，对合法权益受损害的职工，及时实施法律援助，确保职工权益不受侵害。

4. 单亲妈妈患癌被非法辞退案（《全省工会法律援助十大典型案例③》）[2]

案例摘要：一个不完整的家庭已经生活不易，本是顶梁柱的单

---

[1] 载《江苏工人报》，http：//epaper.jsgrb.com/article/index/aid/5394548.html?searchword=%20E5%85%A8%E7%9C%81%E5%B7%A5%E4%BC%9A%E6%B3%95%E5%BE%8B%E6%8F%B4%E5%8A%A9%E5%8D%81%E5%A4%A7%E5%85%B8%E5%9E%8B%E6%A1%88%E4%BE%8B，最后访问时间：2025年2月10日。

[2] 载《江苏工人报》，http：//epaper.jsgrb.com/article/index/aid/5414863.html?searchword=%20E5%85%A8%E7%9C%81%E5%B7%A5%E4%BC%9A%E6%B3%95%E5%BE%8B%E6%8F%B4%E5%8A%A9%E5%8D%81%E5%A4%A7%E5%85%B8%E5%9E%8B%E6%A1%88%E4%BE%8B，最后访问时间：2025年2月10日。

亲妈妈突患癌症，使家庭状况更加艰难。在此情况下，又突然遭到用人单位单方解除劳动合同，家庭生活顿时陷入绝境。作为职工的"娘家人"，工会组织及时出面伸援手，提供免费的法律援助，有效维护了职工合法权益。医疗期长短根据实际工作年限、本单位工作年限、所患疾病种类等来确定，用人单位需要依法全面解读。职工是财富创造的主体，企业能不能发展壮大、行稳致远，离不开职工的辛勤劳动和付出。企业应该加强人文关怀，设身处地为职工着想，给职工更多的关心呵护，进一步增强职工对企业的认同感、归属感。

第二十三条　对职工劳动权益的维护

企业、事业单位、社会组织违反劳动法律法规规定，有下列侵犯职工劳动权益情形，工会应当代表职工与企业、事业单位、社会组织交涉，要求企业、事业单位、社会组织采取措施予以改正；企业、事业单位、社会组织应当予以研究处理，并向工会作出答复；企业、事业单位、社会组织拒不改正的，工会可以提请当地人民政府依法作出处理：

（一）克扣、拖欠职工工资的；
（二）不提供劳动安全卫生条件的；
（三）随意延长劳动时间的；
（四）侵犯女职工和未成年工特殊权益的；
（五）其他严重侵犯职工劳动权益的。

● 法　律

1.《劳动合同法》（2012年12月28日）

第41条　有下列情形之一，需要裁减人员二十人以上或者裁减不足二十人但占企业职工总数百分之十以上的，用人单位提前三十日向工会或者全体职工说明情况，听取工会或者职工的意见后，裁减人员方案经向劳动行政部门报告，可以裁减人员：

（一）依照企业破产法规定进行重整的；

（二）生产经营发生严重困难的；

（三）企业转产、重大技术革新或者经营方式调整，经变更劳动合同后，仍需裁减人员的；

（四）其他因劳动合同订立时所依据的客观经济情况发生重大变化，致使劳动合同无法履行的。

裁减人员时，应当优先留用下列人员：

（一）与本单位订立较长期限的固定期限劳动合同的；

（二）与本单位订立无固定期限劳动合同的；

（三）家庭无其他就业人员，有需要扶养的老人或者未成年人的。

用人单位依照本条第一款规定裁减人员，在六个月内重新招用人员的，应当通知被裁减的人员，并在同等条件下优先招用被裁减的人员。

第43条　用人单位单方解除劳动合同，应当事先将理由通知工会。用人单位违反法律、行政法规规定或者劳动合同约定的，工会有权要求用人单位纠正。用人单位应当研究工会的意见，并将处理结果书面通知工会。

第73条　国务院劳动行政部门负责全国劳动合同制度实施的监督管理。

县级以上地方人民政府劳动行政部门负责本行政区域内劳动合同制度实施的监督管理。

县级以上各级人民政府劳动行政部门在劳动合同制度实施的监督管理工作中，应当听取工会、企业方面代表以及有关行业主管部门的意见。

第74条　县级以上地方人民政府劳动行政部门依法对下列实施劳动合同制度的情况进行监督检查：

（一）用人单位制定直接涉及劳动者切身利益的规章制度及其执行的情况；

（二）用人单位与劳动者订立和解除劳动合同的情况；

（三）劳务派遣单位和用工单位遵守劳务派遣有关规定的情况；

（四）用人单位遵守国家关于劳动者工作时间和休息休假规定的情况；

（五）用人单位支付劳动合同约定的劳动报酬和执行最低工资标准的情况；

（六）用人单位参加各项社会保险和缴纳社会保险费的情况；

（七）法律、法规规定的其他劳动监察事项。

第75条 县级以上地方人民政府劳动行政部门实施监督检查时，有权查阅与劳动合同、集体合同有关的材料，有权对劳动场所进行实地检查，用人单位和劳动者都应当如实提供有关情况和材料。

劳动行政部门的工作人员进行监督检查，应当出示证件，依法行使职权，文明执法。

第76条 县级以上人民政府建设、卫生、安全生产监督管理等有关主管部门在各自职责范围内，对用人单位执行劳动合同制度的情况进行监督管理。

第77条 劳动者合法权益受到侵害的，有权要求有关部门依法处理，或者依法申请仲裁、提起诉讼。

第78条 工会依法维护劳动者的合法权益，对用人单位履行劳动合同、集体合同的情况进行监督。用人单位违反劳动法律、法规和劳动合同、集体合同的，工会有权提出意见或者要求纠正；劳动者申请仲裁、提起诉讼的，工会依法给予支持和帮助。

第79条 任何组织或者个人对违反本法的行为都有权举报，县级以上人民政府劳动行政部门应当及时核实、处理，并对举报有功人员给予奖励。

2.《妇女权益保障法》（2022年10月30日）

第31条 县级以上地方人民政府应当设立妇幼保健机构，为妇女提供保健以及常见病防治服务。

国家鼓励和支持社会力量通过依法捐赠、资助或者提供志愿服务等方式，参与妇女卫生健康事业，提供安全的生理健康用品或者服务，满足妇女多样化、差异化的健康需求。

用人单位应当定期为女职工安排妇科疾病、乳腺疾病检查以及妇女特殊需要的其他健康检查。

第44条 用人单位在录（聘）用女职工时，应当依法与其签订劳动（聘用）合同或者服务协议，劳动（聘用）合同或者服务协议中应当具备女职工特殊保护条款，并不得规定限制女职工结婚、生育等内容。

职工一方与用人单位订立的集体合同中应当包含男女平等和女职工权益保护相关内容，也可以就相关内容制定专章、附件或者单独订立女职工权益保护专项集体合同。

第48条 用人单位不得因结婚、怀孕、产假、哺乳等情形，降低女职工的工资和福利待遇，限制女职工晋职、晋级、评聘专业技术职称和职务，辞退女职工，单方解除劳动（聘用）合同或者服务协议。

女职工在怀孕以及依法享受产假期间，劳动（聘用）合同或者服务协议期满的，劳动（聘用）合同或者服务协议期限自动延续至产假结束。但是，用人单位依法解除、终止劳动（聘用）合同、服务协议，或者女职工依法要求解除、终止劳动（聘用）合同、服务协议的除外。

用人单位在执行国家退休制度时，不得以性别为由歧视妇女。

第51条 国家实行生育保险制度，建立健全婴幼儿托育服务等与生育相关的其他保障制度。

国家建立健全职工生育休假制度，保障孕产期女职工依法享有休息休假权益。

地方各级人民政府和有关部门应当按照国家有关规定，为符合条件的困难妇女提供必要的生育救助。

第74条　用人单位侵害妇女劳动和社会保障权益的，人力资源和社会保障部门可以联合工会、妇女联合会约谈用人单位，依法进行监督并要求其限期纠正。

3.《企业破产法》（2006年8月27日）

第59条　依法申报债权的债权人为债权人会议的成员，有权参加债权人会议，享有表决权。

债权尚未确定的债权人，除人民法院能够为其行使表决权而临时确定债权额的外，不得行使表决权。

对债务人的特定财产享有担保权的债权人，未放弃优先受偿权利的，对于本法第六十一条第一款第七项、第十项规定的事项不享有表决权。

债权人可以委托代理人出席债权人会议，行使表决权。代理人出席债权人会议，应当向人民法院或者债权人会议主席提交债权人的授权委托书。

债权人会议应当有债务人的职工和工会的代表参加，对有关事项发表意见。

第67条　债权人会议可以决定设立债权人委员会。债权人委员会由债权人会议选任的债权人代表和一名债务人的职工代表或者工会代表组成。债权人委员会成员不得超过九人。

债权人委员会成员应当经人民法院书面决定认可。

● 行政法规及文件

4.《保障农民工工资支付条例》（2019年12月30日）

第51条　工会依法维护农民工工资权益，对用人单位工资支付情况进行监督；发现拖欠农民工工资的，可以要求用人单位改正，拒不改正的，可以请求人力资源社会保障行政部门和其他有关部门依法处理。

● 部门规章及文件

5.《人力资源社会保障部、教育部等九部门关于进一步规范招聘行为促进妇女就业的通知》（2019年2月18日）

　　八、加强组织领导。各地区、各有关部门要高度重视促进妇女平等就业，履职尽责、协同配合，齐抓共管、综合施策。人力资源社会保障部门要会同有关部门加强对招用工行为的监察执法，引导合法合理招聘，加强面向妇女的就业服务和职业技能培训。教育部门要推进中小学课后服务。司法部门要提供司法救济和法律援助。卫生健康部门要促进婴幼儿照护服务发展。国有资产监督管理部门要加强对各级各类国有企业招聘行为的指导与监督。医疗保障部门要完善落实生育保险制度。工会组织要积极推动企业依法合规用工。妇联组织要会同有关方面组织开展相关评选表彰，加强宣传引导，加大对妇女的关心关爱。人民法院要积极发布典型案例、指导性案例，充分发挥裁判的规范、引导作用。人力资源社会保障部门、工会组织、妇联组织等部门对涉嫌就业性别歧视的用人单位开展联合约谈。

6.《交通运输部、国家邮政局、国家发展改革委、人力资源社会保障部、商务部、市场监管总局、全国总工会关于做好快递员群体合法权益保障工作的意见》（2021年6月23日）

　　二、主要任务

　　（一）形成合理收益分配机制。制定《快递末端派费核算指引》，督促企业保持合理末端派费水平，保证末端投递基本支出，保障快递员基本劳动所得。引导电商平台和快递企业加强系统对接，满足差异化服务需求，保障用户自主选择权。依法服务和保障快递领域投资行为。加强监督检查，依法查处不正当价格竞争、规范对寄自特定区域的快件实施非正常派费结算等可能损害快递员权益的行为。(国家发展改革委、商务部、市场监管总局、国家邮政局和各地方人民政府按职责分工负责)

(二)保障快递员合理劳动报酬。引导工会组织、快递协会建立行业工资集体协商机制,确定快递员最低劳动报酬标准和年度劳动报酬增长幅度。指导快递协会研究制定《快递员劳动定额标准》。开展快递员工资收入水平监测并定期发布,指导企业科学设定快递员工资水平,引导快递员合理确定工资预期。加强劳动保障监察执法,依法保障快递员按时足额获得工资。推动企业确定合理劳动定额,落实带薪休假制度,保障快递员休息休假权利。(人力资源社会保障部、国家邮政局、全国总工会和各地方人民政府按职责分工负责)

(三)提升快递员社会保险水平。鼓励快递企业直接用工,提高自有员工比例。督促企业依法与快递员签订劳动合同并缴纳社会保险费,依法规范使用劳务派遣。对用工灵活、流动性大的基层快递网点,可统筹按照地区全口径城镇单位就业人员平均工资水平或营业额比例计算缴纳工伤保险费,优先参加工伤保险。推动企业为快递员购买人身意外保险。探索建立更灵活、更便利的社会保险经办管理服务模式。(人力资源社会保障部、国家邮政局和各地方人民政府按职责分工负责)

(四)优化快递员生产作业环境。督促企业严格执行安全生产相关标准,加大资金投入、配齐劳保用品、升级作业装备、改善工作环境,确保生产作业安全。督促企业加强职业操守、服务规范、安全生产和应急处置等方面教育培训。健全完善对快递末端服务车辆的包容性管理,提供通行停靠便利。引导快递企业和工会组织加大投入,推进基层网点"会、站、家"一体化建设。(国家邮政局、全国总工会和各地方人民政府按职责分工负责)

（五）落实快递企业主体责任。修订《快递市场管理办法》，明确企业总部在网络稳定、快递员权益保障等方面的统一管理责任。结合快递业态发展新趋势新特点，修订《快递服务》国家标准。将落实快递员权益保障情况纳入行业诚信体系建设范畴。指导企业完善考核机制，遏制"以罚代管"，加强对恶意投诉的甄别处置，拓宽快递员困难救济渠道。组织开展快递员权益保障满意度调查并按品牌发布。（交通运输部、国家邮政局和各地方人民政府按职责分工负责）

（六）规范企业加盟和用工管理。末端备案网点损害快递员合法权益的，由该网点的开办企业依法承担责任。快递企业与快递员之间符合建立劳动关系情形的，按照劳动保障法律法规承担相应责任。支持快递协会制定并推广加盟协议推荐文本，明确依法用工和保障快递员合法权益要求。督促企业制定劳动管理规章制度时听取工会、快递员代表意见，充分履行民主决策程序。（国家邮政局、人力资源社会保障部、全国总工会和各地方人民政府按职责分工负责）

（七）加强网络稳定运行监管。对企业重大经营管理事项开展风险评估，加强部门间信息共享和协同治理。快递服务出现快件积压、网络阻断、员工大量离职等严重异常情况，对该区域直接责任主体依法实施应急整改，发布消费提示，并复核该品牌的区域服务能力。支持企业工会建立劳动关系风险评估和化解机制，有效维护末端网点稳定。（国家邮政局、人力资源社会保障部、市场监管总局、全国总工会和各地方人民政府按职责分工负责）

（八）完善职业发展保障体系。推动职业技能等级认定和技能培训，定期组织开展全国邮政行业职业技能竞赛、全国"互联网+"快递业创新创业大赛。支持在快递企业成立工会组织，依法履行维权和服务职责。做好属地法律援助和心理疏导。推荐先进快递员作为各级"两代表一委员"人选，畅通参政议政渠道。

按照国家有关规定开展全国邮政行业先进集体、劳动模范和先进工作者评选表彰活动,增强快递员的职业认同感、荣誉感。(人力资源社会保障部、国家邮政局、全国总工会和各地方人民政府按职责分工负责)

三、保障措施

(九)注重部门协同。交通运输部、国家邮政局、国家发展改革委、人力资源社会保障部、商务部、市场监管总局、全国总工会要加强部际联系,强化协同配合和政策衔接,形成齐抓共管的合力。及时总结推广制度成果,协调解决意见实施中遇到的问题,重大情况及时按程序请示报告。(各部门按职责分工负责)

(十)落实地方责任。各地要提高政治站位,进一步增强做好快递员群体合法权益保障工作的责任感和紧迫感,制定实施方案,出台配套政策,细化任务措施,加强统筹协调,完善工作机制,抓好工作落实。将邮政快递纳入各级地方社会稳定管理体系,研究将快递员群体纳入当地住房医疗和子女教育等民生保障体系,健全县级邮政监管机制。(各地方人民政府负责)

(十一)强化宣传引导。持续开展关爱快递员"暖蜂行动",通过报纸、广播电视、互联网、新媒体等传媒手段,创新宣传方式,增强宣传效果,大力宣传快递员群体先进典型以及权益保障工作有效做法,广泛凝聚社会共识,营造良好社会氛围。(各部门按职责分工负责)

7.《市场监管总局、国家网信办、国家发展改革委、公安部、人力资源社会保障部、商务部、中华全国总工会关于落实网络餐饮平台责任切实维护外卖送餐员权益的指导意见》(2021年7月16日)

七、加强组织建设,完善支持保障体系

推动建立适应新就业形态的工会组织,积极吸纳外卖送餐员群体入会,引导帮助外卖送餐员参与工会事务,提高权益保障体系化、机制化水平。支持工会开展工作,参与外卖送餐员报酬规则、绩效考核、派单时间、劳动安全、工作条件等重要事项协商协调，保障外卖送餐员对涉及自身利益事项的知情权，为外卖送餐员提供依法维权咨询、政策宣传解读、技能培训、心理疏导、思想关爱、困难帮扶和送温暖等服务，维护外卖送餐员合法权益。

● **其他规范性文件**

8.《**工会劳动法律监督办法**》（2021年3月31日）

第一章 总　则

第1条 为保障和规范工会劳动法律监督工作，维护职工合法权益，推动构建和谐劳动关系，根据《中华人民共和国宪法》和《中华人民共和国工会法》、《中华人民共和国劳动法》及《中国工会章程》等有关规定，制定本办法。

第2条 工会劳动法律监督，是工会依法对劳动法律法规执行情况进行的有组织的群众监督，是我国劳动法律监督体系的重要组成部分。

第3条 工会劳动法律监督工作应当遵循依法规范、客观公正、依靠职工、协调配合的原则。

第4条 全国总工会负责全国的工会劳动法律监督工作。

县级以上地方总工会负责本行政区域内的工会劳动法律监督工作。

乡镇（街道）工会、开发区（工业园区）工会、区域性、行业性工会联合会等负责本区域或本行业的工会劳动法律监督工作。

用人单位工会负责本单位的工会劳动法律监督工作。

第5条 上级工会应当加强对下级工会劳动法律监督工作的指导和督促检查。

涉及工会劳动法律监督的重大事项，下级工会应当及时向上级工会报告，上级工会应当及时给予指导帮助。对上级工会交办的劳动法律监督事项，下级工会应当及时办理并报告。

第 6 条　工会应当积极配合有关部门，对政府部门贯彻实施劳动法律法规的情况进行监督。

第 7 条　有关劳动安全卫生、社会保险等各类专业监督检查，已有相关规定的，按规定执行。

第二章　监 督 职 责

第 8 条　工会开展劳动法律监督，依法享有下列权利：

（一）监督用人单位遵守劳动法律法规的情况；

（二）参与调查处理；

（三）提出意见要求依法改正；

（四）提请政府有关主管部门依法处理；

（五）支持和帮助职工依法行使劳动法律监督权利；

（六）法律法规规定的其他劳动法律监督权利。

第 9 条　工会对用人单位的下列情况实施监督：

（一）执行国家有关就业规定的情况；

（二）执行国家有关订立、履行、变更、解除劳动合同规定的情况；

（三）开展集体协商，签订和履行集体合同的情况；

（四）执行国家有关工作时间、休息、休假规定的情况；

（五）执行国家有关工资报酬规定的情况；

（六）执行国家有关各项劳动安全卫生及伤亡事故和职业病处理规定的情况；

（七）执行国家有关女职工和未成年工特殊保护规定的情况；

（八）执行国家有关职业培训和职业技能考核规定的情况；

（九）执行国家有关职工保险、福利待遇规定的情况；

（十）制定内部劳动规章制度的情况；

（十一）法律法规规定的其他劳动法律监督事项。

第 10 条　工会重点监督用人单位恶意欠薪、违法超时加班、违法裁员、未缴纳或未足额缴纳社会保险费、侮辱体罚、强迫劳动、就业歧视、使用童工、损害职工健康等问题。对发现的有关问题线索，应当调查核实，督促整改，并及时向上级工会报告；对职工申请仲裁、提起诉讼的，工会应当依法给予支持和帮助。

第11条　工会应当加强法治宣传，引导用人单位依法用工，教育职工依法理性表达合理诉求。

第12条　工会建立隐患排查、风险研判和预警发布等制度机制，加强劳动关系矛盾预防预警、信息报送和多方沟通协商，把劳动关系矛盾风险隐患化解在基层、消除在萌芽状态。

第13条　县级以上工会经同级人大、政协同意，可以参加其组织的劳动法律法规执法检查、视察。

第三章　监督组织

第14条　县级以上总工会设立工会劳动法律监督委员会，在同级工会领导下开展工会劳动法律监督工作。工会劳动法律监督委员会的日常工作由工会有关部门负责。

基层工会或职工代表大会设立劳动法律监督委员会或监督小组。工会劳动法律监督委员会受同级工会委员会领导。职工代表大会设立的劳动法律监督委员会对职工代表大会负责。

工会劳动法律监督委员会任期与本级工会任期相同。

第15条　县级以上工会劳动法律监督委员会委员由相关业务部门的人员组成，也可以聘请社会有关人士参加。

基层工会劳动法律监督委员会委员或监督小组成员从工会工作者和职工群众中推选产生。

第16条　工会劳动法律监督委员会可以聘任若干劳动法律监督员。工会劳动法律监督委员会成员同时为本级工会劳动法律监督员。

第17条　工会劳动法律监督员应当具备以下条件：

（一）具有较高的政治觉悟，热爱工会工作；

（二）熟悉劳动法律法规，具备履职能力；

（三）公道正派，热心为职工群众说话办事；

（四）奉公守法，清正廉洁。

第18条 工会劳动法律监督员实行先培训合格、后持证上岗制度。工会劳动法律监督员由县级以上总工会负责培训，对考核合格的，颁发《工会劳动法律监督员证书》。证书样式由中华全国总工会统一制定。

第19条 各级工会应当建立有关制度和信息档案，对工会劳动法律监督员进行实名制管理，具体工作由工会有关部门负责。

第20条 工会可以聘请人大代表、政协委员、专家学者、社会人士等作为本级工会劳动法律监督委员会顾问，也可以通过聘请律师、购买服务等方式为工会劳动法律监督委员会提供法律服务。

第四章 监督实施

第21条 基层工会对本单位遵守劳动法律法规的情况实行监督，对劳动过程中发生的违反劳动法律法规的问题，应当及时向生产管理人员提出改进意见；对于严重损害劳动者合法权益的行为，基层工会在向单位行政提出意见的同时，可以向上级工会和当地政府有关主管部门报告，提出查处建议。

第22条 职工代表大会设立的劳动法律监督委员会，对本单位执行劳动法律法规的情况进行监督检查，定期向职工代表大会报告工作，针对存在的问题提出意见或议案，经职工代表大会作出决议，督促行政方面执行。

第23条 工会建立健全劳动法律监督投诉制度，对实名投诉人个人信息应当予以保密。

第24条 上级工会收到对用人单位违反劳动法律法规行为投诉的，应当及时转交所在用人单位工会受理，所在用人单位工会应当开展调查，于三十个工作日内将结果反馈职工与上级工会。对不属于监督范围或者已经由行政机关、仲裁机构、人民法院受理的投诉事项，所在用人单位工会应当告知实名投诉人。

用人单位工会开展劳动法律监督工作有困难的，上级工会应当及时给予指导帮助。

第25条　工会在处理投诉或者日常监督工作中发现用人单位存在违反劳动法律法规、侵害职工合法权益行为的，可以进行现场调查，向有关人员了解情况，查阅、复制有关资料，核查事实。

第26条　工会劳动法律监督员对用人单位进行调查时，应当不少于2人，必要时上级工会可以派员参与调查。

工会劳动法律监督员执行任务时，应当将调查情况在现场如实记录，经用人单位核阅后，由调查人员和用人单位的有关人员共同签名或盖章。用人单位拒绝签名或盖章的，应当在记录上注明。

工会劳动法律监督员调查中应当尊重和保护个人信息，保守用人单位商业秘密。

第27条　工会主动监督中发现违反劳动法律法规、侵害职工合法权益行为的，应当及时代表职工与用人单位协商，要求整改。对于职工的投诉事项，经调查认为用人单位不存在违反劳动法律法规、侵害职工合法权益行为的，应当向职工说明；认为用人单位存在违反劳动法律法规、侵害职工合法权益行为的，应当代表职工协商解决。

第28条　工会对用人单位违反劳动法律法规、侵害职工合法权益的行为，经协商沟通解决不成或要求整改无效的，向上一级工会报告，由本级或者上一级工会根据实际情况向用人单位发出工会劳动法律监督书面意见。

用人单位收到工会劳动法律监督书面意见后，未在规定期限内答复，或者无正当理由拒不改正的，基层工会可以提请地方工会向同级人民政府有关主管部门发出书面建议，并移交相关材料。

第五章　监督保障

第 29 条　工会开展劳动法律监督活动所需经费纳入本级工会预算。

第 30 条　地方工会可以结合实际，建立非公有制企业工会劳动法律监督员配套补助制度。

第 31 条　各级工会应当为工会劳动法律监督员履职创造必要条件。工会劳动法律监督员因依法履职受到打击报复的，有权向本级或上级工会反映，上级工会应当及时给予支持和帮助，依法维护其合法权益。

第六章　附　　则

第 32 条　本办法由中华全国总工会负责解释。

第 33 条　本办法自印发之日起施行。1995 年 8 月 17 日中华全国总工会印发的《工会劳动法律监督试行办法》同时废止。

● 案例指引

1. **物流公司欠薪案**（《全省工会法律援助十大典型案例⑦》）[1]

案例摘要：岁末年初是农民工工资支付的高峰期，保障农民工工资支付，事关广大农民工切身利益，事关公平正义和社会和谐稳定。本案人数较多，涉及金额较大，在物流公司外欠 800 多万元债务的情况下，律师能转变思路，追加公司法定代表人为被告，向法定代表人释明法理，令其自愿配合，同意对职工们的工资承担连带保证责任，拍卖名下房产，从而优先保障了劳动者的权益，帮助他们拿到应得工资，实属不易。类似的案子还有很多，仅靠职工自己的力量难以拿到应得的工资，此时需要党政部门、工会组织等协同一道，及时介入，

---

[1]　载《江苏工人报》，http：//epaper.jsgrb.com/article/index/aid/5478313.html?searchword=%20%E5%85%A8%E7%9C%81%E5%B7%A5%E4%BC%9A%E6%B3%95%E5%BE%8B%E6%8F%B4%E5%8A%A9%E5%8D%81%E5%A4%A7%E5%85%B8%E5%9E%8B%E6%A1%88%E4%BE%8B，最后访问时间：2025 年 2 月 10 日。

不局限于既定程序，转变思路，想职工所想，急职工所急，促进农民工欠薪案件多渠道、多元化解决，最大化争取职工合法权益。

2. **资不抵债长期拖欠工资案**（《全省工会法律援助十大典型案例⑧》）①

案例摘要：因经营不善等因素，部分中小企业资金链断裂，严重的甚至资不抵债，拖欠职工工资，职工的合法权益难以得到有效维护。本案是一起典型的因资不抵债拖欠工资，侵害职工合法权益的案例。县总工会积极履行基本职责，主动介入，在维护职工合法权益的同时，主动帮助企业恢复生产，提升自身造血能力；同时多次商请县人民法院等一道做好债权人工作，没有经过通常的企业破产程序，给予企业调整回旋的时间和空间。最终，这一拖欠职工工资案件通过和解方式妥善解决，既最大限度地维护了职工合法权益，又避免了企业破产，获得了双赢。

3. **孕期遭恶意调岗被迫辞职案**②

案例摘要：这是一起典型的用人单位"恶意调岗"侵犯孕期女职工权益的案件。《劳动合同法》第 35 条第 1 款规定，用人单位与劳动者协商一致，可以变更劳动合同约定的内容。变更劳动合同，应当采用书面形式。根据上述规定，用人单位随意调整怀孕女职工的工作岗位属于违法行为。用人单位为规避法律规定，无视劳动合

---

① 载《江苏工人报》，http：//epaper.jsgrb.com/article/index/aid/5561091.html？searchword=%20E4%85%A8E7%9C%81%E5%B7%A5%E4%BC%9A%E6%B3%95%E5%BE%8B%E6%8F%B4%E5%8A%A9%E5%8D%81%E5%A4%A7%E5%85%B8%E5%9E%8B%E6%A1%88%E4%BE%8B，最后访问时间：2025 年 2 月 10 日。

② 载中国工会法律服务平台（中国工会普法网），https：//ghpf.acftu.org/fzxc/nzgqybzpf/yasf/202012/t20201231_773296.html？sdiOEtCa=qqrsAG-wyI57cXG3GWYVWTTrjJSwPahUFICfdhWjZBQH8I6vzphzziF8CsHakIoaXh31QAmFIg5Ln_NU68kulVXW2dlu9atws1v3B4CQNQCWze7_jlxnBaTIOP7sTLDRy0nPqJmmPOEORnW.DJs7FeZe.Gr4，最后访问时间：2025 年 2 月 10 日。

同的约定,将怀孕女职工调整到相对繁重的工作岗位,然后以女职工不服从调整或者不能胜任工作岗位为由"劝退",以达到辞退女职工的目的。这种做法侵犯了女职工的生育权利,在现实中具有一定的代表性。我国《女职工劳动保护特别规定》第 6 条明确规定了孕期调岗的情形,即女职工在孕期不能适应原劳动的,用人单位应当根据医疗机构的证明,予以减轻劳动量或者安排其他能够适应的劳动。这种从孕期女职工劳动保护的角度出发的调岗,需要有医疗机构的医学证明,并征得女职工同意。李某某在被强迫调整岗位后及时向工会投诉,市总工会采取"仲裁+工会"为职工提供法律援助的维权模式,一方面向用人单位核实情况,进行普法宣传;另一方面向女职工提供法律援助,申请劳动仲裁,促成调解,最大限度地维护了女职工的合法权益。

4. **职工加班变值班案**(《2014 年北京劳动维权十大案例评析》)①

案例摘要:当唐某等三位职工要求单位支付加班费时,物业公司称属于值班而非加班。并表示值班与加班不一样,是不用支付加班费的,给一些补贴就行了。从法律来看,目前我国并未对加班与值班进行区别,劳动法律规定的也仅是加班,没有值班一说。现实生活中,值班则非常流行,不少单位往往以值班为由让员工加班,发生争议后,劳动者的诉求很难得到支持。加班是指劳动者在平时正常工作时间外,继续从事自己本职工作的情况。单位安排员工加班,应当严格按照法律规定发放加班工资。而值班是用人单位为防火、防盗或为处理突发事件等原因,安排本单位有关人员在夜间、休息日、法定节假日等非工作时间内从事的非本职工作的活动,如接听电话、看门等,其间可以休息。值班费的发放则是按照用人单位相应的规章制度、劳动合同或惯例等执行。本案中,唐某等三位职工加班被单位说成值班,最终在工会援助律师的帮助下,获得了加班费。

---

① 载京工网,https://www.workerbj.cn/jgw/html/weiquan/shuofa/2014/1230/5943.html,最后访问时间:2025 年 2 月 10 日。

5. **65位农民工维权案**（《2016年北京工会劳动维权十大案例评析》）①

案例摘要：从2015年9月起，北京某食品公司开始拖欠本单位李某等65名农民工的工资，并停缴了社保费。为此，这些农民工找到信访办、劳动监察大队等多个部门投诉举报，对方都建议他们通过仲裁解决。由于不会书写仲裁申请书，不知道怎么履行立案、开庭的程序，他们再次陷入困境。顺义区总工会得知此事后，迅速指派李某霞律师为这65名农民工提供法律援助。工会律师查看了这些职工的证据材料，以单位未足额支付劳动报酬为由向其寄发了《解除劳动关系通知书》，随后向顺义区劳动争议仲裁委员会提起仲裁申请。经审理，仲裁委裁决单位支付李某等65名农民工工资、经济补偿金、社会保险补偿金等各项损失共计1462057元。单位不服，向北京市顺义区人民法院起诉。一审阶段有20位农民工与用人单位达成调解，其余45人和用人单位的劳动争议进入二审程序。2016年10月底，北京市第三中级人民法院下达终审判决，维持了顺义区仲裁委员会以及北京市顺义区人民法院的审理结果。2016年11月，65名农民工申请强制执行。65位农民工已陆续拿到120余万元执行款。

6. **女职工申请"同工同酬"案**（《2018年北京工会维护女职工权益十大案例评析》）②

案例摘要：该起案例是违反"同工同酬"的典型案例，同时也是工会履行维护职工合法权益的成功案例。《劳动法》第46条规定，工资分配应当遵循按劳分配原则，实行同工同酬。同工同酬的适用条件为劳动者的工作岗位及工作内容相同、在相同的工作岗位上付出了与别人同样的劳动工作量、同样的工作量取得了相同的工作业绩。但

---

① 载京工网，https：//www.workerbj.cn/jgw/html/weiquan/shuofa/2017/0125/47028.html，最后访问时间：2025年2月10日。

② 载《劳动午报》，http：//ldwb.workerbj.cn/content/2019-03/06/content_86388.htm，最后访问时间：2025年2月10日。

是"同工同酬"不等同于相同岗位、等额薪酬。用人单位可以根据本单位的生产经营特点和经济效益,制定职位级别工资体系,同一岗位同一级别进行细化,规定级别工资的下限和上限。只要公司将员工的岗位级别调整到相应的级别,至少应按该级别的下限工资发放,但公司却是按照低于同岗同级别的工资下限发放。另外本案中员工的工资是按照公司2017年度级别工资调整前的下限发放的,在2017年调整下限后仍没有按新的调级标准执行,违反公司制定的薪酬制度,工会依据以上意见向公司出具告知函,得到了公司的认同。

7. 李某与某科技公司劳动合同争议纠纷案（《2019年职工法律援助十大典型案例》）[①]

案例摘要：本案是信息网络影响劳动用工管理方式的典型案例,也是涉及用人单位内部规章制度的合法性与合理性的代表性案例。微信是现代移动通信的一种重要手段和工具,利用它既可以传递用人单位工作安排的信息,当然也可以传递职工请假的信息,职工请假方式理应随着信息社会发展与时俱进。微信方式只是信息载体和呈现方式的变化,用人单位和职工对其意思表示的认识和控制并未改变。请假通常包括两个环节,职工向用人单位表达无法正常出勤的通知信息和用人单位向职工表达同意不出勤的通知信息。

用人单位内部规章制度应当合法合理。用人单位的内部规章制度本质上仍是私行政文件,其与法律法规和行政机关的规范性文件者不能抵触和冲突。用人单位的规章制度成为处理劳动争议案件"依据"的前提条件是：民主程序制定、内容合法、依法公示公开。此处的内容合法包括"合法"和"合理"两个层次。目前,用人单位"按旷工论处"的规定,普遍存在扩大所谓的用人单位批准权、不合理限制缩小职工休息权益的弊病。在本案中,法律援助律师突出抓住女职工负有抚养未成年人的法定义务、已尽到合理的诚信义务（勤勉义务）,以

---

① 载河北省总工会,http://www.hebgh.org.cn/sjd/wqfw/flyz/202008/t20200817_350194.html,最后访问时间：2025年2月10日。

及女职工符合员工手册的特殊情形规定的事由积极维权，人民法院综合全案事实，对员工手册所载内容的合法性、合理性予以评价，这对广大用人单位制定和执行内部规章制度具有重要的提醒和启示意义。

8. 生育津贴低于实际工资案（《2021年北京工会维护女职工权益十大案例评析》）①

案例摘要： 用人单位应如何依法支付女职工产假期间工资？女职工领取的生育津贴低于本人实际工资，公司是否有义务补足？在实践中，用人单位和劳动者经常遇到这样的问题。根据《女职工劳动保护特别规定》，女职工生育或者流产，用人单位已经参加生育保险的，由生育保险基金按照用人单位上年度职工月平均工资标准支付女职工生育津贴；用人单位未参加生育保险的，由用人单位按照女职工生育或者流产前工资标准支付工资。同时，根据《北京市企业职工生育保险规定》第15条规定，生育津贴低于本人工资标准的，差额部分由企业补足。本案中，虽然用人单位依法缴纳了生育保险，但并非用人单位只要缴纳了生育保险，女职工的产假待遇均无需由用人单位承担。对于薪资较高的女职工来说，用人单位在女职工领取生育津贴后，仍要按女职工产假前的工资标准补足工资。

9. 被辞退怀孕女职工返回工作岗位案（《2021年北京工会维护女职工权益十大案例评析》）②

案例摘要：《女职工劳动保护特别规定》第5条规定，用人单位不得因女职工怀孕、生育、哺乳降低其工资、予以辞退、与其解除劳动或者聘用合同。《劳动合同法》第42条第4项规定劳动者有下列情形之一的，用人单位不得依照本法第四十条、第四十一条的规定解除劳动合同：（四）女职工在孕期、产期、哺乳期的。因此，用

---

① 载《劳动午报》，http://ldwb.workerbj.cn/content/2022-03/14/content_110996.htm，最后访问时间：2025年2月10日。

② 载《劳动午报》，http://ldwb.workerbj.cn/content/2022-03/14/content_110996.htm，最后访问时间：2025年2月10日。

人单位违反相关规定在女职工孕期解除劳动合同的行为是违反法律规定的。实践中，当女职工在孕期被解除劳动合同并发生纠纷时该如何处理呢？一般做法有以下几种：如果被违法辞退的孕期女职工不同意用人单位解除劳动合同，可以要求继续履行合同。对于用人单位作出解除劳动合同决定后至仲裁或诉讼期间的工资损失，可以主张用人单位给予赔偿。如果被违法辞退的孕期女职工不要求继续履行合同，或者劳动合同已经不能继续履行，女职工可依据《劳动合同法》第 87 条要求支付赔偿金。

10. 女职工哺乳期间工资被降案（《2021 年北京工会维护女职工权益十大案例评析》）[①]

案例摘要：《女职工劳动保护特别规定》第 5 条规定："用人单位不得因女职工怀孕、生育、哺乳降低其工资、予以辞退、与其解除劳动或者聘用合同。"第 9 条规定："对哺乳未满 1 周岁婴儿的女职工，用人单位不得延长劳动时间或者安排夜班劳动。用人单位应当在每天的劳动时间内为哺乳期女职工安排 1 小时哺乳时间；女职工生育多胞胎的，每多哺乳 1 个婴儿每天增加 1 小时哺乳时间。"以上规定表明，用人单位不能以女职工休产假期间另行雇佣人员、需安排哺乳时间等理由降低其工资，否则，构成违法。女职工可以选择申请调解、提起仲裁或向劳动监察部门投诉等途径维护自己的合法权益。

11. 对怀孕女职工调岗又降薪案（《2021 年北京工会维护女职工权益十大案例评析》）[②]

案例摘要：本案是一起涉及女职工在怀孕期间受特殊法律保护的典型案例。《女职工劳动保护特别规定》第 5 条规定，用人单位不

---

① 载《劳动午报》，http://ldwb.workerbj.cn/content/2022-03/14/content_110996.htm，最后访问时间：2025 年 2 月 10 日。

② 载《劳动午报》，http://ldwb.workerbj.cn/content/2022-03/14/content_110996.htm，最后访问时间：2025 年 2 月 10 日。

得因女职工怀孕、生育、哺乳降低其工资、予以辞退、与其解除劳动或者聘用合同。第14条规定，用人单位违反本规定，侵害女职工合法权益的，女职工可以依法投诉、举报、申诉，依法向劳动人事争议调解仲裁机构申请调解仲裁，对仲裁裁决不服的，依法向人民法院提起诉讼。第15条规定，用人单位违反本规定，侵害女职工合法权益，造成女职工损害的，依法给予赔偿。因此，林女士申请劳动争议仲裁及调解是维护自身权益的合法途径。

12. 单位拒付奖金提成案（《2021年北京工会维护女职工权益十大案例评析》）[①]

案例摘要：年终奖是劳动者工资的一部分。《劳动法》第47条规定，用人单位根据本单位的生产经营特点和经济效益，依法自主确定本单位的工资分配方式和工资水平。但用人单位制定的薪酬制度应当符合法律规定，只有合法有效的制度规定才能适用于员工。另外，《劳动合同法》第4条规定，用人单位应当依法建立和完善劳动规章制度，保障劳动者享有劳动权利、履行劳动义务。用人单位在制定、修改或者决定有关劳动报酬、工作时间、休息休假、劳动安全卫生、保险福利、职工培训、劳动纪律以及劳动定额管理等直接涉及劳动者切身利益的规章制度或者重大事项时，应当经职工代表大会或者全体职工讨论，提出方案和意见，与工会或者职工代表平等协商确定……用人单位应当将直接涉及劳动者切身利益的规章制度和重大事项决定公示，或者告知劳动者。本案中，公司不同意向韩女士支付年终奖的理由，是公司认为她不符合《员工手册》规定的发放年终奖的条件。然而，韩女士坚称其不知晓公司该项规定，称其在职期间从来没有这样的规定。在调解员反复追问下，公司表示，该《员工手册》是在韩女士离职后才制定的。于是，调解员将《劳动合同法》关于规章制度的规定向公司进行了讲解，着重释明员工不知晓的规章制度不能对员工

[①] 载《劳动午报》，http://ldwb.workerbj.cn/content/2022-03/14/content_110996.htm，最后访问时间：2025年2月10日。

形成约束的法律原理。公司认识到错误后同意接受调解,并达成由公司向韩女士支付销售提成和部分年终奖的协议。

13. 公司违法解聘女职工应当赔偿案(《2021年北京工会维护女职工权益十大案例评析》)①

案例摘要:公司解聘易女士所依据的规章制度未经合法程序产生,对易女士不具有约束力。公司认定易女士构成违纪的时间是双休日,在其他工作日易女士均正常到岗,周工作时长达到40小时。根据《劳动法》第41条规定,用人单位在休息日要求劳动者加班的,应当与工会和劳动者协商。本案中,公司既没有与易女士就加班一事进行协商,也未征得易女士同意,在其向直属领导说明不能加班的原因后,公司仍强制要求她加班违反上述法律规定。因此,公司以一个不合法的理由认定易女士违纪,进而以此解除易女士的劳动合同属于违法,公司应当向易女士支付违法解除劳动关系赔偿金。

14. 孕期被辞后不愿履行原合同案(《2021年北京工会维护女职工权益十大案例评析》)②

案例摘要:《女职工劳动保护特别规定》第5条规定,用人单位不得因女职工怀孕、生育、哺乳降低其工资、予以辞退、与其解除劳动或者聘用合同。《劳动合同法》第42条规定,女职工在孕期、产期、哺乳期内的,用人单位不得依照本法第四十条、第四十一条的规定解除劳动合同。本案中,郑女士与公司尚处在劳动合同履行过程中。即使劳动合同即将期满,按照《劳动合同法》第45条规定,劳动合同期满时,女职工在孕期、产期、哺乳期的,劳动合同应当延续至相应的情形消失时终止。现在,郑女士没有违反劳动纪律的事实,公司以拒签劳动合同为由将她辞退,属于违法解除劳动合同。考虑到郑女士此

---

① 载《劳动午报》,http://ldwb.workerbj.cn/content/2022-03/14/content_110996.htm,最后访问时间:2025年2月10日。

② 载《劳动午报》,http://ldwb.workerbj.cn/content/2022-03/14/content_110996.htm,最后访问时间:2025年2月10日。

前曾与公司发生较大争执，故选择按照《劳动合同法》第87条的规定不再履行原劳动合同，由公司向其支付违法解除劳动关系赔偿金。

15. 合同约定与用工实际不符案（《2021年北京工会维护女职工权益十大案例评析》）①

案例摘要： 本案中，赵女士出具微信聊天记录截图、工资条、工资转账记录截图用以证明其月工资标准为12000元，但由于无法核实微信对方真实身份信息，工资条未显示用人单位签章，工资转账记录截图未显示与公司的关联关系，仲裁委最终未采纳月工资12000元的标准，而是按照其与单位签订的劳动合同认定月工资标准，裁决支付违法解除劳动合同赔偿金3000元。针对赵女士诉求的加班费，《最高人民法院关于审理劳动争议案件适用法律问题的解释（一）》第42条规定，劳动者应就其存在加班事实提供证据材料。本案中，赵女士未能就其加班情况提供有效的证据材料，因此，该项请求未获得支持。赵女士的遭遇提示其他劳动者在入职时一定要关注劳动合同签署的内容是否与实际相符。作为新就业形态劳动者，存在以计件、计时、效益提成支付报酬等多种情形，在获得劳动报酬的同时，劳动者要保留相应的证据材料，以证明月收入情况。若存在加班情形时，也要保存相关的证据材料，只有这样才能有效地维护自身的合法权益。

第二十四条　对劳保和安全卫生提出意见权

> 工会依照国家规定对新建、扩建企业和技术改造工程中的劳动条件和安全卫生设施与主体工程同时设计、同时施工、同时投产使用进行监督。对工会提出的意见，企业或者主管部门应当认真处理，并将处理结果书面通知工会。

---

① 载《劳动午报》，http://ldwb.workerbj.cn/content/2022-03/14/content_110996.htm，最后访问时间：2025年2月10日。

第二十五条　职工生产安全维护

工会发现企业违章指挥、强令工人冒险作业，或者生产过程中发现明显重大事故隐患和职业危害，有权提出解决的建议，企业应当及时研究答复；发现危及职工生命安全的情况时，工会有权向企业建议组织职工撤离危险现场，企业必须及时作出处理决定。

● 法　律

1. 《安全生产法》（2021 年 6 月 10 日）

第 7 条　工会依法对安全生产工作进行监督。

生产经营单位的工会依法组织职工参加本单位安全生产工作的民主管理和民主监督，维护职工在安全生产方面的合法权益。生产经营单位制定或者修改有关安全生产的规章制度，应当听取工会的意见。

2. 《职业病防治法》（2018 年 12 月 29 日）

第 4 条　劳动者依法享有职业卫生保护的权利。

用人单位应当为劳动者创造符合国家职业卫生标准和卫生要求的工作环境和条件，并采取措施保障劳动者获得职业卫生保护。

工会组织依法对职业病防治工作进行监督，维护劳动者的合法权益。用人单位制定或者修改有关职业病防治的规章制度，应当听取工会组织的意见。

3. 《煤炭法》（2016 年 11 月 7 日）

第 35 条　煤矿企业工会发现企业行政方面违章指挥、强令职工冒险作业或者生产过程中发现明显重大事故隐患，可能危及职工生命安全的情况，有权提出解决问题的建议，煤矿企业行政方面必须及时作出处理决定。企业行政方面拒不处理的，工会有权提出批评、检举和控告。

4.《矿山安全法》（2009 年 8 月 27 日）

第 23 条 矿山企业工会依法维护职工生产安全的合法权益，组织职工对矿山安全工作进行监督。

第 24 条 矿山企业违反有关安全的法律、法规，工会有权要求企业行政方面或者有关部门认真处理。

矿山企业召开讨论有关安全生产的会议，应当有工会代表参加，工会有权提出意见和建议。

第 25 条 矿山企业工会发现企业行政方面违章指挥、强令工人冒险作业或者生产过程中发现明显重大事故隐患和职业危害，有权提出解决的建议；发现危及职工生命安全的情况时，有权向矿山企业行政方面建议组织职工撤离危险现场，矿山企业行政方面必须及时作出处理决定。

5.《消防法》（2021 年 4 月 29 日）

第 6 条 各级人民政府应当组织开展经常性的消防宣传教育，提高公民的消防安全意识。

机关、团体、企业、事业等单位，应当加强对本单位人员的消防宣传教育。

应急管理部门及消防救援机构应当加强消防法律、法规的宣传，并督促、指导、协助有关单位做好消防宣传教育工作。

教育、人力资源行政主管部门和学校、有关职业培训机构应当将消防知识纳入教育、教学、培训的内容。

新闻、广播、电视等有关单位，应当有针对性地面向社会进行消防宣传教育。

工会、共产主义青年团、妇女联合会等团体应当结合各自工作对象的特点，组织开展消防宣传教育。

村民委员会、居民委员会应当协助人民政府以及公安机关、应急管理等部门，加强消防宣传教育。

行政法规及文件

6. 《使用有毒物品作业场所劳动保护条例》（2024年12月6日）

第8条 工会组织应当督促并协助用人单位开展职业卫生宣传教育和培训，对用人单位的职业卫生工作提出意见和建议，与用人单位就劳动者反映的职业病防治问题进行协调并督促解决。

工会组织对用人单位违反法律、法规，侵犯劳动者合法权益的行为，有权要求纠正；产生严重职业中毒危害时，有权要求用人单位采取防护措施，或者向政府有关部门建议采取强制性措施；发生职业中毒事故时，有权参与事故调查处理；发现危及劳动者生命、健康的情形时，有权建议用人单位组织劳动者撤离危险现场，用人单位应当立即作出处理。

第38条 劳动者享有下列职业卫生保护权利：

（一）获得职业卫生教育、培训；

（二）获得职业健康检查、职业病诊疗、康复等职业病防治服务；

（三）了解工作场所产生或者可能产生的职业中毒危害因素、危害后果和应当采取的职业中毒危害防护措施；

（四）要求用人单位提供符合防治职业病要求的职业中毒危害防护设施和个人使用的职业中毒危害防护用品，改善工作条件；

（五）对违反职业病防治法律、法规，危及生命、健康的行为提出批评、检举和控告；

（六）拒绝违章指挥和强令进行没有职业中毒危害防护措施的作业；

（七）参与用人单位职业卫生工作的民主管理，对职业病防治工作提出意见和建议。

用人单位应当保障劳动者行使前款所列权利。禁止因劳动者依法行使正当权利而降低其工资、福利等待遇或者解除、终止与其订立的劳动合同。

7. **《建设工程安全生产管理条例》**（2003年11月24日）

第23条 施工单位应当设立安全生产管理机构，配备专职安全生产管理人员。

专职安全生产管理人员负责对安全生产进行现场监督检查。发现安全事故隐患，应当及时向项目负责人和安全生产管理机构报告；对违章指挥、违章操作的，应当立即制止。

专职安全生产管理人员的配备办法由国务院建设行政主管部门会同国务院其他有关部门制定。

第32条 施工单位应当向作业人员提供安全防护用具和安全防护服装，并书面告知危险岗位的操作规程和违章操作的危害。

作业人员有权对施工现场的作业条件、作业程序和作业方式中存在的安全问题提出批评、检举和控告，有权拒绝违章指挥和强令冒险作业。

在施工中发生危及人身安全的紧急情况时，作业人员有权立即停止作业或者在采取必要的应急措施后撤离危险区域。

● 部门规章及文件

8. **《特种设备作业人员监督管理办法》**（2011年5月3日）

第21条 特种设备作业人员应当遵守以下规定：

（一）作业时随身携带证件，并自觉接受用人单位的安全管理和质量技术监督部门的监督检查；

（二）积极参加特种设备安全教育和安全技术培训；

（三）严格执行特种设备操作规程和有关安全规章制度；

（四）拒绝违章指挥；

（五）发现事故隐患或者不安全因素应当立即向现场管理人员和单位有关负责人报告；

（六）其他有关规定。

第二十六条　工会的调查权

工会有权对企业、事业单位、社会组织侵犯职工合法权益的问题进行调查，有关单位应当予以协助。

● 法　律

1. 《安全生产法》（2021年6月10日）

第60条　工会有权对建设项目的安全设施与主体工程同时设计、同时施工、同时投入生产和使用进行监督，提出意见。

工会对生产经营单位违反安全生产法律、法规，侵犯从业人员合法权益的行为，有权要求纠正；发现生产经营单位违章指挥、强令冒险作业或者发现事故隐患时，有权提出解决的建议，生产经营单位应当及时研究答复；发现危及从业人员生命安全的情况时，有权向生产经营单位建议组织从业人员撤离危险场所，生产经营单位必须立即作出处理。

工会有权依法参加事故调查，向有关部门提出处理意见，并要求追究有关人员的责任。

2. 《职业病防治法》（2018年12月29日）

第40条　工会组织应当督促并协助用人单位开展职业卫生宣传教育和培训，有权对用人单位的职业病防治工作提出意见和建议，依法代表劳动者与用人单位签订劳动安全卫生专项集体合同，与用人单位就劳动者反映的有关职业病防治的问题进行协调并督促解决。

工会组织对用人单位违反职业病防治法律、法规，侵犯劳动者合法权益的行为，有权要求纠正；产生严重职业病危害时，有权要求采取防护措施，或者向政府有关部门建议采取强制性措施；发生职业病危害事故时，有权参与事故调查处理；发现危及劳动者生命健康的情形时，有权向用人单位建议组织劳动者撤离危险现场，用人单位应当立即作出处理。

● **行政法规及文件**

3. 《使用有毒物品作业场所劳动保护条例》（2024年12月6日）

第8条 工会组织应当督促并协助用人单位开展职业卫生宣传教育和培训，对用人单位的职业卫生工作提出意见和建议，与用人单位就劳动者反映的职业病防治问题进行协调并督促解决。

工会组织对用人单位违反法律、法规，侵犯劳动者合法权益的行为，有权要求纠正；产生严重职业中毒危害时，有权要求用人单位采取防护措施，或者向政府有关部门建议采取强制性措施；发生职业中毒事故时，有权参与事故调查处理；发现危及劳动者生命、健康的情形时，有权建议用人单位组织劳动者撤离危险现场，用人单位应当立即作出处理。

4. 《工伤保险条例》（2010年12月20日）

第19条 社会保险行政部门受理工伤认定申请后，根据审核需要可以对事故伤害进行调查核实，用人单位、职工、工会组织、医疗机构以及有关部门应当予以协助。职业病诊断和诊断争议的鉴定，依照职业病防治法的有关规定执行。对依法取得职业病诊断证明书或者职业病诊断鉴定书的，社会保险行政部门不再进行调查核实。

职工或者其近亲属认为是工伤，用人单位不认为是工伤的，由用人单位承担举证责任。

● **案例指引**

1. 未签劳动合同单位付双倍工资赔偿案（《2015年北京劳动维权十大案例评析》）[①]

案例摘要：此案有两个争议焦点：一是未签订劳动合同双倍工资问题。职工认为公司未在规定时间内与自己签订书面劳动合同，

[①] 载京工网，https://www.workerbj.cn/jgw/html/weiquan/shuofa/2015/1230/22962.html，最后访问时间：2025年2月10日。

是违法行为，因此应该获得双倍工资赔偿。用人单位坚称未与职工签订劳动合同是职工所在部门人事主管的职责，公司不承担责任。经过质证，王某所在部门包括人事主管在内的多名职工，曾要求与单位签订合同，但是公司迟迟未履行职责，所以公司应承担责任。根据劳动法律法规，公司应支付第二个月起的双倍工资赔偿。二是加班事实的认定。王某表示他按照公司要求曾于2015年3月14日、4月6日、4月7日、4月11日加班工作，公司应该向其支付加班费。但单位认为公司内部的打卡考勤记录内并没有该职工加班的记录，且公司加班申请单应有公司领导签字才认可。经工会法援人员据理力争，用人单位认识到确实存在用工不规范的行为，最终双方达成调解协议，王某获得6000元赔偿。

2. 17位厨师追索赔偿金和加班费案（《2017年北京工会劳动维权十大案例评析》）[①]

案例摘要： 在追索加班费的劳动争议案件中，劳动者能胜诉的案件很少，主要原因是劳动者无法提供能证明其加班的有效证据。本案中的17位厨师也不例外，他们掌握的出勤表、排班表、刷卡记录表，上面没有单位公章，而签字的店长早已离职，单位律师对这些证据的真实性、关联性、合法性均不认可。同时，单位又出示照片和证人证言，证明17位厨师在职期间存在聚众赌博、未经领导同意擅自做高档食材聚餐、浪费高价原材料等严重违反公司规章制度和员工手册的行为，故解除劳动合同属于合法解除。一切证据均对劳动者不利，但工会法援律师沉着应对，在仲裁庭质证时，巧妙向公司的两位证人提问，使之回答有利于员工。然后又运用诉讼技巧，将公司出示的工资单等证据变成员工加班的证据，使17位厨师的主张得到了仲裁支持。尽管公司不服裁决又提起诉讼、上诉，但最终败诉：须支付违法解除劳动合同赔偿金和加班费

[①] 载京工网，https：//www.workerbj.cn/jgw/html/weiquan/shuofa/2018/0118/72156.html，最后访问时间：2025年2月10日。

共计 58 万元。经过一裁两审，工会法援律师三次提供法律援助，17 位厨师最终维权成功。

第二十七条　工会对工伤的调查处理权

> 职工因工伤亡事故和其他严重危害职工健康问题的调查处理，必须有工会参加。工会应当向有关部门提出处理意见，并有权要求追究直接负责的主管人员和有关责任人员的责任。对工会提出的意见，应当及时研究，给予答复。

● 法　律

1. 《安全生产法》（2021 年 6 月 10 日）

第 7 条　工会依法对安全生产工作进行监督。

生产经营单位的工会依法组织职工参加本单位安全生产工作的民主管理和民主监督，维护职工在安全生产方面的合法权益。生产经营单位制定或者修改有关安全生产的规章制度，应当听取工会的意见。

第 60 条　工会有权对建设项目的安全设施与主体工程同时设计、同时施工、同时投入生产和使用进行监督，提出意见。

工会对生产经营单位违反安全生产法律、法规，侵犯从业人员合法权益的行为，有权要求纠正；发现生产经营单位违章指挥、强令冒险作业或者发现事故隐患时，有权提出解决的建议，生产经营单位应当及时研究答复；发现危及从业人员生命安全的情况时，有权向生产经营单位建议组织从业人员撤离危险场所，生产经营单位必须立即作出处理。

工会有权依法参加事故调查，向有关部门提出处理意见，并要求追究有关人员的责任。

2. 《职业病防治法》（2018 年 12 月 29 日）

第 40 条　工会组织应当督促并协助用人单位开展职业卫生

宣传教育和培训，有权对用人单位的职业病防治工作提出意见和建议，依法代表劳动者与用人单位签订劳动安全卫生专项集体合同，与用人单位就劳动者反映的有关职业病防治的问题进行协调并督促解决。

工会组织对用人单位违反职业病防治法律、法规，侵犯劳动者合法权益的行为，有权要求纠正；产生严重职业病危害时，有权要求采取防护措施，或者向政府有关部门建议采取强制性措施；发生职业病危害事故时，有权参与事故调查处理；发现危及劳动者生命健康的情形时，有权向用人单位建议组织劳动者撤离危险现场，用人单位应当立即作出处理。

3.《矿山安全法》（2009年8月27日）

第37条 发生一般矿山事故，由矿山企业负责调查和处理。

发生重大矿山事故，由政府及其有关部门、工会和矿山企业按照行政法规的规定进行调查和处理。

● 行政法规及文件

4.《建设工程安全生产管理条例》（2003年11月24日）

第50条 施工单位发生生产安全事故，应当按照国家有关伤亡事故报告和调查处理的规定，及时、如实地向负责安全生产监督管理的部门、建设行政主管部门或者其他有关部门报告；特种设备发生事故的，还应当同时向特种设备安全监督管理部门报告。接到报告的部门应当按照国家有关规定，如实上报。

实行施工总承包的建设工程，由总承包单位负责上报事故。

5.《使用有毒物品作业场所劳动保护条例》（2024年12月6日）

第8条 工会组织应当督促并协助用人单位开展职业卫生宣传教育和培训，对用人单位的职业卫生工作提出意见和建议，与用人单位就劳动者反映的职业病防治问题进行协调并督促解决。

工会组织对用人单位违反法律、法规，侵犯劳动者合法权益的行为，有权要求纠正；产生严重职业中毒危害时，有权要求用人单位采取防护措施，或者向政府有关部门建议采取强制性措施；发生职业中毒事故时，有权参与事故调查处理；发现危及劳动者生命、健康的情形时，有权建议用人单位组织劳动者撤离危险现场，用人单位应当立即作出处理。

6.《生产安全事故报告和调查处理条例》（2007年4月9日）

第6条　工会依法参加事故调查处理，有权向有关部门提出处理意见。

第10条　安全生产监督管理部门和负有安全生产监督管理职责的有关部门接到事故报告后，应当依照下列规定上报事故情况，并通知公安机关、劳动保障行政部门、工会和人民检察院：

（一）特别重大事故、重大事故逐级上报至国务院安全生产监督管理部门和负有安全生产监督管理职责的有关部门；

（二）较大事故逐级上报至省、自治区、直辖市人民政府安全生产监督管理部门和负有安全生产监督管理职责的有关部门；

（三）一般事故上报至设区的市级人民政府安全生产监督管理部门和负有安全生产监督管理职责的有关部门。

安全生产监督管理部门和负有安全生产监督管理职责的有关部门依照前款规定上报事故情况，应当同时报告本级人民政府。国务院安全生产监督管理部门和负有安全生产监督管理职责的有关部门以及省级人民政府接到发生特别重大事故、重大事故的报告后，应当立即报告国务院。

必要时，安全生产监督管理部门和负有安全生产监督管理职责的有关部门可以越级上报事故情况。

第22条　事故调查组的组成应当遵循精简、效能的原则。

根据事故的具体情况，事故调查组由有关人民政府、安全生产监督管理部门、负有安全生产监督管理职责的有关部门、监察机关、公安机关以及工会派人组成，并应当邀请人民检察院派人参加。

事故调查组可以聘请有关专家参与调查。

第33条 事故发生单位应当认真吸取事故教训，落实防范和整改措施，防止事故再次发生。防范和整改措施的落实情况应当接受工会和职工的监督。

安全生产监督管理部门和负有安全生产监督管理职责的有关部门应当对事故发生单位落实防范和整改措施的情况进行监督检查。

● 案例指引

1. 职业病维权遇困境案（《全省工会法律援助十大典型案例⑥》）[1]

案例摘要：本案系有疑似职业病职工变动工作单位后，引发的工伤认定主体及待遇赔偿等有代表性的劳动争议，因又涉及确认劳动合同无效之诉、撤销工伤认定之诉而错综复杂且具有典型意义。实践中，从职业病认定至工伤待遇赔偿，职工维权要经过多个环节，跨过重重阻碍。本案劳动者的经历，就是一个最真实的写照。在职工提起工伤赔偿之诉时，用人单位先另行申请仲裁，请求裁决劳动合同无效，后不服仲裁裁决又提起诉讼，甚至提起行政诉讼要求撤销工伤认定决定，增加了劳动者维权的时间成本和诉讼成本，有滥用诉讼资源之嫌疑。为维护劳动者合法权益，援助律师认真研究案情，四处奔波，千方百计收集整理证据，并与法官据理力争，最终揭开这一系列诉讼的"面纱"。为达成调解，用人单位主动撤回确认劳动合同无效之诉，进而撤回行政诉讼，最后在仲裁委员会主持下，双方达成赔偿协议，工伤争议圆满解决，有效维护了职工的合法权益。

---

[1] 载《江苏工人报》，http：//epaper.jsgrb.com/article/index/aid/5450493.html?searchword＝%20E5%85%A8%E7%9C%81%E5%B7%A5%E4%BC%9A%E6%B3%95%E5%BE%8B%E6%8F%B4%E5%8A%A9%E5%8D%81%E5%A4%A7%E5%85%B8%E5%9E%8B%E6%A1%88%E4%BE%8B，最后访问时间：2025年2月10日。

2. 杨某某与某安装工程公司工伤确认案（《2019年职工法律援助十大典型案例》）①

案例摘要： 本案是建筑业从业人员工伤赔偿提速解决的典型案例，具有重大法律价值。在发生工伤事故时，职工申请工伤认定，需要提交劳动关系的证明材料，没有劳动关系的证明材料，影响甚至无法进行工伤认定，进而影响工伤赔偿。但建筑业劳务分包、承包、转包现象并非个例，用工者往往没有用工主体资格的情况下，这种确认劳动关系、工伤认定、工伤赔偿的"串联"模式，直接造成了受伤职工获得工伤赔偿的时间漫长、程序繁琐。本案例的最大法律价值在于，人民法院在厘清建筑业的劳动关系、工伤认定、用工主体责任三者关系的基础上，对该案的行政判决明确了在"用工单位违反法律、法规规定将承包业务转包给不具备用工主体资格的组织或者自然人"的情形下，工伤认定不以劳动关系为前提的司法观点。这对人社部门在工伤认定的受理和认定方面具有巨大的法律指导意义，是广大建筑业从业人员工伤维权时提速和便利的"福音"。既符合最高人民法院关于用工主体承担工伤保险责任的规定，也符合工伤认定的本质，即人身损害是否是职业性伤害。法律援助律师全面认真梳理案件事实，精准地适用法律，充分尊重职工，提出多种权利救济途径和方式供当事人选择，专业认真的工作态度，出色的业务能力，获得终审法院的充分肯定和支持，不仅解决了个案的工伤维权难题，也推动了这一类案件解决上的法治进步。

3. 杨某与某保安公司工伤确认案（《2019年职工法律援助十大典型案例》）②

案例摘要： 本案是岗位突发疾病死亡认定工伤的典型案例，也

---

① 载河北省总工会，http://www.hebgh.org.cn/sjd/wqfw/flyz/202008/t20200817_350194.html，最后访问时间：2025年2月10日。

② 载河北省总工会，http://www.hebgh.org.cn/sjd/wqfw/flyz/202008/t20200817_350194.html，最后访问时间：2025年2月10日。

是近年来社会广泛关注的热点案件类型。目前，传统和经典的劳动用工方式，正在遭遇网络社会和新型劳动用工的挑战，"碎片化"的工作时间、"无围墙"的工作场所、用人单位减少劳动用工数量和扩大职工活动控制的做法。这一系列新变化正在对"工作时间"和"工作场所内"职工突发疾病的工伤认定带来困难和挑战。工伤认定如何把握法治精神的实质？根据原劳动部的相关意见及网络社会劳动用工方式的变化，应把工作原因导致职工疾病或者两者存在牵连关系作为认定工伤的实质标准，对工作时间和工作场所的认定，应根据案件事实和突出用人单位实际控制的认定标准。

工会职工法律援助律师三年时间，经过了三次行政诉讼，三次不予认定工伤，最终第四次认定为工伤，这份对依法维护职工合法权益的坚定执着，着实难能可贵。本案成功认定工伤，其所带的法律价值值得深入总结和提炼；这份工伤赔偿的法治"温暖"，不仅给予了一位职工、一个家庭，而且带给广大职工群众和千万家庭对法治的信赖和敬仰。追根溯源，这份最初来自于工会组织的坚定支持，才是真工会组织的社会价值所在。

4. 唐山某学校医务室职工华某的工伤认定、工伤等级异议、工伤赔偿案（《2019 年职工法律援助十大典型案例》）[①]

案例摘要：在法律地位上职工与用人单位是平等的，但在履行劳动合同过程中，在劳动风险的承担上，在依法维权的能力上，职工均处于弱势地位。本案中工会组织积极履行依法维护职工合法权益基本职责，法律援助律师办案中百折不回、维权到底。本案是学校职工工伤认定和工伤赔偿的典型案例。职工倒垃圾行为，可以视为收尾性工作，也是有利于学校环境的行为。用人单位否认工伤的，依法需要承担举证责任，这是工伤认定的法律规定。再者，本案通过行政诉讼、民事诉讼，一步一步推进维权的方式，折射出学校等

---

① 载河北省总工会，http://www.hebgh.org.cn/sjd/wqfw/flyz/202008/t20200817_350194.html，最后访问时间：2025 年 2 月 10 日。

用人单位对社会保险法律知识存在较大欠缺和认识误区，凸显出普法工作仍需要持续不断地向各类用人单位和各类人群深入推进。

5. 郭某与某建筑有限公司劳动合同纠纷案（《2019年职工法律援助十大典型案例》）[①]

案例摘要：本案是保护工伤职工劳动合同权益的典型案例。根据《劳动合同法》第42条和第45条的规定，工伤职工享有"解雇保护"的特别法律待遇，用人单位解除或者终止劳动合同的权利，依法受到一定限制。一级至四级的工伤职工，《工伤保险条例》明确规定为"保留劳动关系"，不存在经济补偿的劳动合同权益问题；五级至十级的工伤职工，应当根据劳动合同法的规定，依法享有经济补偿或者赔偿金的劳动合同权益。通俗地说，法律并未将工伤职工获得经济补偿等劳动合同权益排除在外，即工伤保险待遇和经济补偿可以"兼得"。

全面依法维护职工合法权益，体现了工会职工法律援助律师对维权工作真正的用心、敬业和专业。目前，工伤赔偿通常数额较大，而职工的工作时间短、经济补偿数额一般较小，在维护职工权益工作中，容易被忽视、被遗漏。把法律规定的"纸上权利"变成职工现实可得的"真金白银"，需要从熟知法律条文到运用自如，更需要探摸清楚法律规则的"犄角旮旯"，才能实现对职工合法权益的依法维护全面维护。

第二十八条　对停工、怠工的协调

> 企业、事业单位、社会组织发生停工、怠工事件，工会应当代表职工同企业、事业单位、社会组织或者有关方面协商，反映职工的意见和要求并提出解决意见。对于职工的合理要求，企业、事业单位、社会组织应当予以解决。工会协助企业、事业单位、社会组织做好工作，尽快恢复生产、工作秩序。

[①] 载河北省总工会，http://www.hebgh.org.cn/sjd/wqfw/flyz/202008/t20200817_350194.html，最后访问时间：2025年2月10日。

● 其他规范性文件

《中华全国总工会、民政部关于加强社会组织工会建设的意见（试行）》（2021年8月31日）

二、社会组织工会的主要职责

（一）密切联系职工，强化政治引领。组织引导职工学习贯彻习近平新时代中国特色社会主义思想，学习习近平总书记关于工人阶级和工会工作的重要论述，不断增强"四个意识"、坚定"四个自信"、做到"两个维护"，宣传贯彻执行党的路线方针政策，坚定不移听党话、跟党走，始终同以习近平同志为核心的党中央保持高度一致。及时向同级党组织和上级工会请示报告工会重大事项。在已建工会、尚未建立党组织的社会组织，工会要积极配合上级党组织在工会会员中培养发展党员，并发挥好党员模范带头作用，为在社会组织中建立党组织创造条件。

（二）团结凝聚职工，汇集发展力量。加强对职工的思想政治引领，引导职工积极践行社会主义核心价值观，激发职工主人翁意识和工作热情。大力弘扬劳模精神、劳动精神、工匠精神，围绕社会组织中心任务开展劳动和技能竞赛，加强技能培训，提升素质，推动建立健全专业人才培养、评价、使用、激励机制。支持社会组织有序参与社会治理、提供社会服务、承担社会责任。

（三）建立健全机制，维护职工权益。通过以职工代表大会为基本形式的民主管理制度或其他形式，组织职工有序参与社会组织的民主决策、民主管理和民主监督。涉及职工切身利益的重要事项，要及时向职工公开。指导帮助职工与社会组织依法订立和履行劳动合同，规范劳动用工管理。对社会组织贯彻执行有关劳动法律法规和政策实施监督。建立健全集体协商和集体合同制度，探索建立行业性、区域性协商机制，协商解决涉及职工切身利益的重大问题，维护职工合法权益，构建和谐劳动关系。

（四）创新方式方法，竭诚服务职工。坚持以职工需求为导向，利用现代信息技术，组织开展丰富多彩的文化活动，营造积极向上的文化氛围。通过购买服务、项目合作等方式，为职工提供专业化个性化服务。注重对职工的人文关怀和心理疏导，做好送温暖、金秋助学等困难职工帮扶工作，努力提升职工群众的获得感、幸福感、安全感。

三、扩大工会对社会组织的有效覆盖

（一）推动社会组织依法建立工会。以在省级以上人民政府民政部门登记的社会组织和在各地民政部门登记的民办医院、学校、幼儿园等为重点，开展摸底排查，力争用三年左右的时间，推动符合条件的社会组织建立工会工作取得明显突破。

（二）合理确定建会方式。坚持从社会组织特点出发，采取灵活多样的组织形式，扩大工会组织有效覆盖。

1. 按用人单位建立工会组织。本单位有工会会员二十五人以上的社会组织，应单独建立基层工会委员会；不足二十五人的，可以单独建立基层工会委员会，也可以由两个以上单位的工会会员联合建立基层工会委员会，也可以选举组织员或工会主席一人主持基层工会工作。

2. 按区域、行业建立工会组织。在社会组织相对集中的街区、园区、楼宇等区域，可以建立区域性工会联合会。行业特征明显、管理体系健全的行业，或依托相关管理部门成立社会组织综合（行业）党委的，可以组建行业性工会联合会。区域性、行业性工会联合会一般在县（市、区、旗）级以下范围内建立。符合条件的，可以在市级探索建立行业性工会联合会。

乡镇（街道）、村（社区）工会应加强本区域社会组织工会建设的领导，广泛吸收职工入会，推动社会组织依法建立工会，切实发挥区域"兜底"作用。

（三）广泛吸收职工入会。加强宣传动员和服务吸引，最大限度地把社会组织职工吸收到工会中来。尚未建立工会的社会组织，职工可以向工作或居住地的乡镇（街道）、开发区（工业园区）、村（社区）工会和区域性、行业性工会联合会等提出入会申请，工作或居住地工会应吸收其入会，做好会籍管理工作；条件具备后，上级工会应及时指导社会组织组建工会。社会组织兼职人员等，应加入所在单位工会；所在单位尚未建立工会的职工，可以向单位所在地或本人居住地工会提出入会申请，也可以申请加入所兼职社会组织的工会，待所在单位成立工会后及时接转会员组织关系。

四、规范社会组织工会建设

（一）理顺工会组织领导关系。社会组织工会受同级党组织和上一级工会双重领导，以同级党组织领导为主。未建立党组织的，由上一级工会领导。按照属地管理原则，社会组织住所地与登记地不一致的，原则上在住所地成立工会，受住所地工会领导。在京全国性社会组织工会，以同级党组织领导为主，同时受业务主管单位工会领导；没有业务主管单位但由党建工作机构统一领导和管理党建工作的，同时受党建工作机构工会领导。京外全国性社会组织和省级以下社会组织工会，以同级党组织领导为主，同时受住所地地方工会或相关产业工会领导。各地已建社会组织党建工作机构的，有条件的地方可依托社会组织党建工作机构成立社会组织工会联合会，指导本地区社会组织工会工作。

（二）依法选举工会主席、副主席。按照《工会基层组织选举工作条例》、《基层工会会员代表大会条例》等规定，规范选举工会委员会、经费审查委员会及女职工委员会。社会组织负责人、法定代表人及他们的近亲属不得作为工会主席、副主席和委员候选人。

区域性、行业性工会联合会主席、副主席、委员的人选及产生，应按照《中华全国总工会关于加强和规范区域性、行业性工会联合会建设的意见》的规定执行。

上级工会可以向社会组织工会和区域性、行业性工会联合会推荐工会主席、副主席候选人，为其配备社会化工会工作者。

（三）努力建设职工之家。社会组织工会要按照"六有"标准（即：有依法选举的工会主席、有独立健全的组织机构、有服务职工的活动载体、有健全完善的制度机制、有自主管理的工会经费、有工会会员满意的工作绩效），加强工会组织和工会工作规范化建设，努力做到建起来、转起来、活起来。加强工会会员会籍管理，推进社会组织工会和会员实名制管理工作。开展建设职工之家活动，落实会员评家、会务公开、会员代表常任制等制度，依靠会员群众将社会组织工会建成职工信赖的职工之家。依据《基层工会经费收支管理办法》的有关规定，规范社会组织工会财务预算管理，严格工会经费使用。

五、加强对社会组织工会建设的领导

（一）加强组织领导。各级工会和民政部门要高度重视社会组织工会建设，作为当前和今后一个时期的重要任务抓紧抓好。积极争取地方党委组织部门的支持，加强对社会组织工会建设的领导指导，推动社会组织工会在党组织领导下发挥作用，以党建带工建机制引领工作。健全完善社会组织工会建设工作机制，形成党委统一领导、工会具体负责、民政部门支持、有关部门各司其职、齐抓共管的工作格局。

（二）强化协调联动。各级工会要加强与民政部门、社会组织党建工作机构和业务主管单位的沟通与协调，定期研商工作，共享数据信息，合力推动社会组织依法建立工会、规范运行。各级民政部门要积极支持配合，及时提供数据信息，做好政策宣传引导，通过将工会建设情况纳入社会组织评估指标等适当形式，支持和推动社会组织工会建设。在推动建立社会组织工作协调机制时，应吸纳同级工会参与。

（三）落实保障措施。各级工会要督促社会组织及时足额拨缴工会经费、支持工会依法行使权利并开展工作。支持社会组织工会通过单独建、联合建、共享资源等方式，解决职工活动场地等问题。加大对社会组织工会建设的经费支持力度。有条件的地方，上级工会可以向社会组织兼职工会干部发放补贴，可以设立专项经费保障规模较小社会组织工会和区域性、行业性工会联合会正常运转。各级工会组织购买社会组织服务时，在同等条件下，优先购买已建工会组织或实现工会工作覆盖的社会组织的服务。

（四）注重精准施策。根据社会组织规模、工会工作基础等实际情况，坚持建管并举，不断增强工会工作的针对性和实效性。对应建未建工会的社会组织，要明确目标时限，采取有效措施推动尽快建立工会组织。对已经建立工会的社会组织，要加强工会规范化建设，促进工会作用发挥。要加强工会干部的教育培训，提高做好工作能力水平。要加大宣传力度，培育推广社会组织工会工作先进典型，营造社会组织工会工作良好氛围。

● 案例指引

1. 用人单位停产案 （《2016 年北京工会劳动维权十大案例评析》）[1]

案例摘要：该案件中的用人单位系外资企业，员工们担心公司关闭后拿不到赔偿，所以工会法援律师在第一时间帮他们立案，并且积极与仲裁委沟通，使这些员工 24 天就拿到了裁决书。为了保证劳动者拿到赔偿款，法援律师积极与法院沟通查封事宜。9 月 22 日，北京市密云区人民法院执行庭对被执行人的银行账户和车辆进行查封、扣押、冻结。9 月 26 日上午，法援律师陪同承办法官到被申请人的工

---

[1] 载京工网，https：//www.workerbj.cn/jgw/html/weiquan/shuofa/2017/0125/47028.html，最后访问时间：2025 年 2 月 10 日。

厂送达执行裁定书与协助执行通知书。在完成所有法定手续后，在场执行干警对厂房内的机器设备进行了核对和查封。此后，法援律师又与法官到平谷海关和天津码头，对该公司准备运输出境的设备进行查封，最终在天津海关将这家公司的4集装箱机器设备扣押查封。

2. 签解除协议用人单位不付款案（《2017年北京工会劳动维权十大案例评析》）[1]

案例摘要：工会调解员通过了解得知某汽车部件公司因经营不景气，现在基本处于停产状态，公司财务账户被人民法院冻结，使得135位职工的工资、解除劳动合同经济补偿金无钱可付。于是，工会调解员分别做劳动者和用人单位的工作，最终使双方自愿达成一致并签订调解协议书，当事人对此结果均表示满意。集体劳动争议案件由于涉及劳动者人数多、案情复杂、社会影响大，如果处理不当会直接影响社会稳定，因此，调解是妥善解决这类案件的一个有效途径，而由北京市总工会牵头，与市人力社保局、市司法局、市委市政府信访办公室、市企联、首都综治办、公安局内保局、市工商联等部门建立的首都劳动争议调解联动机制，在解决集体劳动争议、促进社会维稳方面发挥了重要作用。

第二十九条　工会对劳动争议的调解

工会参加企业的劳动争议调解工作。

地方劳动争议仲裁组织应当有同级工会代表参加。

● 法　律

1.《劳动法》（2018年12月29日）

第77条　用人单位与劳动者发生劳动争议，当事人可以依法申请调解、仲裁、提起诉讼，也可以协商解决。

---

[1] 载京工网，https://www.workerbj.cn/jgw/html/weiquan/shuofa/2018/0118/72156.html，最后访问时间：2025年2月10日。

调解原则适用于仲裁和诉讼程序。

第78条　解决劳动争议，应当根据合法、公正、及时处理的原则，依法维护劳动争议当事人的合法权益。

第79条　劳动争议发生后，当事人可以向本单位劳动争议调解委员会申请调解；调解不成，当事人一方要求仲裁的，可以向劳动争议仲裁委员会申请仲裁。当事人一方也可以直接向劳动争议仲裁委员会申请仲裁。对仲裁裁决不服的，可以向人民法院提起诉讼。

第80条　在用人单位内，可以设立劳动争议调解委员会。劳动争议调解委员会由职工代表、用人单位代表和工会代表组成。劳动争议调解委员会主任由工会代表担任。

劳动争议经调解达成协议的，当事人应当履行。

第81条　劳动争议仲裁委员会由劳动行政部门代表、同级工会代表、用人单位方面的代表组成。劳动争议仲裁委员会主任由劳动行政部门代表担任。

第82条　提出仲裁要求的一方应当自劳动争议发生之日起六十日内向劳动争议仲裁委员会提出书面申请。仲裁裁决一般应在收到仲裁申请的六十日内作出。对仲裁裁决无异议的，当事人必须履行。

第83条　劳动争议当事人对仲裁裁决不服的，可以自收到仲裁裁决书之日起十五日内向人民法院提起诉讼。一方当事人在法定期限内不起诉又不履行仲裁裁决的，另一方当事人可以申请人民法院强制执行。

第84条　因签订集体合同发生争议，当事人协商解决不成的，当地人民政府劳动行政部门可以组织有关各方协调处理。

因履行集体合同发生争议，当事人协商解决不成的，可以向劳动争议仲裁委员会申请仲裁；对仲裁裁决不服的，可以自收到仲裁裁决书之日起十五日内向人民法院提起诉讼。

2. 《劳动争议调解仲裁法》（2007年12月29日）

第4条　发生劳动争议，劳动者可以与用人单位协商，也可以请工会或者第三方共同与用人单位协商，达成和解协议。

第8条　县级以上人民政府劳动行政部门会同工会和企业方面代表建立协调劳动关系三方机制，共同研究解决劳动争议的重大问题。

第10条　发生劳动争议，当事人可以到下列调解组织申请调解：

（一）企业劳动争议调解委员会；

（二）依法设立的基层人民调解组织；

（三）在乡镇、街道设立的具有劳动争议调解职能的组织。

企业劳动争议调解委员会由职工代表和企业代表组成。职工代表由工会成员担任或者由全体职工推举产生，企业代表由企业负责人指定。企业劳动争议调解委员会主任由工会成员或者双方推举的人员担任。

第19条　劳动争议仲裁委员会由劳动行政部门代表、工会代表和企业方面代表组成。劳动争议仲裁委员会组成人员应当是单数。

劳动争议仲裁委员会依法履行下列职责：

（一）聘任、解聘专职或者兼职仲裁员；

（二）受理劳动争议案件；

（三）讨论重大或者疑难的劳动争议案件；

（四）对仲裁活动进行监督。

劳动争议仲裁委员会下设办事机构，负责办理劳动争议仲裁委员会的日常工作。

3. 《人民调解法》（2010年8月28日）

第9条　村民委员会、居民委员会的人民调解委员会委员由村民会议或者村民代表会议、居民会议推选产生；企业事业单位设立的人民调解委员会委员由职工大会、职工代表大会或者工会组织推选产生。

人民调解委员会委员每届任期三年,可以连选连任。

● 司法解释及文件

4.《最高人民法院、中华全国总工会关于在部分地区开展劳动争议多元化解试点工作的意见》(2020年2月20日)

1. 试点工作意义。开展劳动争议多元化解试点工作,是坚持和完善共建共治共享的社会治理制度,充分发挥工会参与劳动争议协商调解职能作用,发挥人民法院在多元化纠纷解决机制改革中的引领、推动、保障作用,切实将非诉讼纠纷解决机制挺在前面的务实举措,有利于依法维护广大职工合法权益,积极预防和妥善化解劳动关系领域重大风险,优化法治营商环境,维护劳动关系和谐与社会稳定。

2. 推进劳动争议多元化解。各级人民法院和总工会要加强工作协同,积极推动建立完善党委领导、政府主导、各部门和组织共同参与的劳动争议预防化解机制。鼓励和引导争议双方当事人通过协商、调解、仲裁等非诉讼方式解决纠纷,加强工会参与劳动争议调解工作与仲裁调解、人民调解、司法调解的联动,逐步实现程序衔接、资源整合、信息共享,推动形成劳动争议多元化解新格局。

3. 加强调解组织建设。各级总工会要依法积极履行维护职工合法权益、竭诚服务职工群众的基本职责,推动完善劳动争议调解组织机构,协调企业与劳动者妥善解决劳动争议。推动企业劳动争议调解组织和行业性、区域性劳动争议调解组织建设。依托工会职工服务平台、地方社会治理综合服务平台建立健全劳动争议调解中心(工作室),鼓励建立以调解员命名的工作室。推动调解组织在人民法院诉讼服务中心设立工作室,派驻调解员。

4. 加强调解员队伍建设。各级总工会要积极推动建立劳动争议调解员名册制度，广泛吸纳法学专家、退休法官检察官、劳动争议调解员仲裁员、劳动关系协调员（师）、人民调解员及其他领域专业人才等社会力量加入名册。建立和完善名册管理制度，加强调解员培训，建立调解员职业道德规范体系，完善调解员惩戒和退出机制，不断提高调解员队伍的专业化、职业化水平，提升劳动争议调解公信力。

5. 规范律师参与。各级总工会要积极从职工维权律师团、职工法律服务团和工会法律顾问中遴选政治立场坚定、业务素质过硬、执业经验丰富的律师参与调解工作。积极通过购买服务方式甄选优质律师事务所选派律师参与劳动争议调解工作。探索建立劳动争议专职调解律师制度。

6. 依法履行审判职能。各级人民法院要健全完善审判机构和工作机制，依法受理劳动争议案件。有条件的人民法院可以推动设立劳动争议专业审判庭、合议庭，在地方总工会和职工服务中心设立劳动争议巡回法庭，积极推荐和确定符合条件的工会法律工作者担任人民陪审员，依法公正高效审理劳动争议案件，不断提升审判质量和效率。

7. 落实特邀调解制度。人民法院要积极吸纳符合条件的劳动争议调解组织和调解员加入特邀调解名册。探索人民法院特邀调解名册与劳动争议调解名册的衔接机制，会同工会加强对名册的管理。人民法院要加强诉前委派、诉中委托调解工作，强化调解业务指导，依法进行司法确认，不断促进劳动争议调解组织提升预防和化解劳动争议的能力。

8. 完善诉调对接工作机制。各级人民法院和总工会要健全劳动争议多元化解工作沟通机制，明确诉调对接工作部门，在名册管理，调解员培训、考核、奖励、惩戒，调审平台建设和程序对接，以及重大风险预防化解等方面加强信息交流反馈，切实提升工作协同水平。

9. 完善调解协议履行机制。纠纷经调解达成协议的，劳动争议调解组织和调解员应当积极引导和督促当事人主动、及时、充分履行调解协议约定的内容。当事人申请人民法院确认调解协议效力的，人民法院应当依法办理。用人单位未按照调解协议约定支付拖欠的劳动报酬、工伤医疗费、经济补偿或者赔偿金的，劳动者可以依法申请先予执行或者支付令，人民法院应当依法办理。

10. 充分应用信息化平台。各级人民法院和总工会要善于将大数据、人工智能等现代科技手段与劳动争议预防化解深度融合，提升工作的信息化、智能化水平。各级总工会要大力推动开展在线调解，建设劳动争议调解信息化平台，推动与人民法院调解平台的对接，调解组织和调解员信息全部线上汇聚，调解过程与诉讼程序的"无缝式"衔接，实现调解员菜单式选择和在线调解、在线司法确认，方便当事人参与纠纷解决。积极运用司法大数据，共同对典型性、苗头性、普遍性劳动争议案件进行分析研判，提前防控化解重大矛盾风险。

11. 完善经费保障。各级人民法院和总工会要紧紧依靠党委领导，主动争取政府支持，协调和推动财政部门将劳动争议调解经费纳入政府财政预算，积极争取将劳动争议调解服务纳入政府购买服务指导目录。地方各级总工会要结合实际情况，将劳动争议诉调对接工作经费纳入专项预算，为开展劳动争议调解提供必要的经费保障，细化完善"以案定补"和各项考核激励机制，健全上下级工会劳动争议调解经费支持机制。

12. 巩固制度保障。各级人民法院和总工会要加强政策沟通，充分听取对方对促进劳动关系和谐和维护职工权益工作的意见建议。及时总结本地区推进诉调对接工作的成熟经验，积极推动有关部门制定或者修订完善相关地方性法规、规章，确保工作依法有序推进。

13. 加强理论研究和宣传引导。各级人民法院和总工会要与高等院校、科研机构加强合作，通过普法宣传、教育培训、课题调研等多种形式，推进劳动争议多元化解理论研究。充分运用各种传媒手段，在遵循调解保密原则的前提下，以发布白皮书、典型案例等多种方式指导企业依法规范用工。积极宣传多元化纠纷解决机制优势，提高劳动争议协商、调解、仲裁等非诉讼纠纷解决方式的社会接受度，把矛盾纠纷化解在萌芽状态。

14. 加强组织领导。省（自治区、直辖市）高级人民法院和省级总工会要共同研究制定试点工作方案，加强对劳动争议多元化解机制建设的组织、指导和监督，特别是加强业务和技术层面的沟通、协调和对接。地方各级人民法院和总工会要认真研究新情况、新问题，及时将工作进展、遇到的问题、意见建议等层报最高人民法院、中华全国总工会。最高人民法院、中华全国总工会将定期总结评估试点工作推进情况。待条件成熟时，视情扩大试点、推广经验，确保改革试点不断深化。

● 其他规范性文件

5.《企业工会工作条例》（2006年12月11日）

第40条 依法建立企业劳动争议调解委员会，劳动争议调解委员会由职工代表、企业代表和工会代表组成，办事机构设在企业工会。职工代表和工会代表的人数不得少于调解委员会成员总数的三分之二。

建立劳动争议预警机制，发挥劳动争议调解组织的预防功能，设立建立企业劳动争议信息员制度，做好劳动争议预测、预报、预防工作。

企业发生停工、怠工事件，工会应当积极同企业或者有关方面协商，反映职工的意见和要求并提出解决意见，协助企业做好工作，尽快恢复生产、工作秩序。

6.《工会参与劳动争议处理办法》（2023年12月28日）

第一章 总　　则

第1条 为深入贯彻习近平法治思想，坚持和发展新时代"枫桥经验"，进一步规范和加强工会参与劳动争议处理工作，更好履行维护职工合法权益、竭诚服务职工群众基本职责，推动构建和谐劳动关系，根据《中华人民共和国工会法》《中华人民共和国劳动法》《中华人民共和国劳动合同法》《中华人民共和国劳动争议调解仲裁法》及《中国工会章程》等有关规定，制定本办法。

第2条 工会参与劳动争议处理，应当坚持中国共产党的领导，坚持以职工为本，坚持立足预防、立足调解、立足法治、立足基层，坚持公平、正义，最大限度将劳动争议矛盾化解在基层，化解在萌芽状态。

第3条 县级以上总工会应当将工会参与劳动争议处理工作纳入服务职工工作体系，健全工会参与劳动争议处理保障机制，促进工会参与劳动争议处理工作高质量发展。

全国总工会法律工作部门负责指导、协调全国工会参与劳动争议处理工作。县级以上地方总工会法律工作部门负责指导、协调并组织实施本地区工会参与劳动争议处理工作。

各级工会加强与同级人力资源社会保障、人民法院、人民检察院、司法行政、公安、工商业联合会、企业联合会/企业家协会、律师协会等部门的沟通，推动建立健全劳动争议处理协作联动机制，协力做好劳动争议处理工作。

第4条 本办法适用于工会参与处理下列劳动争议：

（一）因确认劳动关系发生的争议；

（二）因订立、履行、变更、解除和终止劳动合同发生的争议；

（三）因订立或履行集体合同发生的争议；

（四）因工作时间、休息休假、社会保险、福利、培训以及劳动保护、女职工和未成年工、残疾职工等特殊劳动保护发生的争议；

（五）因劳动报酬、工伤保险待遇、经济补偿或者赔偿金等发生的争议；

（六）法律、法规规定的其他劳动争议。

第5条 工会依法参与劳动争议协商、调解、仲裁、诉讼等工作。县级以上总工会依法为所属工会和职工提供法律援助等法律服务。

职工因用人单位侵犯其劳动权益而申请劳动争议仲裁或者向人民法院起诉的，工会依法给予支持和帮助。

第6条 工会积极参与涉及货车司机、网约车驾驶员、快递员、外卖配送员等新就业形态劳动者劳动争议处理工作，依法维护新就业形态劳动者的劳动保障权益。

第7条 工会工作者参与劳动争议处理工作，应当依照法律和有关规定履行职责，做到遵纪守法、公正廉洁，不得滥用职权、徇私舞弊、收受贿赂，不得泄露国家秘密、商业秘密和个人隐私。

第二章 参与劳动争议协商

第8条 劳动争议协商是指劳动者和用人单位因行使劳动权利、履行劳动义务发生争议后，双方就解决争议、化解矛盾，达成和解协议而共同进行商谈的行为。

第9条 各级工会应当积极推进用人单位建立健全劳动关系协商调处机制，完善内部协商规则。发生劳动争议，职工可以要求用人单位工会参与或者协助其与用人单位进行协商；用人单位尚未建立工会的，职工可以请求用人单位所在地的各级地方工会参与或者协助其与用人单位进行协商，推动达成和解协议。

第10条 工会在参与劳动争议协商过程中，应当依法维护职工合法权益，代表或者协助职工提出切实可行的和解方案。

职工与用人单位就劳动争议协商达成一致的，工会应当主动引导签订书面和解协议并推动和解协议及时履行。

第 11 条　劳动争议双方当事人不愿协商、协商不成或者达成和解协议后在约定的期限内不履行的，工会应当主动做好引导申请调解或仲裁等工作。

第三章　参与劳动争议调解

第 12 条　工会应当积极参与劳动争议多元化解机制建设，充分发挥工会在调解工作中的职能作用，推动构建党委领导、政府负责、人力资源社会保障部门牵头、工会等有关部门参与、司法保障、科技支撑的劳动争议多元化解工作格局。

第 13 条　劳动争议双方当事人经调解达成调解协议的，工会应当引导和督促当事人主动、及时、充分履行调解协议。依照法律规定可以申请仲裁审查或者司法确认的，工会可以引导当事人依法提出申请。

第 14 条　企业劳动争议调解委员会依照有关规定由劳动者代表和企业代表组成，人数由双方协商确定，双方人数应当对等。劳动者代表由工会委员会成员担任或者由全体劳动者推举产生，企业代表由企业负责人指定。

企业劳动争议调解委员会主任依照有关规定由工会委员会成员或者双方推举的人员担任。

企业劳动争议调解委员会的办事机构可以依照有关规定设在企业工会委员会。

第 15 条　企业劳动争议调解委员会履行下列职责：

（一）宣传劳动保障法律、法规和政策；

（二）对本企业发生的劳动争议进行调解；

（三）监督和推动和解协议、调解协议的履行；

（四）聘任、解聘和管理调解员；

（五）参与协调履行劳动合同、集体合同、执行企业劳动规章制度等方面出现的问题；

（六）参与研究涉及劳动者切身利益的重大方案；

（七）协助企业建立劳动争议预防预警机制；

（八）法律、法规规定的其他事项。

第16条　工会工作者担任劳动争议调解员主要履行以下职责：

（一）关注用人单位或者行业劳动关系状况，及时向劳动争议调解委员会报告；

（二）接受劳动争议调解委员会指派，调解劳动争议案件；

（三）保障当事人实现自愿调解、申请回避和申请仲裁的权利；

（四）自调解组织收到调解申请之日起15日内结束调解，到期未结束的或者当事人明确表示不愿意接受调解的，视为调解不成，告知当事人可以申请仲裁；

（五）监督和解协议、调解协议的履行；

（六）及时做好调解文书及案卷的整理归档工作；

（七）完成调解委员会交办的其他工作。

第17条　劳动争议调解委员会委员因工作或者职务变动等原因需要调整时，由原推选单位在30日内依法推举或者指定人员补齐。劳动争议调解委员会委员需调整人数超过半数的，按有关规定重新组建。

第四章　参加劳动争议仲裁

第18条　工会依照劳动争议调解仲裁法规定参加同级劳动人事争议仲裁委员会，履行有关职责。

第19条　工会工作者作为劳动人事争议仲裁委员会组成人员，依法履行下列职责：

（一）参与处理所辖范围内的劳动争议案件；

（二）参加仲裁委员会会议，遇特殊情况不能到会的，应出具委托书，委托本组织其他人员出席会议；

（三）参与研究处理有重大影响和仲裁庭提交的重大疑难案件；

（四）参与对办案程序违法违规、工作人员违法违纪等问题线索的核查处理；

（五）对受理的集体劳动争议及本地区有影响的个人劳动争议案件，及时向本级及上级工会书面报告。

第20条　工会工作者符合法律规定的仲裁员条件，由劳动人事争议仲裁委员会聘为兼职仲裁员的，依法履行仲裁员职责。

工会兼职仲裁员所在单位对其参加劳动争议仲裁活动应当给予支持。

第五章　参与劳动争议诉讼

第21条　工会在劳动争议诉讼中主要履行以下职责：

（一）支持帮助职工当事人起诉；

（二）接受职工当事人委托，指派或者委派诉讼代理人；

（三）推动生效法律文书的诚信履行；

（四）代表劳动者参加集体合同争议诉讼。

第22条　依法设立的工会法律服务机构可以接受职工的委托，指派或者委派诉讼代理人，代理其参加劳动争议诉讼活动。职工应当向人民法院提交由其本人签名或者盖章的授权委托书，指派或者委派的诉讼代理人在授权范围内代理诉讼。

第23条　依法设立的工会法律服务机构指派或者委派的诉讼代理人代理职工参与诉讼，主要有以下方式：

（一）为职工当事人提供法律咨询，代写起诉状、上诉状、申诉状等法律文书；

（二）在诉讼过程中为职工当事人代写应诉相关文本；

（三）调查案件有关事实，搜集对职工当事人有利的证据；

（四）代理职工当事人参加法院组织的立案前或者诉讼中调解，提出有利于职工当事人的调解意见和主张，促成双方当事人和解；

（五）代理职工当事人出庭应诉；

（六）为职工当事人实施法律法规规定或者当事人授权的其他代理行为。

第六章 参与处理集体劳动争议

第 24 条 发生集体劳动争议，用人单位工会应当及时向上级工会报告，依法参与处理。需要上级工会支持和帮助的，上级工会应当提供法律帮助。

工会参与处理集体劳动争议，应当积极反映职工的正当要求，维护职工合法权益。

第 25 条 因集体劳动争议导致停工、怠工事件，工会应当代表职工同企业、事业单位、社会组织或者有关方面协商，反映职工的意见和要求并提出解决意见。协商不成的，按集体劳动争议处理程序解决。

第 26 条 因订立集体合同发生争议，当事人双方协商解决不成的，用人单位工会应当提请上级工会协同人力资源社会保障等有关部门协调处理。

第 27 条 因履行集体合同发生争议，经协商解决不成的，用人单位工会可以依法申请仲裁；用人单位尚未建立工会的，由上级工会指导劳动者推举产生的代表依法申请仲裁。仲裁机构不予受理或者对仲裁裁决不服的，工会或者劳动者代表可以依法向人民法院提起诉讼。

第七章 组织保障

第 28 条 工会参与劳动争议处理工作应当积极争取地方政府的支持，通过政府联席（联系）会议、协调劳动关系三方机制等形式，定期与同级政府沟通交流工作情况，研究解决工作中的重大问题。

县级以上总工会应当加强对工会参与劳动争议处理工作的组

织领导。下级工会应当定期向上级工会报告参与劳动争议处理工作。

第29条　各地工会应当根据工作实际，加强工会参与劳动争议处理工作数字化建设。工会可以依托职工服务线上平台，建立网上劳动争议调解室。

第30条　具备条件的工会驿站等工会服务站点可以设立流动工会劳动争议调解室，为户外劳动者、新就业形态劳动者等提供便捷式法律服务。

具备条件的地方工会可以在劳动人事争议仲裁院、人民法院设立工会法律服务工作站（点）或者窗口，接受仲裁委员会或者人民法院委派委托，调解劳动争议。

第31条　工会应当积极推动用人单位依法建立劳动争议调解委员会，推动工业园区和劳动密集型行业等建立区域性、行业性劳动争议调解组织，实现劳动争议调解组织应建尽建。

工会指导建立基层工会时，同步建立工会劳动法律监督委员会，同步推进企业建立劳动争议调解委员会。

第32条　工会应当积极推动平台企业及其关联企业建立劳动争议调解委员会，加快在新就业形态劳动者集中的行业、区域建立劳动争议调解组织。

第33条　各级工会应当将参与劳动争议处理工作业务纳入本级工会培训主体班次，定期对工会劳动争议调解员、兼职仲裁员等从事劳动争议处理工作的人员进行培训，提高劳动争议处理工作的能力和水平。

第34条　县级以上地方总工会应当将工会参与劳动争议处理工作经费列入本级工会经费预算。

第八章　附　　则

第35条　各省、自治区、直辖市总工会可以根据本办法，结合本地实际，制定具体实施办法。

第 36 条 本办法由全国总工会法律工作部负责解释。

第 37 条 本办法自印发之日起施行。全国总工会 1995 年 8 月 17 日印发的《工会参与劳动争议处理试行办法》（总工发〔1995〕12 号）同时废止。

● 案例指引

1. 用人单位不依约履行劳动合同案（《2014 年北京劳动维权十大案例评析》）①

案例摘要：调解中心委托的律师调解员是此次劳动纠纷案件中为此案调解的主导人。在这次调解过程中，律师调解员深入分析 7 名职工的证据材料，跟他们多次核实证据，根据职工草拟的书面调解内容，逐项跟每个人仔细核对，帮助他们分析调解的条件，并对相关的法律条文及可能出现的结果一一做出解释，分析原告与被告达成调解条件的合理性和可行性。这次群体性劳动纠纷，经过 3 个月后终于能够和解，这缘于工会律师调解员多次与双方当事人电话沟通、当面交流。律师作为专业人士，在案件调解过程中，仔细听取双方当事人意见后，重点就劳动争议发生的原因、关键环节进行仔细周密的分析、调查、核实，找准发生纠纷的症结，找出调解争议的法律法规和政策理论依据，及时化解纠纷，促进劳动关系和谐。

2. 职工索赔经济补偿差额案（《2015 年北京劳动维权十大案例评析》）②

案例摘要：本案是一起用人单位与劳动者协商解除劳动合同，因支付经济补偿金计算方法而产生的法律纠纷。张某入职十余年，称单位对他也是不错的。公司因岗位调动与其协商解除劳动合同，

---

① 载京工网，https://www.workerbj.cn/jgw/html/weiquan/shuofa/2014/1230/5943.html，最后访问时间：2025 年 2 月 10 日。

② 载京工网，https://www.workerbj.cn/jgw/html/weiquan/shuofa/2015/1230/22962.html，最后访问时间：2025 年 2 月 10 日。

张某表示同意，但他认为公司在支付经济补偿金时计算方法是错误的，自己吃了亏，所以要求公司支付经济补偿金的差额。在劳动合同解除时，会涉及如何计算经济补偿的问题。在本案中，工会调解员了解到用人单位比较正规，但对法律知识并不熟悉。在此种情况下，调解员并不着急进行调解，而是邀请单位的法律顾问、公司人力资源总监及相关部门职员，参加北京市某区调解中心开办的"劳动争议法律知识讲座"。在讲座中，调解员以此案为蓝本，讲解了案件的法律适用情况，并穿插生动的案例解析。讲座结束后，单位的法律顾问主动找到工会调解员，要求按法律规定进行调解。之后，调解员又找到张某，对其动之以情，晓之以法，提出公司经济补偿金计算方法虽然存在错误，但张某计算的金额也是偏高。最终，双方达成一致，单位一次性支付张某解除劳动合同经济补偿金 1 万元，使调解成功。

3. 职工未洗净食品被解职案（《2015 年北京劳动维权十大案例评析》）[1]

案例摘要： 本案的申请人周某从入职到离职不足一个月，按《劳动法》来说单位甚至不需要跟员工签订书面劳动合同。这就是说，所有与工作相关的内容全都是口头约定，薪资、岗位、房补和车补等福利都是可以随着争议双方当事人情绪变化及矛盾激化程度而发生变化的。加之餐饮公司还没来得及为周某发放工资（未足月），如何确定劳动关系就成了非常难解决的问题。但如果劳动关系不能确定，周某的诉求便一项也不会得到支持。在这种情况下，工会调解员首先对企业进行安抚引导，一方面，树立调解机构的权威，使其不敢妄自否认劳动关系的存在；另一方面，及时告知案件调解结案后对企业的益处，使其更愿意朝着解决争议纠纷的思路上靠拢。进行调解时，在员工没有异议的情况下，调解员先让企业陈述，接

---

[1] 载京工网，https://www.workerbj.cn/jgw/html/weiquan/shuofa/2015/1230/22962.html，最后访问时间：2025 年 2 月 10 日。

着把当事职工的薪资数额、入职时间、离职时间确定了下来，然后把法律中关于如何计算工作日及加班费的公式向企业和员工讲清楚，这样算出来的数额双方均无异议，最终使他们达成调解协议。

4. 毕业后离职被单位索赔案（《2016 年北京工会劳动维权十大案例评析》）[①]

案例摘要： 本案中，刘某参加"首都农民工大学生助推计划"属于培训的范畴，虽与单位签订了《专项培训服务协议》，但该协议有效的必备条件是用人单位支付专项培训费用。调解时，单位提出工会负担的学费是企业缴纳的工会经费，所以职工参加该计划的学费就是单位负担的，该说法明显不成立。工会经费是工会依法取得主要用于职工服务和工会活动的经费，是企业依法支持员工参加工会组织的法定义务，该经费依法拨缴后即归工会所有，不再属于缴费企业所有。另外工会的经费除了企业依法按比例拨缴，还有工会会员缴纳的会费、工会所属的企事业单位上缴的收入、人民政府的补助及其他收入。所以，用人单位认为由工会负担的学费就是企业负担的，这个说法不成立。另外，法律明确规定用人单位不得扣押劳动者的证件，本案中单位扣押刘某的毕业证属于违法，要求其支付赔偿没有事实依据且不符合法律规定。但鉴于刘某愿意给予单位象征性的补偿，也不违反法律强制性规定，因此，其调解内容符合法律规定。

5. 11 位职工追索加班费案（《2017 年北京工会劳动维权十大案例评析》）[②]

案例摘要： 工会法援，是工会为合法权益受到侵害的职工、工会工作者和工会组织提供的一种无偿法律服务。而调解，是争议当事人在第三方的主持下，自愿进行协商解决纠纷的一种办法。一般

[①] 载京工网，https://www.workerbj.cn/jgw/html/weiquan/shuofa/2017/0125/47028.html，最后访问时间：2025 年 2 月 10 日。

[②] 载京工网，https://www.workerbj.cn/jgw/html/weiquan/shuofa/2018/0118/72156.html，最后访问时间：2025 年 2 月 10 日。

来说，调解员不能担任任何一方当事人的代理人。但在本案中，因职工证据不足，判决无法使其合法权益得到维护，有可能会激化矛盾，工会法援律师在主审法官的建议下，积极主动联系公司代理人。在职工与单位分歧较大的情况下，工会律师利用"背靠背"的调解技巧，分别向双方当事人宣传相关法律知识，依据事实和法律规定，耐心劝说和疏导。经过多次面谈和电话沟通，反复做思想工作，终于打动了单位代理人，使其大幅提高了补偿标准，最终促成11位职工与公司达成调解协议，并获得29万元补偿，其中3位职工得到了其主张的全部诉求金额。

第三十条 县级以上总工会提供法律援助服务

县级以上各级总工会依法为所属工会和职工提供法律援助等法律服务。

● 法　律

《劳动合同法》（2012年12月28日）

第78条　工会依法维护劳动者的合法权益，对用人单位履行劳动合同、集体合同的情况进行监督。用人单位违反劳动法律、法规和劳动合同、集体合同的，工会有权提出意见或者要求纠正；劳动者申请仲裁、提起诉讼的，工会依法给予支持和帮助。

● 案例指引

1. 违法解除受害人劳动合同案[1]

案例摘要：刘某在受到吴某的性骚扰后，向公司所在地的工会

---

[1] 载中国工会法律服务平台（中国工会普法网），https://ghpf.acftu.org/fzxc/nzgqybzpf/yasf/202012/t20201231_773300.html?sdiOEtCa=qqrDqKFDkiQZrVOrvapQ.wca5JeE56XNyeD1K26DFha16K26cG3uwmZn2bm9dJa8yeDko99X5xbu4BYZ5Op5BybJ0H8oUJthTpS7AqyDT8kPgTfYkV4.i_48FUZa435JJdqVLaPtxhx3DQosgW3xouS2Gcl，最后访问时间：2025年2月10日。

进行了咨询，工会工作人员建议她保存吴某对其实施性骚扰的证据，并提出可以协助刘某用法律手段维权。吴某作为公司的部门经理利用职权与刘某解除劳动关系时，刘某再次向工会寻求帮助，工会经审查确定刘某符合法律援助条件，为其指派了法援律师。在案件审理过程中，刘某提供了相应的证据材料证明吴某存在性骚扰行为，公司无法提供关于刘某不服从工作安排的相应证据材料，最终仲裁机关作出裁决，裁决公司向刘某支付违法解除劳动合同的赔偿金。案件发生后，公司以吴某严重违反公司规章制度为由，与其解除了劳动合同。

2. 用人单位多支付补偿案（《2015年北京劳动维权十大案例评析》）①

案例摘要：本案的焦点在于公司辞退赵某是否合法。《最高人民法院关于审理劳动争议案件适用法律若干问题的解释》（法释〔2001〕14号）② 第13条规定，因用人单位作出的辞退决定而发生的劳动争议，用人单位负举证责任。本案中，物业公司在仲裁审理中未提供证据证明辞退赵某的合法性。而赵某提供的公司会服主管岗位职责中，也没有上述规定，所以，公司作出的辞退决定违法。工会律师尊重赵某的个人意愿，讲明利害关系，最终达成调解协议并履行完毕。本案中，物业公司因小失大，不履行前一个调解协议的不诚信行为，使公司在仲裁时多支付了3500元补偿，从而付出了更大的代价。

第三十一条　职工集体福利协助

工会协助用人单位办好职工集体福利事业，做好工资、劳动安全卫生和社会保险工作。

---

① 载京工网，https：//www.workerbj.cn/jgw/html/weiquan/shuofa/2015/1230/22962.html，最后访问时间：2025年2月10日。

② 该文件已失效，参见《最高人民法院关于审理劳动争议案件适用法律问题的解释（一）》第44条。

● 法　律

1. 《社会保险法》（2018年12月29日）

　　第9条　工会依法维护职工的合法权益，有权参与社会保险重大事项的研究，参加社会保险监督委员会，对与职工社会保险权益有关的事项进行监督。

　　第80条　统筹地区人民政府成立由用人单位代表、参保人员代表，以及工会代表、专家等组成的社会保险监督委员会，掌握、分析社会保险基金的收支、管理和投资运营情况，对社会保险工作提出咨询意见和建议，实施社会监督。

　　社会保险经办机构应当定期向社会保险监督委员会汇报社会保险基金的收支、管理和投资运营情况。社会保险监督委员会可以聘请会计师事务所对社会保险基金的收支、管理和投资运营情况进行年度审计和专项审计。审计结果应当向社会公开。

　　社会保险监督委员会发现社会保险基金收支、管理和投资运营中存在问题的，有权提出改正建议；对社会保险经办机构及其工作人员的违法行为，有权向有关部门提出依法处理建议。

● 行政法规及文件

2. 《保障农民工工资支付条例》（2019年12月30日）

　　第8条　工会、共产主义青年团、妇女联合会、残疾人联合会等组织按照职责依法维护农民工获得工资的权利。

● 案例指引

1. 生育津贴差额案[①]

　　案例摘要：本案中，单位未为职工依法足额缴纳生育保险费，

---

　　① 载中国工会法律服务平台（中国工会普法网），https：//ghpf.acftu.org/fzxc/nzgqybzpf/yasf/202012/t20201231_773294.html?sdiOEtCa=qqrF5ZZ8r1OWBuPX8IUFsk2qrMxV1JsoCGei3FehStHsHZNSERXtsW3nmVcfSNl2M.kdtKbSYQ4bKjPVgJ39ZzBKQdL6wn.A.DM4cW9QhBmP_Evhc7yIvgkgUMiBQOGafsQhGZb5UV.3ry2Gk2KMgaG9GqE，最后访问时间：2025年2月10日。

给李某某造成了生育津贴损失，单位应当补偿差额。李某某产假前的原工资待遇为15000元，故其要求以此标准享受产假工资待遇，于法未悖。本案争议的焦点在于职工工资表上的收入与其实际收入不符，明显低于职工的实际收入，为规避足额缴纳社保责任，企业按工资表上的金额为职工缴纳社保。因此，证明职工的真实收入是此案的关键。根据《劳动争议调解仲裁法》第6条，当事人对自己提出的主张，有责任提供证据。职工法律援助律师指导当事人李某某找到了单位向其支付其余收入的支付宝转账记录、聊天记录、录音光盘及文字整理稿等证据，来证明自己每月实际工资分为两部分支付，实际是15000元，对案件审理和当事人维权起到了至关重要的作用。

2. 派遣工不同意变更主体案（《2014年北京劳动维权十大案例评析》）[①]

案例摘要：本案件中，某公司是由某物流公司出资，在很多年前设立的劳务派遣机构。原公司将包括38名职工在内的人员派遣到物流公司工作，这种做法违反了《劳动合同法》第67条中"用人单位不得设立劳务派遣单位向本单位或者所属单位派遣劳动者"的规定，存在用工不规范之处。同时，本案件中的劳动者多为老职工，固定岗位工作长达十多年，显然不属于劳务派遣的范畴。在经济补偿方面，本案件中的某公司，因没有资质而不能再经营劳务派遣业务，若单位按照法定破产程序解散而与劳动者解除劳动合同，应当自《劳动合同法》施行之日即2008年1月1日起的工作年限支付经济补偿。并按照合同解除或终止之日劳动者前12个月的平均工资标准计算，不足12个月的，按实际工作月数的平均工资计算。经工会调解员依法依规进行调解，双方当事人终于达成协议，顺利解决了38位被派遣职工与两家单位的矛盾，保护了职工的合法权益。

---

① 载京工网，https://www.workerbj.cn/jgw/html/weiquan/shuofa/2014/1230/5943.html，最后访问时间：2025年2月10日。

3. 95 位退休职工获取暖补贴案（《2015 年北京劳动维权十大案例评析》）①

案例摘要：本案中，职工认为单位需按惯例向他们发放 400 元补贴，而单位则认为无任何企业内部文件和相关法律规定，且发放取暖补贴只限于在岗职工，因此双方存在认识上的分歧。根据相关规定，退休职工与在职职工宿舍取暖补贴应当发放。工会调解员了解到，争议职工是居住在单位所建的平房中，根据《关于调整职工冬季取暖补贴标准的通知》的规定，单位应按照每年 400 元的标准支付取暖补贴。通过普法，单位与 95 位退休职工达成调解协议。该案件调解不是和稀泥，而是给了双方现行有效的法律规定作为支持，使双方对结果均比较满意。

4. 14 名农民工与某物流有限公司劳动争议纠纷案（《2019 年职工法律援助十大典型案例》）②

案例摘要：本案是用人单位"假派遣"的典型案例。用人单位"另行"组建所谓的劳务派遣单位，就是一手"损招""歪招"。《劳动合同法》第 67 条关于"用人单位不得设立劳务派遣单位向本单位或者所属单位派遣劳动者"的规定，是效力性行政管理规范，即使签订空白劳动合同也不发生劳动关系转移的法律效果。目前，运输行业竞争激烈，货车驾驶员的流动性较大，职工的约定工资较高，但是未能参加社会保险，损害了社会保险制度和职工的长远利益。本案对劳务派遣主体、劳动用工主体及用人单位未开立社会保险账户的属于人民法院受案范围的认定，具有创新性，对于类似案件的审理具有指导性，具有法治进步意义。

针对具有行业代表性的劳动争议纠纷案件，工会组织高度重视、

---

① 载京工网，https://www.workerbj.cn/jgw/html/weiquan/shuofa/2015/1230/22962.html，最后访问时间：2025 年 2 月 10 日。

② 载河北省总工会，http://www.hebgh.org.cn/sjd/wqfw/flyz/202008/t20200817_350194.html，最后访问时间：2025 年 2 月 10 日。

作出指示、指派得力人员提供法律援助，起到了"办好一案、纠正一片"的效果。目前，对职工社会保险权益的救济，确实仍存在救济途径和适用法律上的困难，工会组织在本案中依法维护职工的社会保险权益方面的做法具有示范性，值得充分肯定和推广。

5. 任某某与某防腐工程公司工伤社会保险待遇纠纷案（《2019年职工法律援助十大典型案例》）①

案例摘要：本案是工会服务"雪中送炭"、工会维权"竭尽所能"的代表性案例，是工会组织积极履行维护职工合法权益、竭诚服务职工群众基本职责的具体体现。职工在工作过程中跌落导致高位瘫痪，妻离女幼、父母年老，工伤职工在生活艰难和维权困难的时候，工会组织不仅为职工提供了生活救助，还为其提供了法律援助，充分体现了工会组织全面依法履行法定职责的新时代作为。法律援助律师在解决工伤赔偿过程中，从收集证据到确认劳动关系，从认定工伤到工伤赔偿，从劳动仲裁到法院，从一审到二审，数次赴外省参加案件审理，不畏艰辛百折不挠，彰显职工法律援助律师的担当精神。经营活动和劳动用工的跨区域流动，带来安全生产和工伤维权的重重困难，这也是本案的时代特点和行业特点。在新形势下，政府和工会组织应当针对这些新特点，拿出更有效的新办法、新举措，进一步加大安全生产和构建和谐劳动关系的工作力度，督促企业履行法定的安全生产主体责任。劳动者也应加强守法意识和证据意识，依法举报或者投诉劳动用工违法行为。

6. 刘某与某公司工伤社会保险待遇纠纷案（《2019年职工法律援助十大典型案例》）②

案例摘要：本案是用人单位低标准缴纳工伤保险费、损害工伤

---

① 载河北省总工会，http://www.hebgh.org.cn/sjd/wqfw/flyz/202008/t20200817_350194.html，最后访问时间：2025年2月10日。
② 载河北省总工会，http://www.hebgh.org.cn/sjd/wqfw/flyz/202008/t20200817_350194.html，最后访问时间：2025年2月10日。

职工合法权益的典型案例。目前，用人单位为压低劳动用工成本，以最低缴纳保险费用标准缴费的，并非个案。本案的成功解决具有极强的法律价值、示范作用和普法价值。工伤职工应当睁大眼睛区分清楚不同的工资概念。《工伤保险条例》第 35 条、第 36 条关于"一次性伤残补助金"和"伤残津贴"的计算标准是"本人工资"。原劳动部《关于贯彻执行〈中华人民共和国劳动法〉若干问题的意见》第 53 条中规定，劳动法中的"工资"是指用人单位依据国家有关规定或劳动合同的约定，以货币形式直接支付给本单位劳动者的劳动报酬，一般包括计时工资、计件工资、奖金、津贴和补贴、延长工作时间的工资报酬以及特殊情况下支付的工资等。用人单位与劳动者在劳动合同中约定的工资报酬有时为本地最低工资标准，实际履行过程中劳动者工资水平远高于此标准。因此，合同约定工资不能等同于"本人工资"。用人单位未依法缴纳和经办机构未依法收取工伤保险的过错责任和法律后果，不应当由工伤职工承担，职工应勇于拿起法律武器积极维权，工会组织也应履行依法维护职工合法权益的基本职责。

7. 1200 余名职工与某钢厂停产重整期间社会保险费争议案（《2019 年职工法律援助十大典型案例》）①

案例摘要： 本案是工会解决群体性劳动维权重大事件的典型。目前，国家正在大力推动经济高质量发展，产业升级和企业兼并重组越来越多，维护群体性职工合法权益成为企业重组过程的重要环节，也密切关系着一个地方的社会稳定。工会组织站在维护社会稳定，服务高质量发展的政治高度，积极发挥第一知情人、第一报告人等职能，向政府及时报告，与有关部门协调沟通，形成了有效维护职工权益的机制。群体性的职工权益问题具有历史性、复杂性和专业性，工会聘请专业团队、发挥专业律师作用，由专业人员提出专业的法律意见，拿出可行的解决方案和办法，积极协调当事人、

---

① 载河北省总工会，http://www.hebgh.org.cn/sjd/wqfw/flyz/202008/t20200817_350194.html，最后访问时间：2025 年 2 月 10 日。

资产管理人、人民法院，最终推动群体性职工权益问题的解决。

社会保险费用问题的形成具有政治性和法律性。部分地方为招商引资、发展地方经济等，制定的政策制度与国家社会保险制度不一致，存在"土政策"和"缴费洼地"，由此产生的问题不容忽视。部分"僵尸"企业长期存在的不规范劳动用工行为和拖欠社会保险费用等问题，天长日久积案缠身，涉及的法律问题较多，由专业人办专业事，遵循正当程序和依法解决问题的原则，是解决此类问题的正确途径。

第三十二条　加强思想政治引领，丰富职工文化生活

工会会同用人单位加强对职工的思想政治引领，教育职工以国家主人翁态度对待劳动，爱护国家和单位的财产；组织职工开展群众性的合理化建议、技术革新、劳动和技能竞赛活动，进行业余文化技术学习和职工培训，参加职业教育和文化体育活动，推进职业安全健康教育和劳动保护工作。

第三十三条　评优等管理职能

根据政府委托，工会与有关部门共同做好劳动模范和先进生产（工作）者的评选、表彰、培养和管理工作。

第三十四条　对发展计划的建议权

国家机关在组织起草或者修改直接涉及职工切身利益的法律、法规、规章时，应当听取工会意见。

县级以上各级人民政府制定国民经济和社会发展计划，对涉及职工利益的重大问题，应当听取同级工会的意见。

县级以上各级人民政府及其有关部门研究制定劳动就业、工资、劳动安全卫生、社会保险等涉及职工切身利益的政策、措施时，应当吸收同级工会参加研究，听取工会意见。

第三十五条　政府协商

> 县级以上地方各级人民政府可以召开会议或者采取适当方式，向同级工会通报政府的重要的工作部署和与工会工作有关的行政措施，研究解决工会反映的职工群众的意见和要求。
>
> 各级人民政府劳动行政部门应当会同同级工会和企业方面代表，建立劳动关系三方协商机制，共同研究解决劳动关系方面的重大问题。

● 法　律

《劳动合同法》（2012年12月28日）

第5条　县级以上人民政府劳动行政部门会同工会和企业方面代表，建立健全协调劳动关系三方机制，共同研究解决有关劳动关系的重大问题。

第73条　国务院劳动行政部门负责全国劳动合同制度实施的监督管理。

县级以上地方人民政府劳动行政部门负责本行政区域内劳动合同制度实施的监督管理。

县级以上各级人民政府劳动行政部门在劳动合同制度实施的监督管理工作中，应当听取工会、企业方面代表以及有关行业主管部门的意见。

● 案例指引

克扣产假案[①]

案例摘要：本案中，甲市某医院擅自缩短女职工产假的做法违

---

① 载中国工会法律服务平台（中国工会普法网），https://ghpf.acftu.org/fzxc/nzgqybzpf/yasf/202012/t20201231_773291.html?sdiOEtCa=qqrKGco3C9b3i8Kt6zx8K9Skk2vKQC0ySmP54j9fEvRvN3r0FVpWGeOu891UqY3hdy77jd78FYU72.C6NYMKJkfEWiyATTrDhuNcNcO_0BG_xkHgKsE4O_36gYXSyVZIWvly46PCj0MQ9QTP26bEYVnAarI，最后访问时间：2025年2月10日。

反了相关法律法规，侵害了女职工的合法权益。因此，医院应当及时依照国家法律法规和地方性法规修改相关制度规定，以保护女职工的合法权益。在本案件处理过程中，全总、省、市三级总工会主动应对，及时协调，深入实地调查了解情况，多部门联动，切实推动用人单位整改落实，发挥工会组织在维护职工权益中的作用。为杜绝同样事件再次发生，某省总工会专门下发通知，要求全省各级工会联合当地人力资源和社会保障局、卫生健康委员会等部门对侵害女职工合法权益的行为进行排查，并督促用人单位及时整改；乙市总工会也在全市下发了《关于开展女职工权益保护专项督导检查的通知》，有效地维护了女职工的休息休假权。

第四章 基层工会组织

第三十六条 企业权力机构及其工作机构

国有企业职工代表大会是企业实行民主管理的基本形式，是职工行使民主管理权力的机构，依照法律规定行使职权。

国有企业的工会委员会是职工代表大会的工作机构，负责职工代表大会的日常工作，检查、督促职工代表大会决议的执行。

● 宪 法

1. 《宪法》（2018年3月11日）

第16条 国有企业在法律规定的范围内有权自主经营。

国有企业依照法律规定，通过职工代表大会和其他形式，实行民主管理。

第17条 集体经济组织在遵守有关法律的前提下，有独立进行经济活动的自主权。

集体经济组织实行民主管理，依照法律规定选举和罢免管理人员，决定经营管理的重大问题。

● 法　律

2.《工会法》（2021年12月24日）

第6条　维护职工合法权益、竭诚服务职工群众是工会的基本职责。工会在维护全国人民总体利益的同时，代表和维护职工的合法权益。

工会通过平等协商和集体合同制度等，推动健全劳动关系协调机制，维护职工劳动权益，构建和谐劳动关系。

工会依照法律规定通过职工代表大会或者其他形式，组织职工参与本单位的民主选举、民主协商、民主决策、民主管理和民主监督。

工会建立联系广泛、服务职工的工会工作体系，密切联系职工，听取和反映职工的意见和要求，关心职工的生活，帮助职工解决困难，全心全意为职工服务。

3.《公司法》（2023年12月29日）

第17条　公司职工依照《中华人民共和国工会法》组织工会，开展工会活动，维护职工合法权益。公司应当为本公司工会提供必要的活动条件。公司工会代表职工就职工的劳动报酬、工作时间、休息休假、劳动安全卫生和保险福利等事项依法与公司签订集体合同。

公司依照宪法和有关法律的规定，建立健全以职工代表大会为基本形式的民主管理制度，通过职工代表大会或者其他形式，实行民主管理。

公司研究决定改制、解散、申请破产以及经营方面的重大问题、制定重要的规章制度时，应当听取公司工会的意见，并通过职工代表大会或者其他形式听取职工的意见和建议。

4. 《**安全生产法**》（2021 年 6 月 10 日）

第 7 条　工会依法对安全生产工作进行监督。

生产经营单位的工会依法组织职工参加本单位安全生产工作的民主管理和民主监督，维护职工在安全生产方面的合法权益。生产经营单位制定或者修改有关安全生产的规章制度，应当听取工会的意见。

● **行政法规及文件**

5. 《**使用有毒物品作业场所劳动保护条例**》（2024 年 12 月 6 日）

第 38 条　劳动者享有下列职业卫生保护权利：

（一）获得职业卫生教育、培训；

（二）获得职业健康检查、职业病诊疗、康复等职业病防治服务；

（三）了解工作场所产生或者可能产生的职业中毒危害因素、危害后果和应当采取的职业中毒危害防护措施；

（四）要求用人单位提供符合防治职业病要求的职业中毒危害防护设施和个人使用的职业中毒危害防护用品，改善工作条件；

（五）对违反职业病防治法律、法规，危及生命、健康的行为提出批评、检举和控告；

（六）拒绝违章指挥和强令进行没有职业中毒危害防护措施的作业；

（七）参与用人单位职业卫生工作的民主管理，对职业病防治工作提出意见和建议。

用人单位应当保障劳动者行使前款所列权利。禁止因劳动者依法行使正当权利而降低其工资、福利等待遇或者解除、终止与其订立的劳动合同。

● 其他规范性文件

6.《企业工会工作条例》(2006 年 12 月 11 日)

第 33 条 企业工会是职工代表大会或职工大会的工作机构,负责职工代表大会或职工大会的日常工作。

职工代表大会的代表经职工民主选举产生。职工代表大会中的一线职工代表一般不少于职工代表总数的百分之五十。女职工、少数民族职工代表应占相应比例。

第 35 条 职工代表大会或职工大会应有全体职工代表或全体职工三分之二以上参加方可召开。职工代表大会或职工大会进行选举和作出重要决议、决定,须采用无记名投票方式进行表决,经全体职工代表或全体职工过半数通过。

小型企业工会可联合建立区域或行业职工代表大会,解决本区域或行业涉及职工利益的共性问题。

公司制企业不得以股东(代表)大会取代职工(代表)大会。

第三十七条　集体企业工会职责

集体企业的工会委员会,应当支持和组织职工参加民主管理和民主监督,维护职工选举和罢免管理人员、决定经营管理的重大问题的权力。

第三十八条　工会参与民主管理

本法第三十六条、第三十七条规定以外的其他企业、事业单位的工会委员会,依照法律规定组织职工采取与企业、事业单位相适应的形式,参与企业、事业单位民主管理。

| 第三十九条　工会代表对企事业单位、社会组织决策的参与

　　企业、事业单位、社会组织研究经营管理和发展的重大问题应当听取工会的意见；召开会议讨论有关工资、福利、劳动安全卫生、工作时间、休息休假、女职工保护和社会保险等涉及职工切身利益的问题，必须有工会代表参加。

　　企业、事业单位、社会组织应当支持工会依法开展工作，工会应当支持企业、事业单位、社会组织依法行使经营管理权。

| 第四十条　职工代表的产生

　　公司的董事会、监事会中职工代表的产生，依照公司法有关规定执行。

● 法　律

《公司法》（2023年12月29日）

　　第68条　有限责任公司董事会成员为三人以上，其成员中可以有公司职工代表。职工人数三百人以上的有限责任公司，除依法设监事会并有公司职工代表的外，其董事会成员中应当有公司职工代表。董事会中的职工代表由公司职工通过职工代表大会、职工大会或者其他形式民主选举产生。

　　董事会设董事长一人，可以设副董事长。董事长、副董事长的产生办法由公司章程规定。

　　第76条　有限责任公司设监事会，本法第六十九条、第八十三条另有规定的除外。

　　监事会成员为三人以上。监事会成员应当包括股东代表和适当比例的公司职工代表，其中职工代表的比例不得低于三分之一，具体比例由公司章程规定。监事会中的职工代表由公司职工通过职工代表大会、职工大会或者其他形式民主选举产生。

监事会设主席一人，由全体监事过半数选举产生。监事会主席召集和主持监事会会议；监事会主席不能履行职务或者不履行职务的，由过半数的监事共同推举一名监事召集和主持监事会会议。

董事、高级管理人员不得兼任监事。

第 130 条 股份有限公司设监事会，本法第一百二十一条第一款、第一百三十三条另有规定的除外。

监事会成员为三人以上。监事会成员应当包括股东代表和适当比例的公司职工代表，其中职工代表的比例不得低于三分之一，具体比例由公司章程规定。监事会中的职工代表由公司职工通过职工代表大会、职工大会或者其他形式民主选举产生。

监事会设主席一人，可以设副主席。监事会主席和副主席由全体监事过半数选举产生。监事会主席召集和主持监事会会议；监事会主席不能履行职务或者不履行职务的，由监事会副主席召集和主持监事会会议；监事会副主席不能履行职务或者不履行职务的，由过半数的监事共同推举一名监事召集和主持监事会会议。

董事、高级管理人员不得兼任监事。

本法第七十七条关于有限责任公司监事任期的规定，适用于股份有限公司监事。

第 173 条 国有独资公司的董事会依照本法规定行使职权。

国有独资公司的董事会成员中，应当过半数为外部董事，并应当有公司职工代表。

董事会成员由履行出资人职责的机构委派；但是，董事会成员中的职工代表由公司职工代表大会选举产生。

董事会设董事长一人，可以设副董事长。董事长、副董事长由履行出资人职责的机构从董事会成员中指定。

第四十一条　工会活动的时间安排

基层工会委员会召开会议或者组织职工活动，应当在生产或者工作时间以外进行，需要占用生产或者工作时间的，应当事先征得企业、事业单位、社会组织的同意。

基层工会的非专职委员占用生产或者工作时间参加会议或者从事工会工作，每月不超过三个工作日，其工资照发，其他待遇不受影响。

第四十二条　工会工作人员待遇

用人单位工会委员会的专职工作人员的工资、奖励、补贴，由所在单位支付。社会保险和其他福利待遇等，享受本单位职工同等待遇。

第五章　工会的经费和财产

第四十三条　工会经费来源及使用

工会经费的来源：

（一）工会会员缴纳的会费；

（二）建立工会组织的用人单位按每月全部职工工资总额的百分之二向工会拨缴的经费；

（三）工会所属的企业、事业单位上缴的收入；

（四）人民政府的补助；

（五）其他收入。

前款第二项规定的企业、事业单位、社会组织拨缴的经费在税前列支。

工会经费主要用于为职工服务和工会活动。经费使用的具体办法由中华全国总工会制定。

● 其他规范性文件

《企业工会工作条例》（2006年12月11日）

第9条 会员大会或会员代表大会的职权：

（一）审议和批准工会委员会的工作报告。

（二）审议和批准工会委员会的经费收支情况报告和经费审查委员会的工作报告。

（三）选举工会委员会和经费审查委员会。

（四）听取工会主席、副主席的述职报告，并进行民主评议。

（五）撤换或者罢免其所选举的代表或者工会委员会组成人员。

（六）讨论决定工会工作其他重大问题。

第18条 企业工会的基本任务：

（一）执行会员大会或会员代表大会的决议和上级工会的决定。

（二）组织职工依法通过职工代表大会或职工大会和其他形式，参加企业民主管理和民主监督，检查督促职工代表大会或职工大会决议的执行。

（三）帮助和指导职工与企业签订劳动合同。就劳动报酬、工作时间、劳动定额、休息休假、劳动安全卫生、保险福利等与企业平等协商、签订集体合同，并监督集体合同的履行。调解劳动争议。

（四）组织职工开展劳动竞赛、合理化建议、技术革新、技术攻关、技术协作、发明创造、岗位练兵、技术比赛等群众性经济技术创新活动。

（五）组织培养、评选、表彰劳动模范，负责做好劳动模范的日常管理工作。

（六）对职工进行思想政治教育，组织职工学习文化、科学和业务知识，提高职工素质。办好职工文化、教育、体育事业，开展健康的文化体育活动。

（七）协助和督促企业做好劳动报酬、劳动安全卫生和保险福利等方面的工作，监督有关法律法规的贯彻执行。参与劳动安全卫生事故的调查处理。协助企业办好职工集体福利事业，做好困难职工帮扶救助工作，为职工办实事、做好事、解难事。

（八）维护女职工的特殊利益。

（九）加强组织建设，健全民主生活，做好会员会籍管理工作。

（十）收好、管好、用好工会经费，管理好工会资产和工会企（事）业。

第19条 坚持群众化、民主化，实行会务公开。凡涉及会员群众利益的重要事项，须经会员大会或会员代表大会讨论决定；工作计划、重大活动、经费收支等情况接受会员监督。

第27条 企业工会主席的职权：

（一）负责召集工会委员会会议，主持工会日常工作。

（二）参加企业涉及职工切身利益和有关生产经营重大问题的会议，反映职工的意愿和要求，提出工会的意见。

（三）以职工方首席代表的身份，代表和组织职工与企业进行平等协商、签订集体合同。

（四）代表和组织职工参与企业民主管理。

（五）代表和组织职工依法监督企业执行劳动安全卫生等法律法规，要求纠正侵犯职工和工会合法权益的行为。

（六）担任劳动争议调解委员会主任，主持企业劳动争议调解委员会的工作。

（七）向上级工会报告重要信息。

（八）负责管理工会资产和经费。

第46条 督促企业依法按每月全部职工工资总额的百分之

二向工会拨缴经费、提供工会办公和开展活动的必要设施和场所等物质条件。

第47条 工会依法设立独立银行账户，自主管理和使用工会经费、会费。工会经费、会费主要用于为职工服务和工会活动。

第四十四条　工会经费的保障

企业、事业单位、社会组织无正当理由拖延或者拒不拨缴工会经费，基层工会或者上级工会可以向当地人民法院申请支付令；拒不执行支付令的，工会可以依法申请人民法院强制执行。

● 司法解释及文件

《最高人民法院关于在民事审判工作中适用〈中华人民共和国工会法〉若干问题的解释》（2020年12月29日）

第3条 基层工会或者上级工会依照工会法第四十三条规定向人民法院申请支付令的，由被申请人所在地的基层人民法院管辖。

第4条 人民法院根据工会法第四十三条的规定受理工会提出的拨缴工会经费的支付令申请后，应当先行征询被申请人的意见。被申请人仅对应拨缴经费数额有异议的，人民法院应当就无异议部分的工会经费数额发出支付令。

人民法院在审理涉及工会经费的案件中，需要按照工会法第四十二条第一款第（二）项规定的"全部职工""工资总额"确定拨缴数额的，"全部职工""工资总额"的计算，应当按照国家有关部门规定的标准执行。

第5条 根据工会法第四十三条和民事诉讼法的有关规定，上级工会向人民法院申请支付令或者提起诉讼，要求企业、事业单位拨缴工会经费的，人民法院应当受理。基层工会要求参加诉讼的，人民法院可以准许其作为共同申请人或者共同原告参加诉讼。

第四十五条　　工会经费管理

　　工会应当根据经费独立原则，建立预算、决算和经费审查监督制度。

　　各级工会建立经费审查委员会。

　　各级工会经费收支情况应当由同级工会经费审查委员会审查，并且定期向会员大会或者会员代表大会报告，接受监督。工会会员大会或者会员代表大会有权对经费使用情况提出意见。

　　工会经费的使用应当依法接受国家的监督。

● 部门规章及文件

1.《工会会计制度》（2021年4月14日）

第一章　总　　则

　　第1条　为了规范工会会计行为，保证会计信息质量，根据《中华人民共和国会计法》（以下简称会计法）、《中华人民共和国工会法》（以下简称工会法）等法律法规，制定本制度。

　　第2条　本制度适用于各级工会，包括基层工会及县级以上（含县级，下同）工会。工会所属事业单位、工会所属企业及挂靠工会管理的社会团体，不适用本制度。

　　第3条　工会会计是核算、反映、监督工会预算执行和经济活动的专业会计。工会依法建立独立的会计核算管理体系，与工会预算管理体制相适应。

　　第4条　工会应当对其自身发生的经济业务或者事项进行会计处理和报告。

　　第5条　工会会计处理应当以工会的持续运行为前提。

　　第6条　工会会计处理应当划分会计期间，分期结算账目和编制会计报表。

　　会计期间至少分为年度和月度。会计年度、月度等会计期间的起讫日期采用公历日期。

第7条 工会会计处理应当以货币计量，以人民币作为记账本位币。

第8条 工会会计处理一般采用收付实现制，部分经济业务或者事项应当按照本制度的规定采用权责发生制。

第9条 工会会计要素包括：资产、负债、净资产、收入和支出。其平衡公式为：资产=负债+净资产。

第10条 工会会计处理应当采用借贷记账法记账。

第11条 工会会计记录的文字应当使用中文。在民族自治地方，会计记录可以同时使用当地通用的一种民族文字。

第12条 县级以上工会应当设置会计机构，配备专职会计人员。基层工会应当根据会计业务的需要设置会计机构或者在有关机构中设置会计人员并指定会计主管人员；不具备设置条件的，应当委托经批准设立从事代理记账业务的中介机构代理记账。

第13条 各级工会的法定代表人应当对本级工会的会计工作以及会计资料的真实性、完整性负责。

第14条 各级工会应当建立健全内部控制制度，并确保内部控制有效施行。县级以上工会应当组织指导和检查下级工会会计工作，负责制定有关实施细则；组织工会会计人员培训，不断提高政策、业务水平。

第15条 工会应当重视并不断推进会计信息化的应用。工会开展会计信息化工作，应当符合财政部制定的相关会计信息化工作规范和标准，确保利用现代信息技术手段进行会计处理及生成的会计信息符合会计法和本制度的规定。

第二章 一般原则

第16条 工会提供的会计信息应当符合工会管理工作的要求，满足会计信息使用者的需要，满足本级工会加强财务管理的需要。

第 17 条　工会应当以实际发生的经济业务或者事项为依据进行会计处理，如实反映工会财务状况和收支情况等信息，保证会计信息真实可靠、内容完整。

第 18 条　工会提供的会计信息应当清晰明了，便于理解和使用。

第 19 条　工会会计处理应当采用规定的会计政策，前后各期一致，不得随意变更，以确保会计信息口径一致，相互可比。

第 20 条　工会会计处理应当遵循重要性原则。对于重要的经济业务或者事项，应当单独反映。

第 21 条　工会应当对已经发生的经济业务或者事项及时进行会计处理和报告，不得提前或者延后。

第 22 条　工会应当对指定用途的资金按规定的用途专款专用，并单独反映。

第 23 条　工会在发生会计政策变更、会计估计变更和会计差错更正时，除本制度另有规定外，一般采用未来适用法进行会计处理。

会计政策，是指工会在会计核算时所遵循的特定原则、基础以及所采用的具体会计处理方法。会计估计，是指工会对结果不确定的经济业务或者事项以最近可利用的信息为基础所作的判断，如固定资产、无形资产的预计使用年限等。会计差错，是指工会在会计核算时，在确认、计量、记录、报告等方面出现的错误，通常包括计算或记录错误、应用会计政策错误、疏忽或曲解事实产生的错误、财务舞弊等。未来适用法，是指将变更后的会计政策应用于变更当期及以后各期发生的经济业务或者事项，或者在会计估计变更当期和未来期间确认会计估计变更的影响的方法。

第三章　资　　产

第 24 条　资产是工会过去的经济业务或者事项形成的，由工会控制的，预期能够产生服务潜力或者带来经济利益流入的经济资源。

服务潜力是指工会利用资产提供公共产品和服务以履行工会职能的潜在能力。

经济利益流入表现为现金及现金等价物的流入，或者现金及现金等价物流出的减少。

工会的资产包括流动资产、在建工程、固定资产、无形资产、投资和长期待摊费用等。

第25条 工会对符合本制度第二十四条规定的资产定义的经济资源，在同时满足以下条件时，应当确认为资产：

（一）与该经济资源相关的服务潜力很可能实现或者经济利益很可能流入工会；

（二）该经济资源的成本或者价值能够可靠地计量。

符合资产定义并确认的资产项目，应当列入资产负债表。

第26条 工会的资产按照国家有关规定依法确认为国有资产的，应当作为国有资产登记入账；依法确认为工会资产的，应当作为工会资产登记入账。

第27条 工会的资产在取得时应当按照实际成本计量。除国家另有规定外，工会不得自行调整其账面价值。

对于工会接受捐赠的现金资产，应当按照实际收到的金额入账。对于工会接受捐赠、无偿调入的非现金资产，其成本按照有关凭据注明的金额加上相关税费、运输费等确定；没有相关凭据，但按照规定经过资产评估的，其成本按照评估价值加上相关税费、运输费等确定；没有相关凭据、也未经过评估的，其成本比照同类或类似资产的价格加上相关税费、运输费等确定。如无法采用上述方法确定资产成本的，按照名义金额（人民币1元）入账，相关税费、运输费等计入当期支出。

工会盘盈的资产，其成本比照本条第二款确定。

第一节 流动资产

第28条 流动资产是指预计在一年内（含一年）变现或者耗用的资产。主要包括货币资金、应收款项和库存物品等。

第29条 货币资金包括库存现金、银行存款等。

货币资金应当按照实际发生额入账。工会应当设置库存现金和银行存款日记账，按照业务发生顺序逐日逐笔登记。库存现金应当做到日清月结，其账面余额应当与库存数相符；银行存款的账面余额应当与银行对账单定期核对，如有不符，应当编制银行存款余额调节表调节相符。

工会发生外币业务的，应当按照业务发生当日的即期汇率，将外币金额折算为人民币金额记账，并登记外币金额和汇率。期末，各种外币账户的期末余额，应当按照期末的即期汇率折算为人民币，作为外币账户期末人民币余额。调整后的各种外币账户人民币余额与原账面余额的差额，作为汇兑损益计入当期支出。

第30条 应收款项包括应收上级经费、应收下级经费和其他应收款等。

应收上级经费是本级工会应收未收的上级工会应拨付（或转拨）的工会拨缴经费和补助。

应收下级经费是县级以上工会应收未收的下级工会应上缴的工会拨缴经费。

其他应收款是工会除应收上下级经费以外的其他应收及暂付款项。

应收款项应当按照实际发生额入账。年末，工会应当分析各项应收款项的可收回性，对于确实不能收回的应收款项应报经批准认定后及时予以核销。

第31条 库存物品指工会取得的将在日常活动中耗用的材料、物品及达不到固定资产标准的工具、器具等。

库存物品在取得时应当按照其实际成本入账。工会购入、有偿调入的库存物品以实际支付的价款记账。工会接受捐赠、无偿调入的库存物品按照本制度第二十七条规定所确定的成本入账。

库存物品在发出（领用或出售等）时，工会应当根据实际情况在先进先出法、加权平均法、个别计价法中选择一种方法确定发出库存物品的实际成本。库存物品发出方法一经选定，不得随意变更。

工会应当定期对库存物品进行清查盘点，每年至少全面盘点一次。对于盘盈、盘亏或报废、毁损的库存物品，应当及时查明原因，报经批准认定后及时进行会计处理。

工会盘盈的库存物品应当按照确定的成本入账，报经批准后相应增加资产基金；盘亏的库存物品，应当冲减其账面余额，报经批准后相应减少资产基金。对于报废、毁损的库存物品，工会应当冲减其账面余额，报经批准后相应减少资产基金，清理中取得的变价收入扣除清理费用后的净收入（或损失）计入当期收入（或支出），按规定应当上缴财政的计入其他应付款。

第二节 固定资产

第32条 固定资产是指工会使用年限超过1年（不含1年），单位价值在规定标准以上，并在使用过程中基本保持原有物质形态的资产，一般包括：房屋及构筑物；专用设备；通用设备；文物和陈列品；图书、档案；家具、用具、装具及动植物。

通用设备单位价值在1000元以上，专用设备单位价值在1500元以上的，应当确认为固定资产。单位价值虽未达到规定标准，但是使用时间超过1年（不含1年）的大批同类物资，应当按照固定资产进行核算和管理。

第33条 固定资产在取得时应当按照其实际成本入账。

工会购入、有偿调入的固定资产，其成本包括实际支付的买价、运输费、保险费、安装费、装卸费及相关税费等。

工会自行建造的固定资产，其成本包括该项资产至交付使用前所发生的全部必要支出。

工会接受捐赠、无偿调入的固定资产，按照本制度第二十七条规定所确定的成本入账。

工会在原有固定资产基础上进行改建、扩建、大型修缮后的固定资产，其成本按照原固定资产账面价值加上改建、扩建、大型修缮发生的支出，再扣除固定资产被替换部分的账面价值后的金额确定。

已交付使用但尚未办理竣工决算手续的固定资产，工会应当按照估计价值入账，待办理竣工决算后再按照实际成本调整原来的暂估价值。

第34条 在建工程是工会已经发生必要支出，但尚未交付使用的建设项目工程。工会作为建设单位的基本建设项目应当按照本制度规定统一进行会计核算。

工会对在建工程应当按照实际发生的支出确定其工程成本，并单独核算。在建工程的工程成本应当根据以下具体情况分别确定：

（一）对于自营工程，按照直接材料、直接人工、直接机械施工费等确定其成本；

（二）对于出包工程，按照应支付的工程价款等确定其成本；

（三）对于设备安装工程，按照所安装设备的价值、工程安装费用、工程试运转等所发生的支出等确定其成本。

建设项目完工交付使用时，工会应当将在建工程成本转入固定资产等进行核算。

第35条 工会应当对固定资产计提折旧，但文物和陈列品，动植物，图书，档案，单独计价入账的土地和以名义金额计量的固定资产除外。

工会应当根据相关规定以及固定资产的性质和使用情况，合理确定固定资产的使用年限。固定资产的使用年限一经确定，不得随意变更。

工会一般应当采用年限平均法或者工作量法计提固定资产折旧，计提折旧时不考虑预计净残值。在确定固定资产折旧方法时，应当考虑与固定资产相关的服务潜力或经济利益的预期实现方式。固定资产的折旧方法一经确定，不得随意变更。

工会应当按月对固定资产计提折旧。当月增加的固定资产，当月计提折旧；当月减少的固定资产，当月不再计提折旧。固定资产提足折旧后，无论是否继续使用，均不再计提折旧；提前报废的固定资产，也不再补提折旧。

固定资产因改建、扩建或大型修缮等原因而延长其使用年限的，工会应当按照重新确定的固定资产成本以及重新确定的折旧年限计算折旧额。

工会应当对暂估入账的固定资产计提折旧，实际成本确定后不需调整原已计提的折旧额。

第36条 工会处置（出售）固定资产时，应当冲减其账面价值并相应减少资产基金，处置中取得的变价收入扣除处置费用后的净收入（或损失）计入当期收入（或支出），按规定应当上缴财政的计入其他应付款。

第37条 工会应当定期对固定资产进行清查盘点，每年至少全面盘点一次。对于盘盈、盘亏或报废、毁损的固定资产，工会应当及时查明原因，报经批准认定后及时进行会计处理。

工会盘盈的固定资产，应当按照确定的成本入账，报经批准后相应增加资产基金；盘亏的固定资产，应当冲减其账面余额，报经批准后相应减少资产基金。对于报废、毁损的固定资产，工会应当冲减其账面余额，报经批准后相应减少资产基金，清理中取得的变价收入扣除清理费用后的净收入（或损失）计入当期收入（或支出），按规定应当上缴财政的计入其他应付款。

第三节　无形资产

第 38 条　无形资产是指工会控制的没有实物形态的可辨认非货币性资产，包括专利权、商标权、著作权、土地使用权、非专利技术等。工会购入的不构成相关硬件不可缺少组成部分的应用软件，应当确认为无形资产。

第 39 条　无形资产在取得时应当按照其实际成本入账。

工会外购的无形资产，其成本包括购买价款、相关税费以及可归属于该项资产达到预定用途前所发生的其他支出。工会委托软件公司开发的软件，视同外购无形资产确定其成本。

工会接受捐赠、无偿调入的无形资产，按照本制度第二十七条规定所确定的成本入账。

对于非大批量购入、单价小于 1000 元的无形资产，工会可以于购买的当期将其成本直接计入支出。

第 40 条　工会应当按月对无形资产进行摊销，使用年限不确定的、以名义金额计量的无形资产除外。

工会应当按照以下原则确定无形资产的摊销年限：法律规定了有效年限的，按照法律规定的有效年限作为摊销年限；法律没有规定有效年限的，按照相关合同中的受益年限作为摊销年限；上述两种方法无法确定有效年限的，应当根据无形资产为工会带来服务潜力或者经济利益的实际情况，预计其使用年限。

工会应当采用年限平均法或工作量法对无形资产进行摊销，应摊销金额为其成本，不考虑预计净残值。

工会应当按月进行摊销。当月增加的无形资产，当月进行摊销；当月减少的无形资产，当月不再进行摊销。无形资产提足摊销后，无论是否继续使用，均不再进行摊销；核销的无形资产，也不再补提摊销。

因发生后续支出而增加无形资产成本的，对于使用年限有限的无形资产，工会应当按照重新确定的无形资产成本以及重新确定的摊销年限计算摊销额。

第41条 工会处置（出售）无形资产时，应当冲减其账面价值并相应减少资产基金，处置中取得的变价收入扣除处置费用后的净收入（或损失）计入当期收入（或支出），按规定应当上缴财政的计入其他应付款。

第42条 工会应当定期对无形资产进行清查盘点，每年至少全面盘点一次。工会在资产清查盘点过程中发现的无形资产盘盈、盘亏等，参照本制度固定资产相关规定进行处理。

第四节 其他资产

第43条 投资是指工会按照国家有关法律、行政法规和工会的相关规定，以货币资金、实物资产等方式向其他单位的投资。投资按其流动性分为短期投资和长期投资；按其性质分为股权投资和债权投资。

投资在取得时应当按照其实际成本入账。工会以货币资金方式对外投资的，以实际支付的款项（包括购买价款以及税金、手续费等相关税费）作为投资成本记账。工会以实物资产和无形资产方式对外投资的，以评估确认或合同、协议确定的价值记账。

对于投资期内取得的利息、利润、红利等各项投资收益，工会应当计入当期投资收益。

工会处置（出售）投资时，实际取得价款与投资账面余额的差额，应当计入当期投资收益。

对于因被投资单位破产、被撤销、注销、吊销营业执照或者被政府责令关闭等情况造成难以收回的未处置不良投资，工会应当在报经批准后及时核销。

第44条 长期待摊费用是工会已经支出，但应由本期和以后各期负担的分摊期限在1年以上（不含1年）的各项支出，如对以经营租赁方式租入的固定资产发生的改良支出等。

长期待摊费用应当在对应资产的受益年限内平均摊销。如果某项长期待摊费用已经不能使工会受益，应当将其摊余金额一次性转销。

第四章 负　　债

第45条　负债是指工会过去的经济业务或者事项形成的，预期会导致经济资源流出的现时义务。

现时义务是指工会在现行条件下已承担的义务。未来发生的经济业务或者事项形成的义务不属于现时义务，不应当确认为负债。

工会的负债包括应付职工薪酬、应付款项等。

第46条　工会对于符合本制度第四十五条规定的现时义务，在同时满足以下条件时，应当确认为负债：

（一）履行该义务很可能导致含有服务潜力或者经济利益的经济资源流出工会；

（二）该义务的金额能够可靠计量。

符合负债定义并确认的负债项目，应当列入资产负债表。

第47条　应付职工薪酬是工会按照国家有关规定应付给本单位职工及为职工支付的各种薪酬，包括基本工资、国家统一规定的津贴补贴、规范津贴补贴（绩效工资）、改革性补贴、社会保险费（如职工基本养老保险费、职业年金、基本医疗保险费等）和住房公积金等。

第48条　应付款项包括应付上级经费、应付下级经费和其他应付款。

应付上级经费指本级工会按规定应上缴上级工会的工会拨缴经费。

应付下级经费指本级工会应付下级工会的各项补助以及应转拨下级工会的工会拨缴经费。

其他应付款指除应付上下级经费之外的其他应付及暂存款项，包括工会按规定收取的下级工会筹建单位交来的建会筹备金等。

第 49 条 工会的各项负债应当按照实际发生额入账。

第五章 净资产

第 50 条 净资产是指工会的资产减去负债后的余额，包括资产基金、专用基金、工会资金结转、工会资金结余、财政拨款结转、财政拨款结余和预算稳定调节基金。

第 51 条 资产基金指工会库存物品、固定资产、在建工程、无形资产、投资和长期待摊费用等非货币性资产在净资产中占用的金额。

资产基金应当在取得库存物品、固定资产、在建工程、无形资产、投资及发生长期待摊费用时确认。资产基金应当按照实际发生额入账。

第 52 条 专用基金指县级以上工会按规定依法提取和使用的有专门用途的基金。

工会提取专用基金时，应当按照实际提取金额计入当期支出；使用专用基金时，应当按照实际支出金额冲减专用基金余额；专用基金未使用的余额，可以滚存下一年度使用。

第 53 条 工会资金结转是指工会预算安排项目的支出年终尚未执行完毕或者因故未执行，且下年需要按原用途继续使用的工会资金。

工会资金结余是指工会年度预算执行终了，预算收入实际完成数扣除预算支出和工会结转资金后剩余的工会资金。

第 54 条 财政拨款结转是指县级以上工会预算安排项目的支出年终尚未执行完毕或者因故未执行，且下年需要按原用途继续使用的财政拨款资金。

财政拨款结余是指县级以上工会年度预算执行终了，预算收入实际完成数扣除预算支出和财政拨款结转资金后剩余的财政拨款资金。

第55条　预算稳定调节基金是县级以上工会为平衡年度预算按规定设置的储备性资金。

第六章　收　　入

第56条　收入是指工会根据工会法以及有关政策规定开展业务活动所取得的非偿还性资金。收入按照来源分为会费收入、拨缴经费收入、上级补助收入、政府补助收入、行政补助收入、附属单位上缴收入、投资收益和其他收入。

会费收入指工会会员依照规定向基层工会缴纳的会费。

拨缴经费收入指基层单位行政拨缴、下级工会按规定上缴及上级工会按规定转拨的工会拨缴经费中归属于本级工会的经费。

上级补助收入指本级工会收到的上级工会补助的款项，包括一般性转移支付补助和专项转移支付补助。

政府补助收入指各级人民政府按照工会法和国家有关规定给予县级以上工会的补助款项。

行政补助收入指基层工会取得的所在单位行政方面按照工会法和国家有关规定给予工会的补助款项。

附属单位上缴收入指工会所属的企事业单位按规定上缴的收入。

投资收益指工会对外投资发生的损益。

其他收入指工会除会费收入、拨缴经费收入、上级补助收入、政府补助收入、行政补助收入、附属单位上缴收入和投资收益之外的各项收入。

第57条　工会各项收入应当按照实际发生额入账。

第七章　支　　出

第58条　支出是指工会为开展各项工作和活动所发生的各项资金耗费和损失。支出按照功能分为职工活动支出、职工活动组织支出、职工服务支出、维权支出、业务支出、行政支出、资本性支出、补助下级支出、对附属单位的支出和其他支出。

职工活动支出指基层工会开展职工教育活动、文体活动、宣传活动、劳模疗休养活动、会员活动等发生的支出。

职工活动组织支出指县级以上工会组织开展职工教育活动、文体活动、宣传活动和劳模疗休养活动等发生的支出。

职工服务支出指工会开展职工劳动和技能竞赛活动、职工创新活动、建家活动、职工书屋、职工互助保障、心理咨询等工作发生的支出。

维权支出指工会用于维护职工权益的支出，包括劳动关系协调、劳动保护、法律援助、困难职工帮扶、送温暖和其他维权支出。

业务支出指工会培训工会干部、加强自身建设及开展业务工作发生的各项支出。

行政支出指县级以上工会为行政管理、后勤保障等发生的各项日常支出。

资本性支出指工会从事建设工程、设备工具购置、大型修缮和信息网络购建等而发生的实际支出。

补助下级支出指县级以上工会为解决下级工会经费不足或根据有关规定给予下级工会的各类补助款项。

对附属单位的支出指工会按规定对所属企事业单位的补助。

其他支出指工会除职工活动支出、职工活动组织支出、职工服务支出、维权支出、业务支出、行政支出、资本性支出、补助下级支出和对附属单位的支出以外的各项支出。

第59条　工会各项支出应当按照实际发生额入账。

第八章　财务报表

第60条　工会财务报表是反映各级工会财务状况、业务活动和预算执行结果的书面文件。工会财务报表是各级工会领导、上级工会及其他财务报表使用者了解情况、掌握政策、指导工作的重要资料。

第61条　工会财务报表包括会计报表和附注。会计报表分为主表和附表，主表包括资产负债表和收入支出表，附表包括财政拨款收入支出表、国有资产情况表和成本费用表。

资产负债表，是反映工会某一会计期末全部资产、负债和净资产情况的报表。

收入支出表，是反映工会某一会计期间全部收入、支出及结转结余情况的报表。

财政拨款收入支出表，是反映县级以上工会某一会计期间从同级政府财政部门取得的财政拨款收入、支出及结转结余情况的报表。

国有资产情况表，是反映县级以上工会某一会计期间持有的国有资产情况的报表。

成本费用表，是反映县级以上工会某一会计期间成本费用情况的报表。

附注是对在资产负债表、收入支出表等报表中列示项目所作的进一步说明，以及未能在这些报表中列示项目的说明。

第62条　工会财务报表分为年度财务报表和中期财务报表。以短于一个完整的会计年度的期间（如半年度、季度和月度）编制的财务报表称为中期财务报表。年度财务报表是以整个会计年度为基础编制的财务报表。

第63条　工会要负责对所属单位财务报表和下级工会报送的年度财务报表进行审核、核批和汇总工作，定期向本级工会领导和上级工会报告本级工会预算执行情况。

第64条　工会财务报表要根据登记完整、核对无误的账簿记录和其他有关资料编制，做到数字准确、内容完整、报送及时。工会财务报表应当由各级工会的法定代表人和主管会计工作的负责人、会计机构负责人（会计主管人员）签名并盖章。

第九章 附 则

第65条 工会填制会计凭证、登记会计账簿、管理会计档案等，应当按照《会计基础工作规范》、《会计档案管理办法》等规定执行。

第66条 本制度从2022年1月1日起实施。2009年5月31日财政部印发的《工会会计制度》（财会〔2009〕7号）同时废止。

附录1：工会会计科目和财务报表（略）
附录2：工会固定资产折旧年限表（略）

● **其他规范性文件**

2.《企业工会工作条例》（2006年12月11日）

第48条 督促企业按国家有关规定支付工会会同企业开展的职工教育培训、劳动保护、劳动竞赛、技术创新、职工疗休养、困难职工补助、企业文化建设等工作所需费用。

第49条 工会经费审查委员会代表会员群众对工会经费收支和财产管理进行审查监督。

建立经费预算、决算和经费审查监督制度，经费收支情况接受同级工会经费审查委员会审查，接受上级工会审计，并定期向会员大会或会员代表大会报告。

第50条 企业工会经费、财产和企业拨给工会使用的不动产受法律保护，任何单位和个人不得侵占、挪用和任意调拨。

企业工会组织合并，其经费财产归合并后的工会所有；工会组织撤销或解散，其经费财产由上级工会处置。

3.《基层工会经费收支管理办法》（2017年12月15日）

第一章 总 则

第1条 为加强基层工会收支管理，规范基层工会经费使用，根据《中华人民共和国工会法》和《中国工会章程》《工会会计制度》《工会预算管理办法》的有关规定，结合中华全国总工会（以下简称"全国总工会"）贯彻落实中央有关规定的相关要求，制定本办法。

第2条　本办法适用于企业、事业单位、机关和其他经济社会组织单独或联合建立的基层工会委员会。

第3条　基层工会经费收支管理应遵循以下原则：

（一）遵纪守法原则。基层工会应依据《中华人民共和国工会法》的有关规定，依法组织各项收入，严格遵守国家法律法规，严格执行全国总工会有关制度规定，严肃财经纪律，严格工会经费使用，加强工会经费收支管理。

（二）经费独立原则。基层工会应依据全国总工会关于工会法人登记管理的有关规定取得工会法人资格，依法享有民事权利、承担民事义务，并根据财政部、中国人民银行的有关规定，设立工会经费银行账户，实行工会经费独立核算。

（三）预算管理原则。基层工会应按照《工会预算管理办法》的要求，将单位各项收支全部纳入预算管理。基层工会经费年度收支预算（含调整预算）需经同级工会委员会和工会经费审查委员会审查同意，并报上级主管工会批准。

（四）服务职工原则。基层工会应坚持工会经费正确的使用方向，优化工会经费支出结构，严格控制一般性支出，将更多的工会经费用于为职工服务和开展工会活动，维护职工的合法权益，增强工会组织服务职工的能力。

（五）勤俭节约原则。基层工会应按照党中央、国务院关于厉行勤俭节约反对奢侈浪费的有关规定，严格控制工会经费开支范围和开支标准，经费使用要精打细算，少花钱多办事，节约开支，提高工会经费使用效益。

（六）民主管理原则。基层工会应依靠会员管好用好工会经费。年度工会经费收支情况应定期向会员大会或会员代表大会报告，建立经费收支信息公开制度，主动接受会员监督。同时，接受上级工会监督，依法接受国家审计监督。

第二章　工会经费收入

第4条　基层工会经费收入范围包括：

（一）会费收入。会费收入是指工会会员依照全国总工会规定按本人工资收入的5‰向所在基层工会缴纳的会费。

（二）拨缴经费收入。拨缴经费收入是指建立工会组织的单位按全部职工工资总额2%依法向工会拨缴的经费中的留成部分。

（三）上级工会补助收入。上级工会补助收入是指基层工会收到的上级工会拨付的各类补助款项。

（四）行政补助收入。行政补助收入是指基层工会所在单位依法对工会组织给予的各项经费补助。

（五）事业收入。事业收入是指基层工会独立核算的所属事业单位上缴的收入和非独立核算的附属事业单位的各项事业收入。

（六）投资收益。投资收益是指基层工会依据相关规定对外投资取得的收益。

（七）其他收入。其他收入是指基层工会取得的资产盘盈、固定资产处置净收入、接受捐赠收入和利息收入等。

第5条　基层工会应加强对各项经费收入的管理。要按照会员工资收入和规定的比例，按时收取全部会员应交的会费。要严格按照国家统计局公布的职工工资总额口径和所在省级工会规定的分成比例，及时足额拨缴工会经费；实行财政划拨或委托税务代收部分工会经费的基层工会，应加强与本单位党政部门的沟通，依法足额落实基层工会按照省级工会确定的留成比例应当留成的经费。要统筹安排行政补助收入，按照预算确定的用途开支，不得将与工会无关的经费以行政补助名义纳入账户管理。

第三章　工会经费支出

第6条　基层工会经费主要用于为职工服务和开展工会活动。

第7条　基层工会经费支出范围包括：职工活动支出、维权支出、业务支出、资本性支出、事业支出和其他支出。

第8条　职工活动支出是指基层工会组织开展职工教育、文体、宣传等活动所发生的支出和工会组织的职工集体福利支出。包括：

（一）职工教育支出。用于基层工会举办政治、法律、科技、业务等专题培训和职工技能培训所需的教材资料、教学用品、场地租金等方面的支出，用于支付职工教育活动聘请授课人员的酬金，用于基层工会组织的职工素质提升补助和职工教育培训优秀学员的奖励。对优秀学员的奖励应以精神鼓励为主、物质激励为辅。授课人员酬金标准参照国家有关规定执行。

（二）文体活动支出。用于基层工会开展或参加上级工会组织的职工业余文体活动所需器材、服装、用品等购置、租赁与维修方面的支出以及活动场地、交通工具的租金支出等，用于文体活动优胜者的奖励支出，用于文体活动中必要的伙食补助费。

文体活动奖励应以精神鼓励为主、物质激励为辅。奖励范围不得超过参与人数的三分之二；不设置奖项的，可为参加人员发放少量纪念品。

文体活动中开支的伙食补助费，不得超过当地差旅费中的伙食补助标准。

基层工会可以用会员会费组织会员观看电影、文艺演出和体育比赛等，开展春游秋游，为会员购买当地公园年票。会费不足部分可以用工会经费弥补，弥补部分不超过基层工会当年会费收入的三倍。

基层工会组织会员春游秋游应当日往返，不得到有关部门明令禁止的风景名胜区开展春游秋游活动。

（三）宣传活动支出。用于基层工会开展重点工作、重大主题和重大节日宣传活动所需的材料消耗、场地租金、购买服务等方面的支出，用于培育和践行社会主义核心价值观、弘扬劳模精神和工匠精神等经常性宣传活动方面的支出，用于基层工会开展或参加上级工会举办的知识竞赛、宣讲、演讲比赛、展览等宣传活动支出。

（四）职工集体福利支出。用于基层工会逢年过节和会员生日、婚丧嫁娶、退休离岗的慰问支出等。

基层工会逢年过节可以向全体会员发放节日慰问品。逢年过节的年节是指国家规定的法定节日（即：新年、春节、清明节、劳动节、端午节、中秋节和国庆节）和经自治区以上人民政府批准设立的少数民族节日。节日慰问品原则上为符合中国传统节日习惯的用品和职工群众必需的生活用品等，基层工会可结合实际采取便捷灵活的发放方式。

工会会员生日慰问可以发放生日蛋糕等实物慰问品，也可以发放指定蛋糕店的蛋糕券。

工会会员结婚生育时，可以给予一定金额的慰问品。工会会员生病住院、工会会员或其直系亲属去世时，可以给予一定金额的慰问金。

工会会员退休离岗，可以发放一定金额的纪念品。

（五）其他活动支出。用于工会组织开展的劳动模范和先进职工疗休养补贴等其他活动支出。

第9条　维权支出是指基层工会用于维护职工权益的支出。包括：劳动关系协调费、劳动保护费、法律援助费、困难职工帮扶费、送温暖费和其他维权支出。

（一）劳动关系协调费。用于推进创建劳动关系和谐企业活动、加强劳动争议调解和队伍建设、开展劳动合同咨询活动、集体合同示范文本印制与推广等方面的支出。

（二）劳动保护费。用于基层工会开展群众性安全生产和职业病防治活动、加强群监员队伍建设、开展职工心理健康维护等促进安全健康生产、保护职工生命安全为宗旨开展职工劳动保护发生的支出等。

（三）法律援助费。用于基层工会向职工群众开展法治宣传、提供法律咨询、法律服务等发生的支出。

（四）困难职工帮扶费。用于基层工会对困难职工提供资金和物质帮助等发生的支出。

工会会员本人及家庭因大病、意外事故、子女就学等原因致困时，基层工会可给予一定金额的慰问。

（五）送温暖费。用于基层工会开展春送岗位、夏送清凉、金秋助学和冬送温暖等活动发生的支出。

（六）其他维权支出。用于基层工会补助职工和会员参加互助互济保障活动等其他方面的维权支出。

第10条　业务支出是指基层工会培训工会干部、加强自身建设以及开展业务工作发生的各项支出。包括：

（一）培训费。用于基层工会开展工会干部和积极分子培训发生的支出。开支范围和标准以有关部门制定的培训费管理办法为准。

（二）会议费。用于基层工会会员大会或会员代表大会、委员会、常委会、经费审查委员会以及其他专业工作会议的各项支出。开支范围和标准以有关部门制定的会议费管理办法为准。

（三）专项业务费。用于基层工会开展基层工会组织建设、建家活动、劳模和工匠人才创新工作室、职工创新工作室等创建活动发生的支出，用于基层工会开办的图书馆、阅览室和职工书屋等职工文体活动阵地所发生的支出，用于基层工会开展专题调研所发生的支出，用于基层工会开展女职工工作性支出，用于基层工会开展外事活动方面的支出，用于基层工会组织开展合理化建议、技术革新、发明创造、岗位练兵、技术比武、技术培训等劳动和技能竞赛活动支出及其奖励支出。

（四）其他业务支出。用于基层工会发放兼职工会干部和专职社会化工会工作者补贴，用于经上级批准评选表彰的优秀工会干部和积极分子的奖励支出，用于基层工会必要的办公费、差旅费，用于基层工会支付代理记账、中介机构审计等购买服务方面的支出。

基层工会兼职工会干部和专职社会化工会工作者发放补贴的管理办法由省级工会制定。

第11条 资本性支出是指基层工会从事工会建设工程、设备工具购置、大型修缮和信息网络购建而发生的支出。

第12条 事业支出是指基层工会对独立核算的附属事业单位的补助和非独立核算的附属事业单位的各项支出。

第13条 其他支出是指基层工会除上述支出以外的其他各项支出。包括：资产盘亏、固定资产处置净损失、捐赠、赞助等。

第14条 根据《中华人民共和国工会法》的有关规定，基层工会专职工作人员的工资、奖励、补贴由所在单位承担，基层工会办公和开展活动必要的设施和活动场所等物质条件由所在单位提供。所在单位保障不足且基层工会经费预算足以保证的前提下，可以用工会经费适当弥补。

第四章 财务管理

第15条 基层工会主席对基层工会会计工作和会计资料的真实性、完整性负责。

第16条 基层工会应根据国家和全国总工会的有关政策规定以及上级工会的要求，制定年度工会工作计划，依法、真实、完整、合理地编制工会经费年度预算，依法履行必要程序后报上级工会批准。严禁无预算、超预算使用工会经费。年度预算原则上一年调整一次，调整预算的编制审批程序与预算编制审批程序一致。

第17条　基层工会应根据批准的年度预算，积极组织各项收入，合理安排各项支出，并严格按照《工会会计制度》的要求，科学设立和登记会计账簿，准确办理经费收支核算，定期向工会委员会和经费审查委员会报告预算执行情况。基层工会经费年度财务决算需报上级工会审批。

第18条　基层工会应加强财务管理制度建设，健全完善财务报销、资产管理、资金使用等内部管理制度。基层工会应依法组织工会经费收入，严格控制工会经费支出，各项收支实行工会委员会集体领导下的主席负责制，重大收支须集体研究决定。

第19条　基层工会应根据自身实际科学设置会计机构、合理配备会计人员，真实、完整、准确、及时反映工会经费收支情况和财务管理状况。具备条件的基层工会，应当设置会计机构或在有关机构中设置专职会计人员；不具备条件的，由设立工会财务结算中心的乡镇（街道）、开发区（工业园区）工会实行集中核算，分户管理，或者委托本单位财务部门或经批准设立从事会计代理记账业务的中介机构或聘请兼职会计人员代理记账。

第五章　监督检查

第20条　全国总工会负责对全国工会系统工会经费的收入、支出和使用管理情况进行监督检查。按照"统一领导、分级管理"的管理体制，省以下各级工会应加强对本级和下一级工会经费收支与使用管理情况的监督检查，下一级工会应定期向本级工会委员会和上一级工会报告财务监督检查情况。

第21条　基层工会应加强对本单位工会经费使用情况的内部会计监督和工会预算执行情况的审查审计监督，依法接受并主动配合国家审计监督。内部会计监督主要对原始凭证的真实性合法性、会计账簿与财务报告的准确性及时性、财产物资的安全性完整性进行监督，以维护财经纪律的严肃性。审查审计监督主要对单位财务收支情况和预算执行情况进行审查监督。

第22条　基层工会应严格执行以下规定：

（一）不准使用工会经费请客送礼。

（二）不准违反工会经费使用规定，滥发奖金、津贴、补贴。

（三）不准使用工会经费从事高消费性娱乐和健身活动。

（四）不准单位行政利用工会账户，违规设立"小金库"。

（五）不准将工会账户并入单位行政账户，使工会经费开支失去控制。

（六）不准截留、挪用工会经费。

（七）不准用工会经费参与非法集资活动，或为非法集资活动提供经济担保。

（八）不准用工会经费报销与工会活动无关的费用。

第23条　各级工会对监督检查中发现违反基层工会经费收支管理办法的问题，要及时纠正。违规问题情节较轻的，要限期整改；涉及违纪的，由纪检监察部门依照有关规定，追究直接责任人和相关领导责任；构成犯罪的，依法移交司法机关处理。

第六章　附　　则

第24条　各省级工会应根据本办法的规定，结合本地区、本产业和本系统工作实际，制定具体实施细则，细化支出范围，明确开支标准，确定审批权限，规范活动开展。各省级工会制定的实施细则须报全国总工会备案。基层工会制定的相关办法须报上级工会备案。

第25条　本办法自印发之日起执行。《中华全国总工会办公厅关于加强基层工会经费收支管理的通知》（总工办发〔2014〕23号）和《全总财务部关于〈关于加强基层工会经费收支管理的通知〉的补充通知》（工财发〔2014〕69号）同时废止。

第 26 条　基层工会预算编制审批管理办法由全国总工会另行制定。

第 27 条　本办法由全国总工会负责解释。

4.《工会预算管理办法》(2019 年 12 月 31 日)

第一章　总　　则

第 1 条　为了规范各级工会收支行为，强化预算约束，加强对预算的管理和监督，建立全面规范透明、标准科学、约束有力的预算制度，保障工运事业的健康发展和工会职能的有效发挥，根据《中华人民共和国工会法》《中华人民共和国预算法》等法律法规，制定本办法。

第 2 条　工会预算是各级工会组织及所属事业单位按照一定程序核定的年度收支计划。

第 3 条　预算、决算的编制、审查、批准、监督，以及预算的执行和调整，依照本办法规定执行。

第 4 条　工会系统实行一级工会一级预算，预算管理实行下管一级的原则。

工会预算一般分为五级，即：全国总工会、省级工会、市级工会、县级工会和基层工会。省级工会可根据乡镇（街道）工会、开发区（工业园区）工会发展的实际，确定省级以下工会的预算管理级次，并报全国总工会备案。

经全国总工会批准，中华全国铁路总工会、中国民航工会全国委员会、中国金融工会全国委员会依法独立管理经费，根据各自管理体制，确定所属下级工会的预算管理级次，并报全国总工会备案。

第 5 条　全国工会预算由全国总工会总预算和省级工会总预算组成。

全国总工会总预算由全国总工会本级预算和与全国总工会建立经费拨缴关系的企业工会汇总预算组成。

省级工会总预算由省（自治区、直辖市）总工会、中央和国家机关工会联合会、中华全国铁路总工会、中国民航工会全国委员会、中国金融工会全国委员会本级预算和汇总的下一级工会总预算组成。下一级工会只有本级预算的，下一级工会总预算即指下一级工会的本级预算。

本级预算是指各级工会本级次范围内所有收支预算，包括本级所属单位的单位预算和本级工会的转移支付预算。

单位预算是指本级工会机关、所属事业单位的预算。

转移支付预算是指本级工会对下级工会的补助预算。

第 6 条　拨缴的工会经费实行分成制。

第 7 条　工会预算应当遵循统筹兼顾、勤俭节约、量力而行、讲求绩效和收支平衡的原则。

第 8 条　各级工会的预算收入和预算支出实行收付实现制，特定事项按照相关规定实行权责发生制。

第 9 条　预算年度自公历 1 月 1 日起，至 12 月 31 日止。

第 10 条　预算收入和预算支出以人民币元为计算单位。

第二章　预算管理职权

第 11 条　各级工会、各预算单位财务管理部门是预算归口管理的职能部门。

第 12 条　全国总工会财务管理部门的职权：

（一）具体负责汇总编制全国工会预算；

（二）具体负责编制全国总工会本级预（决）算草案，报全总领导同志签批后，经中华全国总工会经费审查委员会审查，提交全总党组会议审议；

（三）具体负责编制全国总工会本级预算调整方案，经中华全国总工会经费审查委员会履行审查程序后，提交全总党组会议审议；

（四）批复全国总工会本级预算单位预（决）算，对省级工会的预（决）算和预算调整方案实行备案管理；

（五）提出全国总工会本级预算预备费动用方案，提交全总党组会议审议；

（六）具体负责汇总编制全国工会决算；

（七）定期向中华全国总工会经费审查委员会或其常委会报告全国总工会本级预算执行情况。

第13条　省级工会的职权：

（一）汇总编制省级工会总预算，报全国总工会备案；

（二）编制省级工会本级预（决）算草案，经必要程序审查、审议通过后报全国总工会备案；

（三）编制省级工会本级预算调整方案，经必要程序审查、审议通过后报全国总工会备案；

（四）批复省级工会本级预算单位的预（决）算，对下一级工会的本级预（决）算和预算调整方案实行审批或备案管理；

（五）决定本级预备费的动用；

（六）汇总本级及以下各级工会决算，报全国总工会。

第14条　市级工会的职权：

（一）汇总编制市级工会总预算，报省级工会备案；

（二）编制市级工会本级预（决）算草案，经必要程序审查、审议通过后报省级工会审批或备案；

（三）编制市级工会本级预算调整方案，经必要程序审查、审议通过后报省级工会审批或备案；

（四）审批市级工会本级预算单位的预（决）算，对县级工会的本级预（决）算和预算调整方案实行审批或备案管理；

（五）决定本级预备费的动用；

（六）汇总本级及以下各级工会决算，报省级工会。

第15条　县级工会的职权：

（一）汇总编制县级工会总预算，报市级工会备案；

（二）编制县级工会本级预（决）算草案，经必要程序审查、审议通过后报市级工会审批或备案；

（三）编制县级工会本级预算调整方案，经必要程序审查、审议通过后报市级工会审批或备案；

（四）审批县级工会本级预算单位的预（决）算，对下一级工会的本级预（决）算和预算调整方案实行审批或备案管理；

（五）决定本级预备费的动用；

（六）汇总本级及以下各级工会决算，报市级工会。

第16条 乡镇（街道）工会、开发区（工业园区）工会预算管理职权由省级工会确定。

第17条 基层工会的职责：

（一）负责编制本级工会预（决）算草案和预算调整方案，经本级经费审查委员会审查后，由本级工会委员会审批，报上级工会备案；

（二）组织本级预算的执行；

（三）定期向本级工会经费审查委员会报告本级工会预算执行情况；

（四）批复本级所属预算单位的预（决）算；

（五）编制本级工会决算，报上级工会。

第三章 预算收支范围

第18条 预算由预算收入和预算支出组成。工会及所属预算单位的全部收入和支出都应当纳入预算。

第19条 县级以上工会预算收入包括：拨缴经费收入、上级补助收入、政府补助收入、附属单位上缴收入、投资收益、其他收入。

基层工会预算收入包括：会费收入、拨缴经费收入、上级补助收入、行政补助收入、附属单位上缴收入、投资收益、其他收入。

第20条　工会所属事业单位预算收入包括：财政拨款收入、事业收入、上级补助收入、附属单位上缴收入、经营收入、债务收入、非同级财政拨款收入、投资收益、其他收入。

第21条　县级以上工会预算支出包括：职工活动组织支出、职工服务支出、维权支出、业务支出、行政支出、资本性支出、补助下级支出、对附属单位的支出、其他支出。

基层工会预算支出包括：职工活动支出、职工服务支出、维权支出、业务支出、资本性支出、对附属单位的支出、其他支出。

第22条　工会所属事业单位的预算支出包括：行政支出、事业支出、经营支出、上缴上级支出、对附属单位补助支出、投资支出、债务还本支出、其他支出。

第四章　预算编制与审批

第23条　根据国家财政预算管理要求和工会预算管理实际，全国总工会及时印发下一年度预算草案编制的通知。省、市、县级工会应根据全国总工会预算编制的有关要求，结合实际情况进行部署，编制本级预算，汇总下一级工会总预算，按规定时限报上一级工会。

第24条　各级工会、各预算单位应当围绕党和国家工作大局，紧扣工会中心工作，参照国务院财政部门制定的政府收支分类科目、预算支出标准和预算绩效管理的规定，根据跨年度预算平衡的原则，参考上一年预算执行情况、存量资产情况和有关支出绩效评价结果，编制预算草案。

前款所称政府收支分类科目，收入分为类、款、项、目；支出按其功能分类分为类、款、项，按其经济性质分类为类、款。

第25条　各级工会、各预算单位应当按照本办法规定的收支范围，依法、真实、完整、合理地编制年度收支预算。

第26条　根据《中华人民共和国工会法》等法律法规的规

定，各级工会办公场所和工会活动设施等物质条件应由各级人民政府和单位行政提供。各级工会应积极争取同级政府或行政支持，将政府或行政补助纳入预算管理。在政府或行政补助不足的情况下，可以动用经费弥补不足，上级工会也可根据情况给予适当补助。

第27条 县级以上工会可根据所属事业单位分类情况，结合同级财政保障程度，对所属事业单位实行定额补助或定项补助。

第28条 各级工会支出预算的编制，应当贯彻勤俭节约的原则，优化经费支出结构，保障日常运行经费，从严控制"三公"经费和一般行政性支出，重点支持维护职工权益、为职工服务和工会活动等工会中心工作。

第29条 支出预算的编制按基本支出、项目支出进行分类。基本支出是预算单位为保障其正常运转、完成日常工作任务而编制的年度基本支出计划，按其性质分为人员经费和日常公用经费。基本支出之外为完成特定任务和事业发展目标所发生的支出为项目支出。

第30条 县级以上工会的基本支出预算，应参照同级政府有关部门的有关规定、制度、费用标准以及核定的人员编制编列，当年未执行完毕的基本支出预算可在下年继续使用。

基层工会在单位行政不能足额保障的情况下，可根据需要从严编制基本支出预算。

第31条 各级工会上一年度未全部执行或未执行、下年需按原用途继续使用的项目资金，作为项目结转资金，纳入下一年度预算管理，用于结转项目的支出。

第32条 各级工会当年预算收入不足以安排当年预算支出的，可以动用以前年度结余资金弥补不足。各级工会一般不得对外举债，县级以上工会由于特殊原因确需向金融机构申请借款的，必须经过党组会议集体研究决定。

结转结余资金使用管理办法由全国总工会另行制定。

第33条 上级工会对下级工会的转移支付分为一般性转移支付和专项转移支付。

一般性转移支付是上级工会给下级工会未指定用途的补助，应当根据全国总工会的有关规定，结合下级工会的财力状况和工作需要编制。

专项转移支付是上级工会给下级工会用于专项工作的补助，应当根据工作需要，分项目编制。

县级以上工会应当将对下级工会的转移支付预计数提前下达下级工会。各级工会应当将上级工会提前下达的转移支付预计数编入本级预算。

第34条 县级以上工会应根据实际情况建立本级预算项目库。

第35条 县级以上工会应根据基本建设类项目立项批复确定的资金渠道编制年度支出预算。

第36条 各级工会、各预算单位编制预算时，应根据政府采购和工会资金采购的相关规定，编制年度采购预算。

第37条 县级以上工会可以按照本级预算支出额的百分之一至百分之三设置预备费，用于当年预算执行中因处理突发事件、政策性增支及其他难以预见的开支。

第38条 县级以上工会可以设置预算稳定调节基金，用于弥补以后年度预算资金的不足。

第39条 省级（含）以下总工会预算必须由党组集体审议决定，同级经费审查委员会履行相应审查职责，其他审查、审议的必要程序由各级工会确定。

第40条 上一级工会认为下一级工会预算与法律法规、上级工会预算编制要求不符的，有权提出修订意见，下级工会应予调整。

第41条 各级工会本级预算经批准后，应当在二十日内批复所属预算单位。

第五章 预算执行与调整

第42条 各级工会预算由本级工会组织执行，具体工作由财务管理部门负责。

各级工会所属预算单位是本单位预算执行的主体，对本单位预算执行结果负责。

第43条 各级工会应按照年度预算积极组织收入。按照规定的比例及时、足额拨缴工会经费，不得截留、挪用。

第44条 预算批准前，上一年结转的项目支出和必要的基本支出可以提前使用。送温暖支出、突发事件支出和本级工会已确定年度重点工作支出等需提前使用的，必须经集体研究决定。预算批准后，按照批准的预算执行。

第45条 各级工会应根据年度支出预算和用款计划拨款。未经批准，不得办理超预算、超计划的拨款。

第46条 县级以上工会必须根据国家法律法规和全国总工会的相关规定，及时、足额拨付预算资金，加强对预算支出的管理和监督。各预算单位的支出必须按照预算执行，不得擅自扩大支出范围，提高开支标准，不得擅自改变预算资金用途，不得虚假列支。

第47条 当年预算执行中，县级以上工会因处理突发事件、政策性增支及其他难以预见的开支，需要增加预算支出的，可以由本级工会财务管理部门提出预备费的动用方案，报本级工会集体研究决定。

第48条 各级工会预算一经批准，原则上不作调整。

下列事项应当进行预算调整：

（一）需要增加或减少预算总支出的；

（二）动用预备费仍不足以安排支出的；

（三）需要调减预算安排的重点支出数额的；

（四）动用预算稳定调节基金的。

预算调整的程序按照预算编制的审批程序执行。

在预算执行中，各级工会因上级工会和同级财政增加不需要本级工会提供配套资金的补助而引起的预算收支变化，不属于预算调整。

第49条　各级工会、各预算单位的预算支出应当按照预算科目执行，严格控制不同预算科目、预算级次或项目间的预算资金调剂。确需调剂使用的，按照有关规定办理。

第50条　县级以上工会在预算执行中有超收收入的，只能用于补充预算稳定调节基金。县级以上工会在预算年度中出现短收，应通过减少支出、调入预算稳定调节基金来解决。以上变化情况应在决算说明中进行反映。

第51条　县级以上工会和具备条件的基层工会应全面实施预算绩效管理。

第六章　决　　算

第52条　各级工会应在每一预算年度终了后，按照全国总工会的有关规定编制本级工会收支决算草案和汇总下一级工会收支决算。

第53条　编制决算草案，必须符合法律法规和相关制度规定，做到收支真实、数据准确、内容完整、报送及时。

第54条　全国总工会和省、市、县级工会决算编制的职权按照本办法有关规定执行。

基层工会决算草案经本级经费审查委员会审查后，由本级工会委员会审批，并报上级工会备案。

第55条　各级工会所属预算单位的决算草案，应在规定的期限内报本级财务管理部门审核汇总。本级财务管理部门审核决算草案发现有不符合法律法规和工会规定的，有权责令其纠正。

第56条　各级工会应当将经批准的本级决算及下一级工会的决算汇总，在规定时间内报上一级工会备案。

第57条　上一级工会认为下一级工会决算与法律法规、上级工会决算编制要求不符的，有权提出修订意见，下级工会应予调整。

第58条　各级工会本级决算批准后，应当在十五个工作日内批复所属预算单位。

第七章　监督及法律责任

第59条　各级工会财务管理部门按照相关规定，对本级所属单位及下一级工会预（决）算进行财务监督。

第60条　各级工会的预（决）算接受同级工会经费审查委员会的审查审计监督。预算执行情况同时接受上一级工会经费审查委员会的审计监督。

第61条　各级工会预算执行情况、决算依法接受政府审计部门的审计监督。

第62条　各级工会、各预算单位有下列行为之一的，责令改正，对负有直接责任的主管人员和其他直接责任人员追究行政责任。

（一）未按本办法规定编报本级预（决）算草案、预算调整方案和批复预（决）算的；

（二）虚列收入和支出的；

（三）截留、挪用、拖欠拨缴经费收入的；

（四）未经批准改变预算支出用途的。

第63条　各级工会、各预算单位及其工作人员存在下列行为之一的，责令改正，追回骗取、使用的资金，有违法所得的没收违法所得，对单位给予警告或者通报批评；对负有直接责任的主管人员和其他直接责任人员依法给予处分：

（一）虚报、冒领预算资金的；

（二）违反规定扩大开支范围、提高开支标准的。

第 64 条　县级以上工会预（决）算应在工会内部公开，经单位批准可向社会公开。

基层工会预（决）算应向全体工会会员公开。

涉密事项的预（决）算不得公开。

第八章　附　　则

第 65 条　本办法由全国总工会财务部负责解释。

第 66 条　省级工会应根据本办法，结合本地区本产业的实际，制定具体实施细则，并报全国总工会财务部备案。

第 67 条　本办法自 2020 年 6 月 1 日施行。2009 年 8 月 14 日颁发的《工会预算管理办法》同时废止。

5.《基层工会预算管理办法》（2020 年 12 月 29 日）

第一章　总　　则

第 1 条　为规范基层工会收支行为，加强基层工会预算管理和监督，保障基层工会健康发展和职能有效发挥，不断提高基层工会经费使用效益，根据《工会预算管理办法》的有关规定，制定本办法。

第 2 条　基层工会是指企业、事业单位、机关和其他社会组织单独或联合建立的基层工会委员会。

第 3 条　基层工会预算是指经一定程序核定的年度收支计划。

第 4 条　基层工会应当根据统筹兼顾、勤俭节约、量力而行、讲求绩效和收支平衡的原则，统筹组织各项收入，合理安排各项支出，科学编制年度收支预算。

第 5 条　基层工会的预算年度自公历 1 月 1 日起至 12 月 31 日止。

第 6 条　基层工会的预算收入和预算支出以人民币元为计算单位。

第二章　预算收支范围

第 7 条　基层工会预算由预算收入和预算支出组成。基层工会的全部收入和支出都应当纳入预算。

第 8 条　预算收入包括：会费收入、拨缴经费收入、上级补助收入、行政补助收入、附属单位上缴收入、投资收益、其他收入。

（一）会费收入是指工会会员依照中华全国总工会规定按本人工资收入的 5‰ 向所在基层工会缴纳的会费。

（二）拨缴经费收入是指建立工会组织的单位按全部职工工资总额 2% 依法向工会拨缴的经费中的留成部分。

基层工会的经费分成比例不低于单位全部职工工资总额 2% 中的 60%。按照省级工会确定省以下各级工会经费分成比例的原则，具体比例由省级工会确定后报全国总工会备案。

（三）上级补助收入是指基层工会收到的上级工会拨付的各类补助款项。

（四）行政补助收入是指基层工会所在单位依法对工会组织给予的各项经费补助。

（五）附属单位上缴收入是指基层工会所属独立核算的企事业单位上缴的收入和所属非独立核算事业单位的各项事业收入。

（六）投资收益是指基层工会对外投资发生的损益。

（七）其他收入是指基层工会取得的资产盘盈、固定资产处置净收入、接受捐赠收入和利息收入等。

第 9 条　预算支出包括：职工活动支出、职工服务支出、维权支出、业务支出、资本性支出、对附属单位的支出、其他支出。

（一）职工活动支出是指基层工会开展职工教育活动、文体活动、宣传活动、劳模疗休养活动，会员活动等活动发生的支出。包括：

1. 职工教育支出。用于基层工会开展的政治、法律、科技、业务等专题培训和职工技能培训所需的教材资料、教学用品、场地租金等方面的支出，用于支付职工教育活动聘请授课人员的酬金，用于基层工会开展的职工素质提升补助和职工教育培训优秀学员的奖励。

2. 文体活动支出。用于基层工会开展或参加上级工会组织的职工业余文体活动所需器材、服装、用品等购置、租赁与维修方面的支出以及活动场地、交通工具的租金支出等，用于文体活动优胜者的奖励支出，用于文体活动中必要的伙食补助费。

3. 宣传活动支出。用于基层工会开展重点工作、重大主题和重大节日宣传活动所需的材料消耗、场地租金、购买服务等方面的支出，用于培育和践行社会主义核心价值观，弘扬劳模精神、劳动精神、工匠精神等经常性宣传活动方面的支出，用于基层工会开展或参加上级工会举办的知识竞赛、宣讲、演讲比赛、展览等宣传活动支出。

4. 劳模职工疗休养支出。用于基层工会组织和开展的劳动模范和先进职工疗休养活动的公杂费等补助。

5. 会员活动支出。用于基层工会组织会员观看电影、文艺演出、开展春游秋游，为会员购买当地公园年票等的支出。用于基层工会在重大节日（传统节日）和会员生日、婚丧嫁娶、退休离岗的慰问支出。

基层工会在重大节日（传统节日）可以向全体会员发放节日慰问品。重大节日（传统节日）是指国家规定的法定节日（新年、春节、清明节、劳动节、端午节、中秋节和国庆节）和经自治区以上人民政府批准设立的少数民族节日。节日慰问品原则上为符合中国传统节日习惯的用品和职工群众必需的生活用品等。

6. 其他活动支出。用于工会开展的其他活动的各项支出。

（二）职工服务支出是指基层工会开展职工劳动和技能竞赛活动、职工创新活动、建家活动、职工书屋、职工互助保障、心理咨询等工作发生的支出。

1. 劳动和技能竞赛活动支出。用于基层工会开展合理化建议、技术革新、发明创造、岗位练兵、技术比武、技术培训等劳动和技能竞赛活动支出及其奖励支出。

2. 建家活动支出。用于基层工会组织建设、建家活动方面的支出。

3. 职工创新活动支出。用于基层工会开展的劳模和工匠人才创新工作、职工创新工作活动发生的支出。

4. 职工书屋活动支出。用于基层工会为建设职工书屋而发生的图书购置以及维护的支出。

5. 其他服务支出。用于基层工会开展会员和职工普惠制服务、心理咨询、互助保障等其他方面的支出。

（三）维权支出是指基层工会用于维护职工权益的支出。包括：

1. 劳动关系协调支出。用于基层工会推进创建劳动关系和谐企业活动、加强劳动争议调解和队伍建设、开展劳动合同咨询活动、集体合同示范文本印制与推广等方面的支出。

2. 劳动保护支出。用于基层工会开展群众性安全生产和职业病防治活动、加强群众安全监督检查员队伍建设、开展职工心理健康维护等以促进安全健康生产、保护职工生命安全为宗旨开展的职工劳动保护发生的支出。

3. 法律援助支出。用于基层工会向职工群众提供法律咨询、法律服务等发生的支出。

4. 困难职工帮扶支出。用于基层工会对困难职工提供资金和物质帮助等发生的支出。

5. 送温暖支出。用于基层工会开展春送岗位、夏送清凉、金秋助学和送温暖等活动发生的支出。

6. 其他维权支出。用于基层工会补助职工等其他方面的维权支出。

（四）业务支出是指基层工会培训工会干部、加强自身建设以及开展业务工作发生的各项支出。包括：

1. 培训支出。用于基层工会开展工会干部和积极分子培训发生的支出。

2. 会议支出。用于基层工会代表大会、委员会、经审会以及其他专业工作会议的各项支出。

3. 专项业务支出。用于基层工会开展基层工会组织建设所发生的支出，用于基层工会开展专题调研所发生的支出，用于基层工会开展女职工工作性支出，用于基层工会开展外事活动方面的支出。

4. 其他业务支出。用于基层工会发放由省级工会制定标准的兼职工会干部和专职社会化工会工作者补贴，用于经上级批准评选表彰的优秀工会干部和积极分子的奖励支出，用于基层工会必要的办公费、差旅费，用于基层工会支付代理记账、中介机构审计等购买服务方面的支出。

（五）资本性支出是指基层工会从事工会建设工程、设备工具购置、大型修缮和信息网络购建而发生的支出。

（六）对附属单位的支出是指基层工会对独立核算的附属企事业单位的补助。

（七）其他支出是指基层工会除上述支出以外的其他各项支出。包括：资产盘亏、固定资产处置净损失、捐赠、赞助等。

第10条 根据《中华人民共和国工会法》的有关规定，基层工会专职工作人员的工资、奖励、补贴由所在单位承担。基层工会办公和开展活动必要的设施和活动场所等物质条件由所在单位提供，所在单位保障不足且基层工会能够承担的，可以工会经费适当补充。

第三章 预算编制与审批

第 11 条 基层工会应根据上级工会的要求，结合本单位实际，制定年度工会工作计划。

第 12 条 基层工会应按照上级工会规定的经费开支标准，科学测算完成工作计划的资金需求，统筹落实各项收入，准确编制工会经费年度预算。

第 13 条 基层工会应根据本单位实有会员全年工资收入和全国总工会确定的缴交比例，计算会费收入，编列会费收入预算。

第 14 条 基层工会应根据本单位全部职工工资总额的 2% 计算拨缴工会经费总额。其中：属于基层工会分成的拨缴经费列入本单位拨缴经费收入预算；属于应上缴上级工会的拨缴经费不纳入基层工会预算管理。

第 15 条 基层工会应将对外投资收益、所属独立核算的企事业单位上缴的收入、非独立核算的企事业单位的各项收入和其他收入纳入预算管理。其中：对外投资收益和所属独立核算的企事业单位上缴的收入以双方协议约定金额为预算数。

第 16 条 基层工会应根据上级工会确定的专项工作，参考上年经费补助标准，编列上级工会补助收入预算。

第 17 条 基层工会在会费收入、拨缴经费收入、上级工会补助收入、附属单位上缴收入、投资收益和其他收入等当年预算收入不能满足完成全年工作任务资金需求的情况下，应优先动用以前年度结余资金进行弥补。结余资金不足的，可向单位申请行政补助，编列基层工会行政补助收入预算。

第 18 条 基层工会不得编制赤字预算。

第 19 条 基层工会年度收支预算经必要程序审查、批准后报上一级工会备案。

第 20 条 上一级工会认为基层工会预算与法律法规、上级工会预算编制要求不符的，有权提出修订意见，基层工会应予调整。

第四章　预算执行与调整

第 21 条　经批准的预算是基层工会预算执行的依据。基层工会不得无预算、超预算列支各项支出。

第 22 条　基层工会应根据经批准的年度支出预算和年度工作任务安排，合理安排支出进度，严格预算资金使用。

基层工会各项支出实行工会委员会集体领导下的主席负责制，重大收支需集体研究决定。

第 23 条　基层工会预算一经批准，原则上不得随意调整。确因工作需要调整预算的，需详细说明调整原因、预算资金来源等，经必要程序审查、批准后报上级工会备案。

因上级工会增加不需要本工会配套资金的补助而引起的预算收支变化，不需要履行预算调整程序。

第 24 条　基层工会在预算执行过程中，对原实施方案进行调整优化，导致支出内容调整但不改变原预算总额的，不属于预算调整，不需要履行预算调整程序。

第 25 条　具备条件的基层工会应全面实施预算绩效管理。

第五章　决　算

第 26 条　年度终了基层工会应按照真实、准确、完整、及时的原则，根据上级工会的要求，编制本单位年度收支决算。基层工会所属独立核算事业单位和独立核算企业年度收支决算（或会计报告）的编制，按照《工会决算报告制度》的有关规定执行。

第 27 条　基层工会决算经必要程序审查、批准后报上一级工会备案。

第 28 条　上一级工会认为基层工会决算与法律法规、上级工会决算编制要求不符的，有权提出修订意见，下级工会应予调整。基层工会应严格执行会计档案管理的有关规定，加强预算、决算的档案管理。

第六章 监督检查

第29条 省级工会负责本地区、本行业工会经费收支预（决）算的监督管理，督促省以下各级工会建立健全工作机制。

第30条 基层工会经费收支预（决）算编制和预算执行情况应接受同级工会经费审查委员会审查审计监督，同时接受上级工会和上级工会经费审查委员会的审计监督，并依法接受国家审计监督。

第31条 基层工会预（决）算应向全体工会会员公开。

第七章 附 则

第32条 省级工会可根据本办法和基层工会经费收支管理的相关规定，并结合实际制定具体实施细则。

第33条 本办法由中华全国总工会财务部负责解释。

第34条 本办法自印发之日起施行。

第四十六条　物质条件保障

各级人民政府和用人单位应当为工会办公和开展活动，提供必要的设施和活动场所等物质条件。

第四十七条　工会财产禁止侵占

工会的财产、经费和国家拨给工会使用的不动产，任何组织和个人不得侵占、挪用和任意调拨。

● 其他规范性文件

《企业工会工作条例》（2006年12月11日）

第50条 企业工会经费、财产和企业拨给工会使用的不动产受法律保护，任何单位和个人不得侵占、挪用和任意调拨。

企业工会组织合并，其经费财产归合并后的工会所有；工会组织撤销或解散，其经费财产由上级工会处置。

第四十八条 工会隶属关系不随意变动原则

工会所属的为职工服务的企业、事业单位，其隶属关系不得随意改变。

第四十九条 工会离退休人员待遇

县级以上各级工会的离休、退休人员的待遇，与国家机关工作人员同等对待。

第六章 法律责任

第五十条 工会对侵权的维护

工会对违反本法规定侵犯其合法权益的，有权提请人民政府或者有关部门予以处理，或者向人民法院提起诉讼。

● 法　律

1.《劳动法》（2018 年 12 月 29 日）

第 77 条　用人单位与劳动者发生劳动争议，当事人可以依法申请调解、仲裁、提起诉讼，也可以协商解决。

调解原则适用于仲裁和诉讼程序。

第 78 条　解决劳动争议，应当根据合法、公正、及时处理的原则，依法维护劳动争议当事人的合法权益。

第 79 条　劳动争议发生后，当事人可以向本单位劳动争议调解委员会申请调解；调解不成，当事人一方要求仲裁的，可以向劳动争议仲裁委员会申请仲裁。当事人一方也可以直接向劳动争议仲裁委员会申请仲裁。对仲裁裁决不服的，可以向人民法院提起诉讼。

第 80 条　在用人单位内，可以设立劳动争议调解委员会。

劳动争议调解委员会由职工代表、用人单位代表和工会代表组成。劳动争议调解委员会主任由工会代表担任。

劳动争议经调解达成协议的，当事人应当履行。

第81条　劳动争议仲裁委员会由劳动行政部门代表、同级工会代表、用人单位方面的代表组成。劳动争议仲裁委员会主任由劳动行政部门代表担任。

第82条　提出仲裁要求的一方应当自劳动争议发生之日起六十日内向劳动争议仲裁委员会提出书面申请。仲裁裁决一般应在收到仲裁申请的六十日内作出。对仲裁裁决无异议的，当事人必须履行。

第83条　劳动争议当事人对仲裁裁决不服的，可以自收到仲裁裁决书之日起十五日内向人民法院提起诉讼。一方当事人在法定期限内不起诉又不履行仲裁裁决的，另一方当事人可以申请人民法院强制执行。

第84条　因签订集体合同发生争议，当事人协商解决不成的，当地人民政府劳动行政部门可以组织有关各方协调处理。

因履行集体合同发生争议，当事人协商解决不成的，可以向劳动争议仲裁委员会申请仲裁；对仲裁裁决不服的，可以自收到仲裁裁决书之日起十五日内向人民法院提起诉讼。

● **司法解释及文件**

2.《最高人民法院关于在民事审判工作中适用〈中华人民共和国工会法〉若干问题的解释》(2020年12月29日)

第7条　对于企业、事业单位无正当理由拖延或者拒不拨缴工会经费的，工会组织向人民法院请求保护其权利的诉讼时效期间，适用民法典第一百八十八条的规定。

第8条　工会组织就工会经费的拨缴向人民法院申请支付令的，应当按照《诉讼费用交纳办法》第十四条的规定交纳申请费；督促程序终结后，工会组织另行起诉的，按照《诉讼费用交纳办法》第十三条规定的财产案件受理费标准交纳诉讼费用。

第五十一条　阻挠工会活动的法律责任

违反本法第三条、第十二条规定，阻挠职工依法参加和组织工会或者阻挠上级工会帮助、指导职工筹建工会的，由劳动行政部门责令其改正；拒不改正的，由劳动行政部门提请县级以上人民政府处理；以暴力、威胁等手段阻挠造成严重后果，构成犯罪的，依法追究刑事责任。

● 法　律

《工会法》（2021 年 12 月 24 日）

第 3 条　在中国境内的企业、事业单位、机关、社会组织（以下统称用人单位）中以工资收入为主要生活来源的劳动者，不分民族、种族、性别、职业、宗教信仰、教育程度，都有依法参加和组织工会的权利。任何组织和个人不得阻挠和限制。

工会适应企业组织形式、职工队伍结构、劳动关系、就业形态等方面的发展变化，依法维护劳动者参加和组织工会的权利。

第 12 条　基层工会、地方各级总工会、全国或者地方产业工会组织的建立，必须报上一级工会批准。

上级工会可以派员帮助和指导企业职工组建工会，任何单位和个人不得阻挠。

第五十二条　工会工作人员工作、人身尊严的维护

违反本法规定，对依法履行职责的工会工作人员无正当理由调动工作岗位，进行打击报复的，由劳动行政部门责令改正、恢复原工作；造成损失的，给予赔偿。

对依法履行职责的工会工作人员进行侮辱、诽谤或者进行人身伤害，构成犯罪的，依法追究刑事责任；尚未构成犯罪的，由公安机关依照治安管理处罚法的规定处罚。

<u>第五十三条</u> **对工会工作人员的赔偿**

违反本法规定，有下列情形之一的，由劳动行政部门责令恢复其工作，并补发被解除劳动合同期间应得的报酬，或者责令给予本人年收入二倍的赔偿：

（一）职工因参加工会活动而被解除劳动合同的；

（二）工会工作人员因履行本法规定的职责而被解除劳动合同的。

● 法　律

1.《劳动法》（2018年12月29日）

第25条　劳动者有下列情形之一的，用人单位可以解除劳动合同：

（一）在试用期间被证明不符合录用条件的；

（二）严重违反劳动纪律或者用人单位规章制度的；

（三）严重失职，营私舞弊，对用人单位利益造成重大损害的；

（四）被依法追究刑事责任的。

第26条　有下列情形之一的，用人单位可以解除劳动合同，但是应当提前三十日以书面形式通知劳动者本人：

（一）劳动者患病或者非因工负伤，医疗期满后，不能从事原工作也不能从事由用人单位另行安排的工作的；

（二）劳动者不能胜任工作，经过培训或者调整工作岗位，仍不能胜任工作的；

（三）劳动合同订立时所依据的客观情况发生重大变化，致使原劳动合同无法履行，经当事人协商不能就变更劳动合同达成协议的。

2.《**劳动合同法**》（2012 年 12 月 28 日）

第 39 条　劳动者有下列情形之一的，用人单位可以解除劳动合同：

（一）在试用期间被证明不符合录用条件的；

（二）严重违反用人单位的规章制度的；

（三）严重失职，营私舞弊，给用人单位造成重大损害的；

（四）劳动者同时与其他用人单位建立劳动关系，对完成本单位的工作任务造成严重影响，或者经用人单位提出，拒不改正的；

（五）因本法第二十六条第一款第一项规定的情形致使劳动合同无效的；

（六）被依法追究刑事责任的。

第 40 条　有下列情形之一的，用人单位提前三十日以书面形式通知劳动者本人或者额外支付劳动者一个月工资后，可以解除劳动合同：

（一）劳动者患病或者非因工负伤，在规定的医疗期满后不能从事原工作，也不能从事由用人单位另行安排的工作的；

（二）劳动者不能胜任工作，经过培训或者调整工作岗位，仍不能胜任工作的；

（三）劳动合同订立时所依据的客观情况发生重大变化，致使劳动合同无法履行，经用人单位与劳动者协商，未能就变更劳动合同内容达成协议的。

第 46 条　有下列情形之一的，用人单位应当向劳动者支付经济补偿：

（一）劳动者依照本法第三十八条规定解除劳动合同的；

（二）用人单位依照本法第三十六条规定向劳动者提出解除劳动合同并与劳动者协商一致解除劳动合同的；

（三）用人单位依照本法第四十条规定解除劳动合同的；

（四）用人单位依照本法第四十一条第一款规定解除劳动合同的；

（五）除用人单位维持或者提高劳动合同约定条件续订劳动合同，劳动者不同意续订的情形外，依照本法第四十四条第一项规定终止固定期限劳动合同的；

（六）依照本法第四十四条第四项、第五项规定终止劳动合同的；

（七）法律、行政法规规定的其他情形。

第47条 经济补偿按劳动者在本单位工作的年限，每满一年支付一个月工资的标准向劳动者支付。六个月以上不满一年的，按一年计算；不满六个月的，向劳动者支付半个月工资的经济补偿。

劳动者月工资高于用人单位所在直辖市、设区的市级人民政府公布的本地区上年度职工月平均工资三倍的，向其支付经济补偿的标准按职工月平均工资三倍的数额支付，向其支付经济补偿的年限最高不超过十二年。

本条所称月工资是指劳动者在劳动合同解除或者终止前十二个月的平均工资。

第48条 用人单位违反本法规定解除或者终止劳动合同，劳动者要求继续履行劳动合同的，用人单位应当继续履行；劳动者不要求继续履行劳动合同或者劳动合同已经不能继续履行的，用人单位应当依照本法第八十七条规定支付赔偿金。

第85条 用人单位有下列情形之一的，由劳动行政部门责令限期支付劳动报酬、加班费或者经济补偿；劳动报酬低于当地最低工资标准的，应当支付其差额部分；逾期不支付的，责令用人单位按应付金额百分之五十以上百分之一百以下的标准向劳动者加付赔偿金：

（一）未按照劳动合同的约定或者国家规定及时足额支付劳动者劳动报酬的；

（二）低于当地最低工资标准支付劳动者工资的；

（三）安排加班不支付加班费的；

（四）解除或者终止劳动合同，未依照本法规定向劳动者支付经济补偿的。

第86条　劳动合同依照本法第二十六条规定被确认无效，给对方造成损害的，有过错的一方应当承担赔偿责任。

第87条　用人单位违反本法规定解除或者终止劳动合同的，应当依照本法第四十七条规定的经济补偿标准的二倍向劳动者支付赔偿金。

第88条　用人单位有下列情形之一的，依法给予行政处罚；构成犯罪的，依法追究刑事责任；给劳动者造成损害的，应当承担赔偿责任：

（一）以暴力、威胁或者非法限制人身自由的手段强迫劳动的；

（二）违章指挥或者强令冒险作业危及劳动者人身安全的；

（三）侮辱、体罚、殴打、非法搜查或者拘禁劳动者的；

（四）劳动条件恶劣、环境污染严重，给劳动者身心健康造成严重损害的。

● 司法解释及文件

3.《最高人民法院关于在民事审判工作中适用〈中华人民共和国工会法〉若干问题的解释》（2020年12月29日）

第6条　根据工会法第五十二条规定，人民法院审理涉及职工和工会工作人员因参加工会活动或者履行工会法规定的职责而被解除劳动合同的劳动争议案件,可以根据当事人的请求裁判用人单位恢复其工作,并补发被解除劳动合同期间应得的报酬;或者根据当事人的请求裁判用人单位给予本人年收入二倍的赔偿,并根据劳动合同法第四十六条、第四十七条规定给予解除劳动合同时的经济补偿。

第五十四条　对工会的违法情形

违反本法规定,有下列情形之一的,由县级以上人民政府责令改正,依法处理:

(一)妨碍工会组织职工通过职工代表大会和其他形式依法行使民主权利的;

(二)非法撤销、合并工会组织的;

(三)妨碍工会参加职工因工伤亡事故以及其他侵犯职工合法权益问题的调查处理的;

(四)无正当理由拒绝进行平等协商的。

第五十五条　工会的起诉权

违反本法第四十七条规定,侵占工会经费和财产拒不返还的,工会可以向人民法院提起诉讼,要求返还,并赔偿损失。

● 法　律

《工会法》(2021年12月24日)

第47条　工会的财产、经费和国家拨给工会使用的不动产,任何组织和个人不得侵占、挪用和任意调拨。

第五十六条　工作人员的违法处理

工会工作人员违反本法规定,损害职工或者工会权益的,由同级工会或者上级工会责令改正,或者予以处分;情节严重的,依照《中国工会章程》予以罢免;造成损失的,应当承担赔偿责任;构成犯罪的,依法追究刑事责任。

第七章　附　　则

第五十七条　实施办法的制定

中华全国总工会会同有关国家机关制定机关工会实施本法的具体办法。

● 其他规范性文件

《机关工会工作暂行条例》（2015年6月26日）

第一章　总　　则

第1条　为加强机关工会工作制度化、规范化建设,充分发挥机关工会作用,根据《中华人民共和国工会法》和《中国工会章程》,制定本条例。

第2条　机关工会是指党的机关、人大机关、行政机关、政协机关、审判机关、检察机关,各民主党派和工商联的机关,以及使用国家行政编制的人民团体和群众团体机关等依法建立的工会组织。

第3条　机关工会必须坚持党的领导,在同级机关党组织领导下,依照法律和《中国工会章程》独立自主地开展工作,依法行使权利和履行义务。

第4条　机关工会以马克思列宁主义、毛泽东思想、邓小平理论、"三个代表"重要思想、科学发展观为指导,深入贯彻习近平总书记系列重要讲话精神，坚持正确政治方向，在思想上、政治上、行动上同党中央保持一致，坚定不移走中国特色社会主义工会发展道路，认真履行工会各项社会职能，团结动员机关职工为完成机关各项任务作贡献，在全面建成小康社会、实现中华民族伟大复兴的中国梦的历史进程中充分发挥作用。

第5条　机关工会坚持以改革创新精神加强自身建设，坚持群众化、民主化、制度化，改进工作作风，保持同职工的密切联系，依靠职工开展工作，把机关工会组织建设成职工群众信赖的"职工之家"，把工会干部锤炼成听党话、跟党走、职工群众信赖的"娘家人"。

第二章　组织建设

第6条　机关单位应当依法建立工会组织。有会员二十五人以上的，应当建立机关工会委员会；不足二十五人的，可以单独建立机关工会委员会，也可以由两个以上单位的会员联合建立机关工会委员会，也可以选举工会主席一人，主持工会工作。

机关内设部门及机构，可以建立机关工会分会或者工会小组。

会员人数较多的工会组织，可以根据需要设立相应的专门工作委员会，承担工会委员会的有关工作。

第7条　机关工会组织按照民主集中制原则建立。工会委员会由会员大会或者会员代表大会民主选举产生，选举结果报上一级工会批准。

机关工会接受同级机关党组织和上级工会双重领导，以同级机关党组织领导为主。

第8条　机关工会委员会每届任期三至五年，具体任期由会员大会或者会员代表大会决定。

机关工会委员会应当按期换届。因故提前或者延期换届的，应当报上一级工会批准。任期届满未换届的，上级工会有权督促其限期进行换届。

第9条　机关工会委员会具备条件的，应当依法申请取得工会法人资格，工会主席或者主持工作的副主席为法定代表人。

第10条　各省、自治区、直辖市，设区的市（地）和自治州（盟），县（区、旗）、自治县、不设区的市所属机关，经同级地方工会或者其派出机关批准，成立机关工会委员会或者联合机关工会委员会。

各省、自治区、直辖市，设区的市（地）和自治州（盟），县（区、旗）、自治县、不设区的市，经同级地方工会批准，可以成立地方机关工会联合会，也可以设立地方机关工会工作委员会，领导本级各机关工会委员会或者联合机关工会委员会。

地方机关工会联合会或者地方机关工会工作委员会以同级地方直属机关党的工作委员会领导为主，同时接受地方工会的领导。

第11条　中央直属机关工会联合会、中央国家机关工会联合会的建立，由中华全国总工会批准。中央直属机关工会联合会、中央国家机关工会联合会以中央直属机关工作委员会、中央国家机关工作委员会领导为主，同时接受中华全国总工会的领导。

中央和国家机关各部委、各人民团体机关，经中央直属机关工会联合会或者中央国家机关工会联合会批准，成立机关工会委员会。

第三章　工作职责

第12条　机关工会的职责是：

（一）加强对职工进行中国特色社会主义理论体系教育，深入开展党的基本理论、基本路线、基本纲领、基本经验、基本要求教育，培育和践行社会主义核心价值观，不断提高机关职工政治理论、思想道德、科学文化和业务素质水平。

（二）动员组织职工围绕机关中心工作，开展创先争优活动，做好先进工作者的评选、表彰、培养、管理和服务工作。

（三）加强和改进职工思想政治工作，注重人文关怀和心理疏导，开展群众性精神文明创建、文化体育活动，丰富职工精神文化生活，推动机关文化建设。

（四）配合党政机关贯彻落实《中华人民共和国公务员法》等法律法规，维护机关职工合法权益，协助党政机关解决涉及职工切身利益的问题。做好困难职工帮扶工作，组织职工参加疗养、休养及健康体检，努力为职工办实事、做好事、解难事，促进和谐机关建设。

（五）加强调查研究，反映机关职工意见和建议，参与机关内部事务民主管理、民主监督，促进机关内部事务公开，保障职工的知情权、参与权、表达权、监督权，推进机关廉政建设。

（六）加强工会组织建设，健全工会民主制度，做好会员的发展、接收、教育和会籍管理工作，加强对专（兼）职工会干部和工会积极分子的培养，深入开展建设职工之家活动。

（七）依法收好、管好、用好工会经费，管理好工会资产。

第四章　组 织 制 度

第13条　机关工会每年至少召开一次会员大会或者会员代表大会。经机关工会委员会或者三分之一以上会员提议，可以临时召开会议。会员在一百人以下的应当召开会员大会。

会员大会和会员代表大会的主要任务是：传达党组织、上级工会的重要指示精神；审议和批准工会委员会工作报告；审议和批准工会委员会的经费收支情况报告和经费审查委员会的工作报告；选举工会委员会、经费审查委员会；讨论决定工会工作的重大问题；公开工会内部事务；民主评议监督工会工作和工会领导人。

会员代表大会代表实行常任制，任期与工会委员会相同。

第14条　机关工会委员会主持会员大会或者会员代表大会的日常工作，向会员大会或者会员代表大会负责并报告工作，接受会员监督。

第15条　机关工会委员会的主要任务是：负责贯彻党组织和上级工会工作部署、会员大会或者会员代表大会决议；向党组织和上级工会请示报告有关召开会员大会或者会员代表大会的重要事宜；研究制定工会工作计划和重大活动方案，提出工作报告；编制和执行工会经费预算，编报工会经费决算，审批重大支出项目；讨论和决定其他重要事项。

第16条　机关工会委员会向同级机关党组织请示汇报以下事项：贯彻上级党组织对工会工作重要指示和上级工会重要工作部署的意见；召开会员大会或者会员代表大会的方案、工会工作报告、工作安排、重要活动及主要领导成员的推荐人选；涉及职工切身利益的重大问题及思想工作和生活情况；推荐表彰先进等事项。

第五章　干部队伍

第17条　机关工会应当根据职工人数相应配备专（兼）职工会干部。职工人数较多的，可以配备专职工会主席。

第18条　机关工会设专职主席的，一般按同级机关党组织副职领导干部配备；设专职副主席的，一般按相应职级的干部配备。机关工会主席是党员的，应当具备提名作为同级机关党组织常委、委员候选人的条件。

第19条　机关工会主席、副主席和委员实行任期制，可以连选连任。

工会主席、副主席因工作需要调动时，应当征得本级工会委员会和上一级工会的同意。

工会主席、副主席缺额时，应当及时补选，空缺时间不超过半年。

第六章　工会经费和资产

第20条　工会会员按规定标准按月缴纳会费。

建立工会组织的机关，按每月全部职工工资总额的百分之二向机关工会拨缴工会经费；由财政统一划拨经费的，工会经费列入同级财政预算，按财政统一划拨方式执行。

机关工会可以按照《中华人民共和国工会法》有关规定，向机关单位申请经费补助，以弥补工会经费不足。

上级工会有权对下级工会所在机关拨缴工会经费情况进行监督检查。对无正当理由拖延或者拒不拨缴工会经费的单位，依据《中华人民共和国工会法》相关规定处理。

第21条 具备社团法人资格的机关工会可以设立独立经费账户。费用支出实行工会主席签批制度。

工会经费主要用于为职工服务和工会活动。

机关工会应当按照有关规定收缴、上解工会经费，依法独立管理和使用工会经费。任何组织和个人不得截留、挪用、侵占工会经费。

第22条 机关工会应当根据经费独立原则建立预算、决算和经费审查制度，坚持量入为出、厉行节约、收支平衡的原则。

工会经费的收支情况应当由同级工会经费审查委员会审查，并定期向会员大会或者会员代表大会报告，采取一定方式公开，接受会员监督。工会经费的审查工作按照有关法律、规定和工会经费审查制度进行。

工会主席任期届满或者任期内离任的，应当按照规定进行经济责任审计。

第23条 各级人民政府和机关单位应当依法为工会办公和开展活动提供必要的设施和活动场所等物质条件。

工会经费、资产和国家拨给工会的不动产及拨付资金形成的资产，任何单位和个人不得侵占、挪用和任意调拨；未经批准，工会所属的为职工服务的企业、事业单位，其隶属关系和产权关系不得改变。

第七章 工会经费审查审计

第24条 会员大会或者会员代表大会在选举机关工会委员

会的同时，选举产生经费审查委员会，会员人数较少的，可以选举经费审查委员一人。

经费审查委员会主任、副主任由经费审查委员会全体会议选举产生。经费审查委员会主任按同级工会副职级配备。

经费审查委员会或者经费审查委员的选举结果，与机关工会委员会的选举结果同时报上一级工会批准。

第25条 机关工会经费审查委员会的任期与机关工会委员会相同，向同级会员大会或者会员代表大会负责并报告工作；在会员大会或者会员代表大会闭会期间，向同级工会委员会负责并报告工作。

第26条 机关工会经费审查委员会审查审计同级工会组织的经费收支、资产管理等全部经济活动。

经费审查委员会对审查审计工作中的重大事项，有权向同级工会委员会和上一级经费审查委员会报告。

机关工会经费审查委员会应当接受上级工会经费审查委员会的业务指导和督促检查。

第八章 女职工工作

第27条 机关工会有女会员十人以上的建立女职工委员会，不足十人的设女职工委员。

女职工委员会由同级机关工会委员会提名，在充分协商的基础上组成或者选举产生，女职工委员会与工会委员会同时建立，在同级工会委员会领导下开展工作，接受上级工会女职工委员会指导，任期与同级工会委员会相同。

女职工委员会主任由机关工会女主席或者女副主席担任，也可以经民主协商，按照同级工会副主席相应条件配备女职工委员会主任。

第28条 机关工会女职工委员会的任务是：依法维护女职工的合法权益和特殊利益；组织开展女职工岗位建功活动；开展教育

培训，全面提高女职工的思想道德、科学文化、业务技能和健康素质；关心女职工成长进步，积极发现、培养、推荐女性人才。

第 29 条　机关工会女职工委员会定期研究涉及女职工的有关问题，向机关工会委员会和上级工会女职工委员会报告工作。

机关工会应当支持女职工委员会根据女职工的特点开展工作，并提供必要的活动场地和经费。

第 30 条　机关工会女职工委员会通过县以上地方工会接受妇联的业务指导。

第九章　附　　则

第 31 条　参照《中华人民共和国公务员法》管理的事业单位，适用本条例。

机关直属企业和实行企业化管理的事业单位工会，依照《企业工会工作条例》执行。

第 32 条　各省、自治区、直辖市总工会，中央直属机关工会联合会、中央国家机关工会联合会可以依据本条例，制定具体实施办法。

第 33 条　本条例由中华全国总工会负责解释。

第 34 条　本条例自公布之日起施行。

第五十八条　生效日期

本法自公布之日起施行。1950 年 6 月 29 日中央人民政府颁布的《中华人民共和国工会法》同时废止。

附录一

中国工会章程

（中国工会第十八次全国代表大会部分修改，二〇二三年十月十二日通过）

总　　则

中国工会是中国共产党领导的职工自愿结合的工人阶级群众组织，是党联系职工群众的桥梁和纽带，是国家政权的重要社会支柱，是会员和职工利益的代表。

中国工会以宪法为根本活动准则，按照《中华人民共和国工会法》和本章程独立自主地开展工作，依法行使权利和履行义务。

工人阶级是我国的领导阶级，是先进生产力和生产关系的代表，是中国共产党最坚实最可靠的阶级基础，是改革开放和社会主义现代化建设的主力军，是维护社会安定的强大而集中的社会力量。中国工会高举中国特色社会主义伟大旗帜，坚持马克思列宁主义、毛泽东思想、邓小平理论、"三个代表"重要思想、科学发展观，全面贯彻习近平新时代中国特色社会主义思想，贯彻执行党的以经济建设为中心，坚持四项基本原则，坚持改革开放的基本路线，保持和增强政治性、先进性、群众性，坚定不移地走中国特色社会主义工会发展道路，推动党的全心全意依靠工人阶级的根本指导方针的贯彻落实，全面履行工会的社会职能，在维护全国人民总体利益的同时，更好地表达和维护职工的具体利益，团结和动员全国职工自力更生、艰苦创业，坚持和发展中国特色社会主义，为全面建成社会主义现代化强国、实现第二个百年奋斗目标，以中国式现代化全面推进中华民族伟大复兴而奋斗。

中国工会坚持自觉接受中国共产党的领导，承担团结引导职工群众听党话、跟党走的政治责任，巩固和扩大党执政的阶级基础和群众基础。

中国工会的基本职责是维护职工合法权益、竭诚服务职工群众。

中国工会按照中国特色社会主义事业"五位一体"总体布局和"四个全面"战略布局，贯彻创新、协调、绿色、开放、共享的新发展理念，把握为实现中华民族伟大复兴的中国梦而奋斗的工人运动时代主题，弘扬劳模精神、劳动精神、工匠精神，动员和组织职工积极参加建设和改革，努力促进经济、政治、文化、社会和生态文明建设；发展全过程人民民主，代表和组织职工参与管理国家事务、管理经济和文化事业、管理社会事务，参与企业、事业单位、机关、社会组织的民主管理；教育职工践行社会主义核心价值观，不断提高思想道德素质、科学文化素质和技术技能素质，建设有理想、有道德、有文化、有纪律的职工队伍，不断发展工人阶级先进性。

中国工会以忠诚党的事业、竭诚服务职工为己任，坚持组织起来、切实维权的工作方针，坚持以职工为本、主动依法科学维权的维权观，促进完善社会主义劳动法律，维护职工的经济、政治、文化和社会权利，参与协调劳动关系和社会利益关系，推动构建和谐劳动关系，促进经济高质量发展和社会的长期稳定，维护工人阶级和工会组织的团结统一，为构建社会主义和谐社会作贡献。

中国工会维护工人阶级领导的、以工农联盟为基础的人民民主专政的社会主义国家政权，协助人民政府开展工作，依法发挥民主参与和社会监督作用。

中国工会推动产业工人队伍建设改革，强化产业工人思想政治引领，提高产业工人队伍整体素质，发挥产业工人骨干作用，维护产业工人合法权益，保障产业工人主人翁地位，造就一支有理想守信念、懂技术会创新、敢担当讲奉献的宏大产业工人队伍。

中国工会在企业、事业单位、社会组织中，按照促进企事业和社会组织发展、维护职工权益的原则，支持行政依法行使管理权力，组织职工参与本单位民主选举、民主协商、民主决策、民主管理和民主监督，与行政方面建立协商制度，保障职工的合法权益，调动职工的积极性，促进企业、事业单位、社会组织的发展。

中国工会实行产业和地方相结合的组织领导原则，坚持民主集中制。

中国工会坚持以改革创新精神加强自身建设，健全联系广泛、服务职工的工作体系，增强团结教育、维护权益、服务职工的功能，坚持群众化、民主化，保持同会员群众的密切联系，依靠会员群众开展工会工作。各级工会领导机关坚持把工作重点放到基层，着力扩大覆盖面、增强代表性，着力强化服务意识、提高维权能力，着力加强队伍建设、提升保障水平，坚持服务职工群众的工作生命线，全心全意为基层、为职工服务，构建智慧工会，增强基层工会的吸引力凝聚力战斗力，把工会组织建设得更加充满活力、更加坚强有力，成为深受职工群众信赖的学习型、服务型、创新型"职工之家"。

工会兴办的企业、事业单位，坚持公益性、服务性，坚持为改革开放和发展社会生产力服务，为职工群众服务，为推进工运事业服务。

中国工会努力巩固和发展工农联盟，坚持最广泛的爱国统一战线，加强包括香港特别行政区同胞、澳门特别行政区同胞、台湾同胞和海外侨胞在内的全国各族人民的大团结，促进祖国的统一、繁荣和富强。

中国工会在国际事务中坚持独立自主、互相尊重、求同存异、加强合作、增进友谊的方针，在独立、平等、互相尊重、互不干涉内部事务的原则基础上，广泛建立和发展同国际和各国工会组织的友好关系，积极参与"一带一路"建设，增进我国工人阶级同各国工人阶级的友谊，同全世界工人和工会一起，在推动构建人类命运共同体中发挥作用，为世界的和平、发展、合作、工人权益和社会进步而共同努力。

中国工会深入学习贯彻习近平总书记关于党的建设的重要思想，落实新时代党的建设总要求，贯彻全面从严治党战略方针，以党的政治建设为统领，加强党的建设，深刻领悟"两个确立"的决定性意义，增强"四个意识"、坚定"四个自信"、做到"两个维护"，在思想上政治上行动上同以习近平同志为核心的党中央保持高度一致。

第一章 会 员

第一条 凡在中国境内的企业、事业单位、机关、社会组织中，以工资收入为主要生活来源或者与用人单位建立劳动关系的劳动者，不分民族、种族、性别、职业、宗教信仰、教育程度，承认工会章程，都可以加入工会为会员。

工会适应企业组织形式、职工队伍结构、劳动关系、就业形态等方面的发展变化，依法维护劳动者参加和组织工会的权利。

第二条 职工加入工会，由本人自愿申请，经基层工会委员会批准并发给会员证。

第三条 会员享有以下权利：

（一）选举权、被选举权和表决权。

（二）对工会工作进行监督，提出意见和建议，要求撤换或者罢免不称职的工会工作人员。

（三）对国家和社会生活问题及本单位工作提出批评与建议，要求工会组织向有关方面如实反映。

（四）在合法权益受到侵犯时，要求工会给予保护。

（五）工会提供的文化、教育、体育、旅游、疗休养、互助保障、生活救助、法律服务、就业服务等优惠待遇；工会给予的各种奖励。

（六）在工会会议和工会媒体上，参加关于工会工作和职工关心问题的讨论。

第四条　会员履行下列义务：

（一）认真学习贯彻习近平新时代中国特色社会主义思想，学习政治、经济、文化、法律、科技和工会基本知识等。

（二）积极参加民主管理，努力完成生产和工作任务，立足本职岗位建功立业。

（三）遵守宪法和法律，践行社会主义核心价值观，弘扬中华民族传统美德，恪守社会公德、职业道德、家庭美德、个人品德，遵守劳动纪律。

（四）正确处理国家、集体、个人三者利益关系，向危害国家、社会利益的行为作斗争。

（五）维护中国工人阶级和工会组织的团结统一，发扬阶级友爱，搞好互助互济。

（六）遵守工会章程，执行工会决议，参加工会活动，按月交纳会费。

第五条　会员组织关系随劳动（工作）关系变动，凭会员证明接转。

第六条　会员有退会自由。会员退会由本人向工会小组提出，由基层工会委员会宣布其退会并收回会员证。

会员没有正当理由连续六个月不交纳会费、不参加工会组织生活，经教育拒不改正，应当视为自动退会。

第七条　对不执行工会决议、违反工会章程的会员，给予批评教育。对严重违法犯罪并受到刑事处罚的会员，开除会籍。开除会员会籍，须经工会小组讨论，提出意见，由基层工会委员会决定，报上一级工会备案。

第八条　会员离休、退休和失业，可保留会籍。保留会籍期间免交会费。

工会组织要关心离休、退休和失业会员的生活，积极向有关方面反映他们的愿望和要求。

第二章　组　织　制　度

第九条　中国工会实行民主集中制，主要内容是：

（一）个人服从组织，少数服从多数，下级组织服从上级组织。

（二）工会的各级领导机关，除它们派出的代表机关外，都由民主选举产生。

（三）工会的最高领导机关，是工会的全国代表大会和它所产生的中华全国总工会执行委员会。工会的地方各级领导机关，是工会的地方各级代表大会和它所产生的总工会委员会。

（四）工会各级委员会，向同级会员大会或者会员代表大会负责并报告工作，接受会员监督。会员大会和会员代表大会有权撤换或者罢免其所选举的代表和工会委员会组成人员。

（五）工会各级委员会，实行集体领导和分工负责相结合的制度。凡属重大问题由委员会民主讨论，作出决定，委员会成员根据集体的决定和分工，履行自己的职责。

（六）工会各级领导机关，加强对下级组织的领导和服务，经常向下级组织通报情况，听取下级组织和会员的意见，研究和解决他们提出的问题。下级组织应及时向上级组织请示报告工作。

第十条　工会各级代表大会的代表和委员会的产生，要充分体现选举人的意志。候选人名单，要反复酝酿，充分讨论。选举采用无记名投票方式，可以直接采用候选人数多于应选人数的差额选举办法进行正式选举，也可以先采用差额选举办法进行预选，产生候选人名单，然后进行正式选举。任何组织和个人，不得以任何方式强迫选举人选举或不选举某个人。

第十一条　中国工会实行产业和地方相结合的组织领导原则。同一企业、事业单位、机关、社会组织中的会员，组织在一个基层工会组织中；同一行业或者性质相近的几个行业，根据需要建立全国的或者地方的产业工会组织。除少数行政管理体制实行垂直管理的产业，其产业工会实行产业工会和地方工会双重领导，以产业工会领导为主外，其他产业工会均实行以地方工会领导为主，同时接受上级产业工会领导的体制。各产业工会的领导体制，由中华全国总工会确定。

省、自治区、直辖市，设区的市和自治州，县（旗）、自治县、不设区的市建立地方总工会。地方总工会是当地地方工会组织和产业工会地方组织的领导机关。全国建立统一的中华全国总工会。中华全国总工会是各级地方总工会和各产业工会全国组织的领导机关。

中华全国总工会执行委员会委员和产业工会全国委员会委员实行替补制，各级地方总工会委员会委员和地方产业工会委员会委员，也可以实行替补制。

第十二条　县和县以上各级地方总工会委员会，根据工作需要可以派出代表机关。

县和县以上各级工会委员会，在两次代表大会之间，认为有必要时，可以召集代表会议，讨论和决定需要及时解决的重大问题。代表会议代表的名额和产生办法，由召集代表会议的总工会决定。

全国产业工会、各级地方产业工会、乡镇工会、城市街道工会和区域性、行业性工会联合会的委员会，可以按照联合制、代表制原则，由下一级工会组织民主选举的主要负责人和适当比例的有关方面代表组成。

上级工会可以派员帮助和指导用人单位的职工组建工会。

第十三条　各级工会代表大会选举产生同级经费审查委员会。中华全国总工会经费审查委员会设常务委员会，省、自治区、直辖市总工会经费审查委员会和独立管理经费的全国产业工会经费审查委员会，应当设常务委员会。经费审查委员会负责审查同级工会组织及其直属企业、事业单位的经费收支和资产管理情况，监督财经法纪的贯彻执行和工会经费的使用，并接受上级工会经费审查委员会的指导和监督。工会经费审查委员会向同级会员大会或会员代表大会负责并报告工作；在大会闭会期间，向同级工会委员会负责并报告工作。

上级经费审查委员会应当对下一级工会及其直属企业、事业单位的经费收支和资产管理情况进行审查。

中华全国总工会经费审查委员会委员实行替补制，各级地方总工会经费审查委员会委员和独立管理经费的产业工会经费审查委员会委员，也可以实行替补制。

第十四条　各级工会建立女职工委员会，表达和维护女职工的合法权益。女职工委员会由同级工会委员会提名，在充分协商的基础上组成或者选举产生，女职工委员会与工会委员会同时建立，在同级工会委员会领导下开展工作。企业工会女职工委员会是县或者县以上妇联的团体会员，通过县以上地方工会接受妇联的业务指导。

第十五条　县和县以上各级工会组织应当建立法律服务机构，为保护职工和工会组织的合法权益提供服务。

各级工会组织应当组织和代表职工开展劳动法律监督。

第十六条　成立或者撤销工会组织，必须经会员大会或者会员代表大会通过，并报上一级工会批准。基层工会组织所在的企业终止，或者所在的事业单位、机关、社会组织被撤销，该工会组织相应撤销，并报上级工会备案。其他组织和个人不得随意撤销工会组织，也不得把工会组织的机构撤销、合并或者归属其他工作部门。

第三章　全　国　组　织

第十七条　中国工会全国代表大会，每五年举行一次，由中华全国总工会执行委员会召集。在特殊情况下，由中华全国总工会执行委员会主席团提议，经执行委员会全体会议通过，可以提前或者延期举行。代表名额和代表选举办法由中华全国总工会决定。

第十八条　中国工会全国代表大会的职权是：

（一）审议和批准中华全国总工会执行委员会的工作报告。

（二）审议和批准中华全国总工会执行委员会的经费收支情况报告和经费审查委员会的工作报告。

（三）修改中国工会章程。

（四）选举中华全国总工会执行委员会和经费审查委员会。

第十九条　中华全国总工会执行委员会，在全国代表大会闭会期间，负责贯彻执行全国代表大会的决议，领导全国工会工作。

执行委员会全体会议选举主席一人、副主席若干人、主席团委员若干人，组成主席团。

执行委员会全体会议由主席团召集，每年至少举行一次。

第二十条　中华全国总工会执行委员会全体会议闭会期间，由主席团行使执行委员会的职权。主席团全体会议，由主席召集。

主席团闭会期间，由主席、副主席组成的主席会议行使主席团职权。主席会议由中华全国总工会主席召集并主持。

主席团下设书记处，由主席团在主席团成员中推选第一书记一人，书记若干人组成。书记处在主席团领导下，主持中华全国总工会的日常工作。

第二十一条　产业工会全国组织的设置，由中华全国总工会根据需要确定。

产业工会全国委员会的建立，经中华全国总工会批准，可以按照联合制、代表制原则组成，也可以由产业工会全国代表大会选举产生。全国委员会每届任期五年。任期届满，应当如期召开会议，进行换届选举。在特殊情况下，经中华全国总工会批准，可以提前或者延期举行。

产业工会全国代表大会和按照联合制、代表制原则组成的产业工会全国委员会全体会议的职权是：审议和批准产业工会全国委员会的工作报告；选举产业工会全国委员会或者产业工会全国委员会常务委员会。独立管理经费的产业工会，选举经费审查委员会，并向产业工会全国代表大会或者委员会全体会议报告工作。产业工会全国委员会常务委员会由主席一人、副主席若干人、常务委员若干人组成。

第四章　地方组织

第二十二条　省、自治区、直辖市，设区的市和自治州，县（旗）、自治县、不设区的市的工会代表大会，由同级总工会委员会召集，每五年举行一次。在特殊情况下，由同级总工会委员会提议，经上一级工会批准，可以提前或者延期举行。工会的地方各级代表大会的职权是：

（一）审议和批准同级总工会委员会的工作报告。

（二）审议和批准同级总工会委员会的经费收支情况报告和经费审查委员会的工作报告。

（三）选举同级总工会委员会和经费审查委员会。

各级地方总工会委员会，在代表大会闭会期间，执行上级工会的决定和同级工会代表大会的决议，领导本地区的工会工作，定期向上级总工会委员会报告工作。

根据工作需要，省、自治区总工会可在地区设派出代表机关。直辖市和设区的市总工会在区一级建立总工会。

县和城市的区可在乡镇和街道建立乡镇工会和街道工会组织，具备条件的，建立总工会。

第二十三条　各级地方总工会委员会选举主席一人、副主席若干人、常务委员若干人，组成常务委员会。工会委员会、常务委员会和主席、副主席以及经费审查委员会的选举结果，报上一级总工会批准。

各级地方总工会委员会全体会议，每年至少举行一次，由常务委员会召集。各级地方总工会常务委员会，在委员会全体会议闭会期间，行使委员会的职权。

第二十四条　各级地方产业工会组织的设置，由同级地方总工会根据本地区的实际情况确定。

第五章　基层组织

第二十五条　企业、事业单位、机关、社会组织等基层单位，应当依法建立工会组织。社区和行政村可以建立工会组织。从实际出发，建立区域性、行业性工会联合会，推进新经济组织、新社会组织工会组织建设。

有会员二十五人以上的，应当成立基层工会委员会；不足二十五人的，可以单独建立基层工会委员会，也可以由两个以上单位的会员联合建立基层工会委员会，也可以选举组织员或者工会主席一人，主持基层工会工作。基层工会委员会有女会员十人以上的建立女职工委员会，不足十人的设女职工委员。

职工二百人以上企业、事业单位、社会组织的工会设专职工会主席。工会专职工作人员的人数由工会与企业、事业单位、社会组织协商确定。

基层工会组织具备民法典规定的法人条件的，依法取得社会团体法人资格，工会主席为法定代表人。

第二十六条　基层工会会员大会或者会员代表大会，每年至少召开一次。经基层工会委员会或者三分之一以上的工会会员提议，可以临时召开会员大会或者会员代表大会。工会会员在一百人以下的基层工会应当召开会员大会。

工会会员大会或者会员代表大会的职权是：

（一）审议和批准基层工会委员会的工作报告。

（二）审议和批准基层工会委员会的经费收支情况报告和经费审查委员会的工作报告。

（三）选举基层工会委员会和经费审查委员会。

（四）撤换或者罢免其所选举的代表或者工会委员会组成人员。

（五）讨论决定工会工作的重大问题。

基层工会委员会和经费审查委员会每届任期三年或者五年，具体任期由会员大会或者会员代表大会决定。任期届满，应当如期召开会议，进行换届选举。在特殊情况下，经上一级工会批准，可以提前或者延期举行。

会员代表大会的代表实行常任制，任期与本单位工会委员会相同。

第二十七条　基层工会委员会的委员，应当在会员或者会员代表充分酝酿协商的基础上选举产生；主席、副主席，可以由会员大会或者会员代表大会直接选举产生，也可以由基层工会委员会选举产生。大型企业、事业单位的工会委员会，根据工作需要，经上级工会委员会批准，可以设立常务委员会。基层工会委员会、常务委员会和主席、副主席以及经费审查委员会的选举结果，报上一级工会批准。

第二十八条 基层工会委员会的基本任务是：

（一）执行会员大会或者会员代表大会的决议和上级工会的决定，主持基层工会的日常工作。

（二）代表和组织职工依照法律规定，通过职工代表大会、厂务公开和其他形式，参与本单位民主选举、民主协商、民主决策、民主管理和民主监督，保障职工知情权、参与权、表达权和监督权，在公司制企业落实职工董事、职工监事制度。企业、事业单位工会委员会是职工代表大会工作机构，负责职工代表大会的日常工作，检查、督促职工代表大会决议的执行。

（三）参与协调劳动关系和调解劳动争议，与企业、事业单位、社会组织行政方面建立协商制度，协商解决涉及职工切身利益问题。帮助和指导职工与企业、事业单位、社会组织行政方面签订和履行劳动合同，代表职工与企业、事业单位、社会组织行政方面签订集体合同或者其他专项协议，并监督执行。

（四）组织职工开展劳动和技能竞赛、合理化建议、技能培训、技术革新和技术协作等活动，培育工匠、高技能人才，总结推广先进经验。做好劳动模范和先进生产（工作）者的评选、表彰、培养和管理服务工作。

（五）加强对职工的政治引领和思想教育，开展法治宣传教育，重视人文关怀和心理疏导，鼓励支持职工学习文化科学技术和管理知识，开展健康的文化体育活动。推进企业文化职工文化建设，办好工会文化、教育、体育事业。

（六）监督有关法律、法规的贯彻执行。协助和督促行政方面做好工资、安全生产、职业病防治和社会保险等方面的工作，推动落实职工福利待遇。办好职工集体福利事业，改善职工生活，对困难职工开展帮扶。依法参与生产安全事故和职业病危害事故的调查处理。

（七）维护女职工的特殊权益，同歧视、虐待、摧残、迫害女职工的现象作斗争。

（八）搞好工会组织建设，健全民主制度和民主生活。建立和发展工会积极分子队伍。做好会员的发展、接收、教育和会籍管理工作。加强职工之家建设。

（九）收好、管好、用好工会经费，管理好工会资产和工会的企业、事业。

第二十九条 教育、科研、文化、卫生、体育等事业单位和机关工会，从脑力劳动者比较集中的特点出发开展工作，积极了解和关心职工的思想、工作和生活，推动党的知识分子政策的贯彻落实。组织职工搞好本单位的民主选举、民主协商、民主决策、民主管理和民主监督，为发挥职工的聪明才智创造良好的条件。

第三十条 基层工会委员会根据工作需要，可以在分厂、车间（科室）建立分厂、车间（科室）工会委员会。分厂、车间（科室）工会委员会由分厂、车间（科室）会员大会或者会员代表大会选举产生，任期和基层工会委员会相同。

基层工会委员会和分厂、车间（科室）工会委员会，可以根据需要设若干专门委员会或者专门小组。

按照生产（行政）班组建立工会小组，民主选举工会小组长，积极开展工会小组活动。

第六章　工　会　干　部

第三十一条 各级工会组织按照革命化、年轻化、知识化、专业化的要求，落实新时代好干部标准，努力建设一支坚持党的基本路线，熟悉本职业务，热爱工会工作，受到职工信赖的干部队伍。

第三十二条 工会干部要努力做到：

（一）认真学习马克思列宁主义、毛泽东思想、邓小平理论、"三个代表"重要思想、科学发展观、习近平新时代中国特色社会主义思想，学习党的基本知识和党的历史，学习政治、经济、历史、文化、法律、科技和工会业务等知识，提高政治能力、思维能力、实践能力，增强推动高质量发展本领、服务群众本领、防范化解风险本领。

（二）执行党的基本路线和各项方针政策，遵守国家法律、法规，在改革开放和社会主义现代化建设中勇于开拓创新。

（三）信念坚定，忠于职守，勤奋工作，敢于担当，廉洁奉公，顾全大局，维护团结。

（四）坚持实事求是，认真调查研究，如实反映职工的意见、愿望和要求。

（五）坚持原则，不谋私利，热心为职工说话办事，依法维护职工的合法权益。

（六）作风民主，联系群众，增强群众意识和群众感情，自觉接受职工群众的批评和监督。

第三十三条 各级工会组织根据有关规定管理工会干部，重视发现培养和选拔优秀年轻干部、女干部、少数民族干部，成为培养干部的重要基地。

基层工会主席、副主席任期未满不得随意调动其工作。因工作需要调动时，应事先征得本级工会委员会和上一级工会同意。

县和县以上工会可以为基层工会选派、聘用社会化工会工作者等工作人员。

第三十四条 各级工会组织建立与健全干部培训制度。办好工会干部院校和各种培训班。

第三十五条 各级工会组织关心工会干部的思想、学习和生活，督促落实相应的待遇，支持他们的工作，坚决同打击报复工会干部的行为作斗争。

县和县以上工会设立工会干部权益保障金，保障工会干部依法履行职责。

第七章　工会经费和资产

第三十六条 工会经费的来源：

（一）会员交纳的会费。

（二）企业、事业单位、机关、社会组织按全部职工工资总额的百分之二向工会拨缴的经费或者建会筹备金。

（三）工会所属的企业、事业单位上缴的收入。

（四）人民政府和企业、事业单位、机关、社会组织的补助。

（五）其他收入。

第三十七条 工会经费主要用于为职工服务和开展工会活动。各级工会组织应坚持正确使用方向，加强预算管理，优化支出结构，开展监督检查。

第三十八条 县和县以上各级工会应当与税务、财政等有关部门合作，依照规定做好工会经费收缴和应当由财政负担的工会经费拨缴工作。

未成立工会的企业、事业单位、机关、社会组织，按工资总额的百分之二向上级工会拨缴工会建会筹备金。

具备社会团体法人资格的工会应当依法设立独立经费账户。

第三十九条 工会资产是社会团体资产，中华全国总工会对各级工会的资产拥有终极所有权。各级工会依法依规加强对工会资产的监督、管理，保护工会资产不受损害，促进工会资产保值增值。根据经费独立原则，建立预算、决算、资产监管和经费审查监督制度。实行"统一领导、分级管理"的财务体制、"统一所有、分级监管、单位使用"的资产监管体制和"统一领导、分级管理、分级负责、下审一级"的经费审查监督体制。工会经费、资产的管理和使用办法以及工会经费审查监督制度,由中华全国总工会制定。

第四十条 各级工会委员会按照规定编制和审批预算、决算,定期向会员大会或者会员代表大会和上一级工会委员会报告经费收支和资产管理情况,接受上级和同级工会经费审查委员会审查监督。

第四十一条 工会经费、资产和国家及企业、事业单位等拨给工会的不动产和拨付资金形成的资产受法律保护,任何单位和个人不得侵占、挪用和任意调拨;不经批准,不得改变工会所属企业、事业单位的隶属关系和产权关系。

工会组织合并,其经费资产归合并后的工会所有;工会组织撤销或者解散,其经费资产由上级工会处置。

第八章 会 徽

第四十二条 中国工会会徽,选用汉字"中"、"工"两字,经艺术造型呈圆形重叠组成,并在两字外加一圆线,象征中国工会和中国工人阶级的团结统一。会徽的制作标准,由中华全国总工会规定。

第四十三条 中国工会会徽,可在工会办公地点、活动场所、会议会场悬挂,可作为纪念品、办公用品上的工会标志,也可以作为徽章佩戴。

第九章 附 则

第四十四条 本章程解释权属于中华全国总工会。

企业工会工作条例

(2006年12月11日中华全国总工会第十四届执行委员会第四次全体会议通过)

第一章 总 则

第一条 为加强和改进企业工会工作，发挥企业工会团结组织职工、维护职工权益、促进企业发展的重要作用，根据《工会法》、《劳动法》和《中国工会章程》，制定本条例。

第二条 企业工会是中华全国总工会的基层组织，是工会的重要组织基础和工作基础，是企业工会会员和职工合法权益的代表者和维护者。

第三条 企业工会以邓小平理论和"三个代表"重要思想为指导，贯彻科学发展观，坚持全心全意依靠工人阶级根本指导方针，走中国特色社会主义工会发展道路，落实"组织起来、切实维权"的工作方针，团结和动员职工为实现全面建设小康社会宏伟目标作贡献。

第四条 企业工会贯彻促进企业发展、维护职工权益的工作原则，协调企业劳动关系，推动建设和谐企业。

第五条 企业工会在本企业党组织和上级工会的领导下，依照法律和工会章程独立自主地开展工作，密切联系职工群众，关心职工群众生产生活，热忱为职工群众服务，努力建设成为组织健全、维权到位、工作活跃、作用明显、职工信赖的职工之家。

第二章 企业工会组织

第六条 企业工会依法组织职工加入工会，维护职工参加工会的权利。

第七条 会员二十五人以上的企业建立工会委员会；不足二十五人的可以单独建立工会委员会，也可以由两个以上企业的会员按地域或行业联合建立基层工会委员会。同时按有关规定建立工会经费审查委员会、工会女职工委员会。

企业工会具备法人条件的，依法取得社会团体法人资格，工会主席是法定代表人。

企业工会受法律保护，任何组织和个人不得随意撤销或将工会工作机构合并、归属到其他部门。

企业改制须同时建立健全工会组织。

第八条 会员大会或会员代表大会是企业工会的权力机关，每年召开一至两次会议。经企业工会委员会或三分之一以上会员提议可临时召开会议。

会员代表大会的代表由会员民主选举产生，会员代表实行常任制，任期与企业本届工会委员会相同，可连选连任。

会员在一百人以下的企业工会应召开会员大会。

第九条 会员大会或会员代表大会的职权：

（一）审议和批准工会委员会的工作报告。

（二）审议和批准工会委员会的经费收支情况报告和经费审查委员会的工作报告。

（三）选举工会委员会和经费审查委员会。

（四）听取工会主席、副主席的述职报告，并进行民主评议。

（五）撤换或者罢免其所选举的代表或者工会委员会组成人员。

（六）讨论决定工会工作其他重大问题。

第十条 会员大会或会员代表大会与职工代表大会或职工大会须分别行使职权，不得相互替代。

第十一条 企业工会委员会由会员大会或会员代表大会差额选举产生，选举结果报上一级工会批准，每届任期三年或者五年。

大型企业工会经上级工会批准，可设立常务委员会，负责工会委员会的日常工作，其下属单位可建立工会委员会。

第十二条 企业工会委员会是会员大会或会员代表大会的常设机构，对会员大会或会员代表大会负责，接受会员监督。在会员大会或会员代表大会闭会期间，负责日常工作。

第十三条 企业工会委员会根据工作需要，设立相关工作机构或专门工作委员会、工作小组。

工会专职工作人员一般按不低于企业职工人数的千分之三配备，具体人数由上级工会、企业工会与企业行政协商确定。

根据工作需要和经费许可，工会可从社会聘用工会工作人员，建立专兼职相结合的干部队伍。

第十四条 企业工会委员会实行民主集中制，重要问题须经集体讨论作出决定。

第十五条 企业工会委员（常委）会一般每季度召开一次会议，讨论或决定以下问题：

（一）贯彻执行会员大会或会员代表大会决议和党组织、上级工会有关决定、工作部署的措施。

（二）提交会员大会或会员代表大会的工作报告和向党组织、上级工会的重要请示、报告。

（三）工会工作计划和总结。

（四）向企业提出涉及企业发展和职工权益重大问题的建议。

（五）工会经费预算执行情况及重大财务支出。

（六）由工会委员会讨论和决定的其他问题。

第十六条 企业生产车间、班组建立工会分会、工会小组，会员民主选举工会主席、工会小组长，组织开展工会活动。

第十七条 建立工会积极分子队伍，发挥工会积极分子作用。

第三章　基本任务和活动方式

第十八条 企业工会的基本任务：

（一）执行会员大会或会员代表大会的决议和上级工会的决定。

（二）组织职工依法通过职工代表大会或职工大会和其他形式，参加企业民主管理和民主监督，检查督促职工代表大会或职工大会决议的执行。

（三）帮助和指导职工与企业签订劳动合同。就劳动报酬、工作时间、劳动定额、休息休假、劳动安全卫生、保险福利等与企业平等协商、签订集体合同，并监督集体合同的履行。调解劳动争议。

（四）组织职工开展劳动竞赛、合理化建议、技术革新、技术攻关、技术协作、发明创造、岗位练兵、技术比赛等群众性经济技术创新活动。

（五）组织培养、评选、表彰劳动模范，负责做好劳动模范的日常管理工作。

（六）对职工进行思想政治教育，组织职工学习文化、科学和业务知识，提高职工素质。办好职工文化、教育、体育事业，开展健康的文化体育活动。

（七）协助和督促企业做好劳动报酬、劳动安全卫生和保险福利等方面的工作，监督有关法律法规的贯彻执行。参与劳动安全卫生事故的调查处理。协助企业办好职工集体福利事业，做好困难职工帮扶救助工作，为职工办实事、做好事、解难事。

（八）维护女职工的特殊利益。

（九）加强组织建设，健全民主生活，做好会员会籍管理工作。

（十）收好、管好、用好工会经费，管理好工会资产和工会企（事）业。

第十九条 坚持群众化、民主化，实行会务公开。凡涉及会员群众利益的重要事项，须经会员大会或会员代表大会讨论决定；工作计划、重大活动、经费收支等情况接受会员监督。

第二十条 按照会员和职工群众的意愿，依靠会员和职工群众，开展形式多样的工会活动。

第二十一条 工会召开会议或者组织职工活动，需要占用生产时间的，应当事先征得企业的同意。

工会非专职委员占用生产或工作时间参加会议或者从事工会工作，在法律规定的时间内工资照发，其他待遇不受影响。

第二十二条 开展建设职工之家活动，建立会员评议建家工作制度，增强工会凝聚力，提高工会工作水平。

推动企业关爱职工，引导职工热爱企业，创建劳动关系和谐企业。

第四章 工 会 主 席

第二十三条 职工二百人以上的企业工会依法配备专职工会主席。由同级党组织负责人担任工会主席的，应配备专职工会副主席。

第二十四条 国有、集体及其控股企业工会主席候选人，应由同级党组织和上级工会在充分听取会员意见的基础上协商提名。工会主席按企业党政同级副职级条件配备，是共产党员的应进入同级党组织领导班子。专职工会副主席按不低于企业中层正职配备。

私营企业、外商投资企业、港澳台商投资企业工会主席候选人，由会员民主推荐，报上一级工会同意提名；也可以由上级工会推荐产生。工会主席享受企业行政副职待遇。

企业行政负责人、合伙人及其近亲属不得作为本企业工会委员会成员的人选。

第二十五条 工会主席、副主席可以由会员大会或会员代表大会直接选举产生，也可以由企业工会委员会选举产生。工会主席出现空缺，须按民主程序及时进行补选。

第二十六条 工会主席应当具备下列条件：

（一）政治立场坚定，热爱工会工作。

（二）具有与履行职责相应的文化程度、法律法规和生产经营管理知识。

（三）作风民主，密切联系群众，热心为会员和职工服务。

（四）有较强的协调劳动关系和组织活动能力。

第二十七条 企业工会主席的职权：

（一）负责召集工会委员会会议，主持工会日常工作。

（二）参加企业涉及职工切身利益和有关生产经营重大问题的会议，反映职工的意愿和要求，提出工会的意见。

（三）以职工方首席代表的身份，代表和组织职工与企业进行平等协商、签订集体合同。

（四）代表和组织职工参与企业民主管理。

（五）代表和组织职工依法监督企业执行劳动安全卫生等法律法规，要求纠正侵犯职工和工会合法权益的行为。

（六）担任劳动争议调解委员会主任，主持企业劳动争议调解委员会的工作。

（七）向上级工会报告重要信息。

（八）负责管理工会资产和经费。

第二十八条 按照法律规定，企业工会主席、副主席任期未满时，不得随意调动其工作。因工作需要调动时，应征得本级工会委员会和上一级工会的同意。

罢免工会主席、副主席必须召开会员大会或会员代表大会讨论，非经会员大会全体会员或者会员代表大会全体代表无记名投票过半数通过，不得罢免。

工会专职主席、副主席或者委员自任职之日起，其劳动合同期限自动延长，延长期限相当于其任职期间；非专职主席、副主席或者委员自任职之日起，其尚未履行的劳动合同期限短于任期的，劳动合同期限自动延长至任期期满。任职期间个人严重过失或者达到法定退休年龄的除外。

第二十九条　新任企业工会主席、副主席，应在一年内参加上级工会举办的上岗资格或业务培训。

第五章　工作机制和制度

第三十条　帮助和指导职工签订劳动合同。代表职工与企业协商确定劳动合同文本的主要内容和条件，为职工签订劳动合同提供法律、技术等方面的咨询和服务。监督企业与所有职工签订劳动合同。

工会对企业违反法律法规和有关合同规定解除职工劳动合同的，应提出意见并要求企业将处理结果书面通知工会。工会应对企业经济性裁员事先提出同意或否决的意见。

监督企业和引导职工严格履行劳动合同，依法督促企业纠正违反劳动合同的行为。

第三十一条　依法与企业进行平等协商，签订集体合同和劳动报酬、劳动安全卫生、女职工特殊权益保护等专项集体合同。

工会应将劳动报酬、工作时间、劳动定额、保险福利、劳动安全卫生等问题作为协商重点内容。

工会依照民主程序选派职工协商代表，可依法委托本企业以外的专业人士作为职工协商代表，但不得超过本方协商代表总数的三分之一。

小型企业集中的地方，可由上一级工会直接代表职工与相应的企业组织或企业进行平等协商，签订区域性、行业性集体合同或专项集体合同。

劳务派遣工集中的企业，工会可与企业、劳务公司共同协商签订集体合同。

第三十二条 工会发出集体协商书面要约二十日内，企业不予回应的，工会可要求上级工会协调；企业无正当理由拒绝集体协商的，工会可提请县级以上人民政府责令改正，依法处理；企业违反集体合同规定的，工会可依法要求企业承担责任。

第三十三条 企业工会是职工代表大会或职工大会的工作机构，负责职工代表大会或职工大会的日常工作。

职工代表大会的代表经职工民主选举产生。职工代表大会中的一线职工代表一般不少于职工代表总数的百分之五十。女职工、少数民族职工代表应占相应比例。

第三十四条 国有企业、国有控股企业职工代表大会或职工大会的职权：

（一）听取审议企业生产经营、安全生产、重组改制等重大决策以及实行厂务公开、履行集体合同情况报告，提出意见和建议。

（二）审议通过集体合同草案、企业改制职工安置方案。审查同意或否决涉及职工切身利益的重要事项和企业规章制度。

（三）审议决定职工生活福利方面的重大事项。

（四）民主评议监督企业中层以上管理人员，提出奖惩任免建议。

（五）依法行使选举权。

（六）法律法规规定的其他权利。

集体（股份合作制）企业职工代表大会或职工大会的职权：

（一）制定、修改企业章程。

（二）选举、罢免企业经营管理人员。

（三）审议决定经营管理以及企业合并、分立、变更、破产等重大事项。

（四）监督企业贯彻执行国家有关劳动安全卫生等法律法规、实行厂务公开、执行职代会决议等情况。

（五）审议决定有关职工福利的重大事项。

私营企业、外商投资企业和港澳台商投资企业职工代表大会或职工大会的职权：

（一）听取企业发展规划和年度计划、生产经营等方面的报告，提出意见和建议。

（二）审议通过涉及职工切身利益重大问题的方案和企业重要规章制度、集体合同草案等。

（三）监督企业贯彻执行国家有关劳动安全卫生等法律法规、实行厂务公开、履行集体合同和执行职代会决议、缴纳职工社会保险、处分和辞退职工的情况。

（四）法律法规、政策和企业规章制度规定及企业授权和集体协商议定的其他权利。

第三十五条　职工代表大会或职工大会应有全体职工代表或全体职工三分之二以上参加方可召开。职工代表大会或职工大会进行选举和作出重要决议、决定，须采用无记名投票方式进行表决，经全体职工代表或全体职工过半数通过。

小型企业工会可联合建立区域或行业职工代表大会，解决本区域或行业涉及职工利益的共性问题。

公司制企业不得以股东（代表）大会取代职工（代表）大会。

第三十六条　督促企业建立和规范厂务公开制度。

第三十七条　凡设立董事会、监事会的公司制企业，工会应依法督促企业建立职工董事、职工监事制度。

职工董事、职工监事人选由企业工会提名，通过职工代表大会或职工大会民主选举产生，对职工代表大会或职工大会负责。企业工会主席、副主席一般应分别作为职工董事、职工监事的候选人。

第三十八条　建立劳动法律监督委员会，职工人数较少的企业应设立工会劳动法律监督员，对企业执行有关劳动报酬、劳动安全卫生、工作时间、休息休假、女职工和未成年工保护、保险福利等劳动法律法规情况进行群众监督。

第三十九条 建立劳动保护监督检查委员会，生产班组中设立工会小组劳动保护检查员。建立完善工会监督检查、重大事故隐患和职业危害建档跟踪、群众举报等制度，建立工会劳动保护工作责任制。依法参加职工因工伤亡事故和其他严重危害职工健康问题的调查处理。协助与督促企业落实法律赋予工会与职工安全生产方面的知情权、参与权、监督权和紧急避险权。开展群众性安全生产活动。

依照国家法律法规对企业新建、扩建和技术改造工程中的劳动条件和安全卫生设施与主体工程同时设计、同时施工、同时使用进行监督。

发现企业违章指挥、强令工人冒险作业，或者生产过程中发现明显重大事故隐患和职业危害，工会应提出解决的建议；发现危及职工生命安全的情况，工会有权组织职工撤离危险现场。

第四十条 依法建立企业劳动争议调解委员会，劳动争议调解委员会由职工代表、企业代表和工会代表组成，办事机构设在企业工会。职工代表和工会代表的人数不得少于调解委员会成员总数的三分之二。

建立劳动争议预警机制，发挥劳动争议调解组织的预防功能，设立建立企业劳动争议信息员制度，做好劳动争议预测、预报、预防工作。

企业发生停工、怠工事件，工会应当积极同企业或者有关方面协商，反映职工的意见和要求并提出解决意见，协助企业做好工作，尽快恢复生产、工作秩序。

第四十一条 开展困难职工生活扶助、医疗救助、子女就学和职工互助互济等工作。有条件的企业工会建立困难职工帮扶资金。

第六章　女职工工作

第四十二条　企业工会有女会员十名以上的，应建立工会女职工委员会，不足十名的应设女职工委员。

女职工委员会在企业工会委员会领导和上一级工会女职工委员会指导下开展工作。

女职工委员会主任由企业工会女主席或副主席担任。企业工会没有女主席或副主席的，由符合相应条件的工会女职工委员担任，享受同级工会副主席待遇。

女职工委员会委员任期与同级工会委员会委员相同。

第四十三条　女职工委员会依法维护女职工的合法权益，重点是女职工经期、孕期、产期、哺乳期保护、禁忌劳动、卫生保健、生育保险等特殊利益。

第四十四条　女职工委员会定期研究涉及女职工特殊权益问题，向企业工会委员会和上级女职工委员会报告工作，重要问题应提交企业职工代表大会或职工大会审议。

第四十五条　企业工会应为女职工委员会开展工作与活动提供必要的经费。

第七章　工会经费和资产

第四十六条　督促企业依法按每月全部职工工资总额的百分之二向工会拨缴经费、提供工会办公和开展活动的必要设施和场所等物质条件。

第四十七条　工会依法设立独立银行账户，自主管理和使用工会经费、会费。工会经费、会费主要用于为职工服务和工会活动。

第四十八条　督促企业按国家有关规定支付工会会同企业开展的职工教育培训、劳动保护、劳动竞赛、技术创新、职工疗休养、困难职工补助、企业文化建设等工作所需费用。

第四十九条 工会经费审查委员会代表会员群众对工会经费收支和财产管理进行审查监督。

建立经费预算、决算和经费审查监督制度，经费收支情况接受同级工会经费审查委员会审查，接受上级工会审计，并定期向会员大会或会员代表大会报告。

第五十条 企业工会经费、财产和企业拨给工会使用的不动产受法律保护，任何单位和个人不得侵占、挪用和任意调拨。

企业工会组织合并，其经费财产归合并后的工会所有；工会组织撤销或解散，其经费财产由上级工会处置。

第八章 工会与企业党组织、行政和上级工会

第五十一条 企业工会接受同级党组织和上级工会双重领导，以同级党组织领导为主。未建立党组织的企业，其工会由上一级工会领导。

第五十二条 企业工会与企业行政具有平等的法律地位，相互尊重、相互支持、平等合作，共谋企业发展。

企业工会与企业可以通过联席会、民主议事会、民主协商会、劳资恳谈会等形式，建立协商沟通制度。

第五十三条 企业工会支持企业依法行使经营管理权，动员和组织职工完成生产经营任务。

督促企业按照有关规定，按职工工资总额的百分之一点五至百分之二点五、百分之一分别提取职工教育培训费用和劳动竞赛奖励经费，并严格管理和使用。

第五十四条 企业行政应依法支持工会履行职责，为工会开展工作创造必要条件。

第五十五条 上级工会负有对企业工会指导和服务的职责，为企业工会开展工作提供法律、政策、信息、培训和会员优惠等

方面的服务，帮助企业工会协调解决工作中的困难和问题。

企业工会在履行职责遇到困难时，可请上级工会代行企业工会维权职责。

第五十六条 县以上地方工会设立保护工会干部专项经费，为维护企业工会干部合法权益提供保障。经费来源从本级工会经费中列支，也可以通过其它渠道多方筹集。

建立上级工会保护企业工会干部责任制。对因履行职责受到打击报复或不公正待遇以及有特殊困难的企业工会干部，上级工会应提供保护和帮助。

上级工会与企业工会、企业行政协商，可对企业工会兼职干部给予适当补贴。

第五十七条 上级工会应建立对企业工会干部的考核、激励机制，对依法履行职责作出突出贡献的工会干部给予表彰奖励。

工会主席、副主席不履行职责，上级工会应责令其改正；情节严重的可以提出罢免的建议，按照有关规定予以罢免。

第九章　附　　则

第五十八条 本条例适用于中华人民共和国境内所有企业和实行企业化管理的事业单位工会。

第五十九条 本条例由中华全国总工会解释。

第六十条 本条例自公布之日起施行。

附录二

全国总工会推选工会劳动法律监督十大优秀案例[1]

天津市某公司安检员工超时工作案

2022年2月,天津市总工会接到一封职工匿名信。来信反映天津某公司存在旅检通道安检人员长期超时工作、劳动强度过大等问题,并详细描述了安检人员主班补班工作时长、工作强度以及休息倒班等有关情况。接到来信后,市总工会及时启动工会劳动法律监督程序,发送《工会劳动法律监督提示函》。同时,深入研判、细致分析找准工时制度及执行问题,发送《工会劳动法律监督意见书》,提出安检岗位综合计算工时折算政策适用不妥、工作时长计算缺乏准确性和科学性、履行职代会程序不规范三方面问题,要求公司整改。收到《工会劳动法律监督意见书》后,公司高度重视,明确提出并认真落实三项整改措施。一是根据旅检通道岗位工作实际情况,调整综合计算工时折算适用政策。二是加强人力资源精细化管理,科学准确做好工时核算工作,确保公开、公正,切实保障职工合法权益。三是进一步规范履行职代会程序,切实保障职工的知情权、参与权、表达权、监督权。

2021年1月1日起,《天津市工会劳动法律监督条例》正式施行,天津市工会劳动法律监督工作迈入了法治化轨道。此案

---

[1] 案例来源:《全国总工会推选工会劳动法律监督十大优秀案例》,载中工网,https://www.workercn.cn/c/2023-03-21/7775722.shtml,最后访问时间:2025年3月10日。

中，市总工会严格依照条例规定，及时启动工会劳动法律监督程序，向用人单位发出《工会劳动法律监督提示函》，深入调查后向用人单位出具《工会劳动法律监督意见书》，切实将监督融入维权服务工作的全链条，提升工会工作法治化水平，最大限度地减少苗头性、倾向性、潜在性劳动用工风险隐患，维护劳动关系和谐稳定。

河北省衡水市开展工资支付专项监督为职工追回工资、保险待遇案

衡水市冀州区总工会在对某公司开展工资支付专项监督时发现，2018年12月至2019年5月，公司为职工杨某等9人发放的工资低于当地最低工资标准，且未如期缴纳9人的养老、医疗、生育等社会保险费。冀州区总工会劳动法律监督委员会随即组织对该公司在工资支付和社会保险费缴纳等方面存在的问题进行梳理分析，并向该公司发出《工会劳动法律监督意见书》，要求15日内就相关情况进行答复。因到期未获答复，2019年6月25日，冀州区总工会向区劳动监察大队发出《工会劳动法律监督建议书》，提请其对该公司工资发放、社会保险费缴纳情况进行劳动保障监察，并依法作出处理。在冀州区总工会和区劳动监察大队的共同推动下，该公司为杨某等人补齐了工资差额，补缴了社会保险费。

工会劳动法律监督是工会组织积极参与社会治理、有效提升治理能力的重要载体和手段。多年来，衡水市冀州区总工会加强组织建设、健全联动机制，通过创新开展联合监督、定期监督、专项监督、综合监督等，将监督"关口"前移，及时发现劳动关系风险隐患。对用人单位存在劳动违法行为的，运用"一函两书"监督机制，加强与人社部门协调联动，推动劳动法律法规贯彻实施，依法维护职工合法权益，提升了职工群众的获得感幸福感安全感。

上海市推动企业平稳实施改革调整案

2021年8月,上海市某企业因经营需要进行架构调整,拟裁减部分职工。静安区曹家渡街道总工会了解这一情况后立刻组织力量上门开展工会劳动法律监督。由于该企业裁员人数达企业职工总数的25%,街道总工会会同区总工会劳动关系工作指导员以及专业的律师团队,上门就企业职工安置方案提出建议、给予指导。该企业根据建议及时调整方案,并加强与职工的民主协商,最终确保企业改革调整平稳实施。

地方总工会充分发挥工会劳动法律监督作用,筑牢劳动关系"防火墙",把劳动关系矛盾风险隐患化解在基层、消除在萌芽状态,生动展现了工会劳动法律监督在化解劳动关系矛盾、推动构建和谐劳动关系、维护地区稳定中的重要作用。一是织密工作网络,形成排查全面、预警及时的网格化管理模式。加强预警排查,通过摸排区域企业关停并转等苗头性问题,及时发现矛盾隐患,加强预警预防,采取有效措施。二是加强队伍建设,打造敢于担当、专业过硬的劳动法律监督员队伍。充分发挥劳动关系工作指导员的作用,吸纳具有丰富经验的工会干部、人事干部等加入指导员队伍,充实监督员的专业力量。三是整合各方资源,实现规范用工、维护稳定的劳动法律监督工作成效。劳动关系工作指导员、楼宇工会社会工作者、律师等协同配合,在监督过程中从不同层面发挥了重要作用,实现了"稳定劳动关系、维护职工权益、助力企业发展"的有机统一。

江苏省江阴市某互联网公司及入驻公司平台企业用工"法治体检"案

江苏省江阴市某互联网公司是一家一站式数字化集成公共服务平台,目前入驻平台企业1433家,注册货车司机1900多名。

2021年3月,该公司向江阴市总工会"云监督"平台提出"法治体检"申请。接到申请后,江阴市总工会组建了市镇两级工会劳动法律监督员、法律专家、志愿者组成的监督小组,为该公司提供"法治体检"等工会劳动法律监督服务。通过检查发现,入驻平台企业与货车司机之间,绝大多数建立的是合作关系而非劳动关系,且合作协议仅涉及合作有关内容,没有货车司机权益保障的相关内容。监督小组从工会组建、职代会规范化召开、企业规章制度内容审议、工时制度等方面进行"一对一"监督指导,依法提出了整改建议。

江阴市总工会以帮助平台企业规范劳动用工管理为出发点,抓住用工关系这一主线,通过查验审核平台企业与劳动者之间的合作协议、企业规章制度等,寻找问题隐患,制作"体检报告",开出"法律处方",帮助企业建立完善"法律健康档案",从源头上、制度上规范企业劳动用工行为,既维护了劳动者合法权益,也促进了企业健康发展,实现了劳资双赢,促进了劳动关系和谐稳定。

浙江省东阳市总工会维护残疾职工合法劳动权益专项监督案

2022年4月,东阳市总工会在劳动法律监督过程中,发现作为残疾人集中安置企业的某公司违反《劳动法》《劳动合同法》等法律规定,未按当地最低工资标准向残疾职工发放工资等问题线索。通过与检察机关协作,运用检察大数据法律监督手段查明全市33家用工企业普遍存在残疾职工最低工资标准不达标、休息休假权被剥夺等违法问题,涉及残疾职工300余人。随后,市检察院向市人社局发送行政公益诉讼诉前检察建议,督促其履行行政监管职责,在全市残疾人集中安置企业开展残疾职工合法权益保障专项整治。在专项整治过程中,市人社局邀请市总工会和市检察院全程同步监督，督促残疾人集中安置企业自查、核查和认真整改，确保全市33家残疾人集中安置企业全部整改到位。

残疾职工是职工队伍的组成部分，依法维护残疾职工合法权益是工会的职责所在。东阳市总工会依托与检察机关建立的公益诉讼协作配合机制，通过数字化手段开展类案摸排，发挥公益诉讼检察职能，督促相关部门开展专项整治，健全完善长效监管机制，以劳动法律监督机制手段创新深化残疾职工权益保障，实现了政治效果、法律效果和社会效果有机统一。

福建省泉州市黄某等25人追索劳动报酬案

2021年10月下旬，黄某等25人到泉州台商投资区职工法律服务一体化基地，反映被拖欠劳动报酬共约96万元。接到投诉后，泉州台商投资区总工会劳动法律监督员和法援律师立即深入企业开展调查。查证属实后，区总工会劳动法律监督委员会向企业发出《工会劳动法律监督提示函》，并指派工会法援律师组织调解。在多次调解无果后，区总工会协助职工向当地劳动人事争议仲裁委员会申请劳动仲裁。同时，区总工会充分发挥"园区枫桥"机制优势，就地组织仲裁员、人民调解员等多部门人员，在基地再次对当事人进行裁前调解，经不懈努力和持续跟进，25名职工最终拿到了被拖欠的全部工资。

坚持和发展新时代"枫桥经验"，是推进基层社会治理现代化，促进社会和谐稳定的重要途径。工会会同法院、人社、司法等单位建立职工法律服务阵地，形成"园区枫桥"机制，是新时代"枫桥经验"在劳动关系领域的生动实践，是维护职工合法权益、竭诚服务职工群众，推动构建和谐劳动关系的积极探索和有益经验。泉州台商投资区总工会探索多元化解劳资矛盾一体化维权模式，联合区综治办、民生保障局和法院，集中设置"两室两庭一站"，即职工法律援助室、职工劳资纠纷调解室、劳动仲裁庭、劳动法庭和台籍职工法律服务工作站，建设职工法律服务一体化基地，为职工维权提供法律咨询、调解、仲裁、诉讼"一站式"服务，促进了园区劳动关系和谐，得到企业、职工的广泛欢迎和好评。

江西省九江市工会劳动法律监督维护职工工伤权益案

2019年7月，江西省九江市某金属机械加工厂职工李某在作业中右手被机器砸伤致手指骨折。李某请求企业为其申报工伤，但企业以各种理由推脱。因企业未提供相关资料，人社部门无法为李某办理工伤认定。九江市总工会接到李某求助后，迅即启动工会劳动法律监督程序，向企业发送《工会劳动法律监督意见书》，为企业负责人释明法律，同时向同级人社部门提出个案监督建议。在九江市总工会和人社部门的协作配合下，企业为职工出具了工伤认定手续，职工被认定工伤并获得赔偿。

实践中，一旦企业怠于履行申报工伤及相关义务，职工往往只能通过仲裁或诉讼方式维权。为推动从立法层面解决这一问题，九江市总工会在《江西省企业工会工作条例》制定过程中，明确建议增加"职工发生事故伤害或者按照《职业病防治法》规定被诊断、鉴定为职业病，请求工会为其申请工伤认定的，工会应当收集、审查有关证明材料，并向社会保险行政部门申报。对不予受理或不予工伤认定的，社会保险行政部门应当向工会作出书面答复"等有关内容，并最终被采纳。通过工会劳动法律监督发现问题，系统分析问题，进而提出对策，再推动将具有针对性、可行性的对策转化为具有普适性的法律规范，从个案法律监督上升至立法层面的制度设计，从源头上解决一类问题，体现了工会劳动法律监督的重要使命和意义，也是工会组织发挥桥梁纽带作用的具体体现。

山东省青岛市某企业返聘人员权益保障案

青岛市即墨区某大型服装智能制造企业有员工约2000人，劳动用工风险一直困扰着企业管理人员。2021年10月，即墨区总工会督促指导企业建立了工会劳动法律监督委员会，制定了企业工会劳动法律监督制度。企业工会劳动法律监督员在日常监督中发现，退休返聘人员张某、李某每天骑摩托车上下班，二人住址距离单位较远，职业伤害风险较大。另据了解，张某曾在2020年12月因路面湿滑，上班途中骑摩托车摔伤。随后，监督员将了解到的相关情况向企业工会进行了汇报，并建议企业为退休返聘人员购买雇主责任险。经研究，建议最终被采纳，既保障了劳动者合法权益，又降低了企业劳动用工风险，实现了企业和劳动者的双赢。该监督员也因此获得了企业的"金点子"奖励。

工会劳动法律监督过程中，发现企业存在退休返聘人员等无法纳入现行工伤保险制度保障范围的劳动者，可以通过建议企业购买雇主责任险、意外伤害险等商业保险方式，确保劳动者在发生职业伤害后可以获得有效的补偿救助。青岛市即墨区总工会创新监督理念，打造劳动用工"法治体检"品牌，指导辖区内已经建立工会的单位普遍建立劳动法律监督委员会，加强工会劳动法律监督员队伍建设，通过日常劳动法律监督及时发现企业的"痛点""难点""风险点"，"对症下药"，有力推动了职工合法权益保障和和谐劳动关系构建。

广东省珠海市某公司职工聚集表达诉求案

2021年6月，珠海市金湾区总工会收到某公司职工来电反映，称该公司自2021年3月开始安排100余名职工停工，原定于6月1日复工，但职工按时返岗要求复工时却遭到公司拒绝，导致多名职工聚集公司门口表达诉求。区总工会当即启动劳动法律监督程序，派出维权专员同区人社局劳动保障监察员等组成监督工作小组，及时处置纠纷。监督工作小组通过了解职工诉求、听取企业回应等方式了解事实后，对公司安排部分职工停工休假的合法性问题提出监督建议，认为依据《广东省工资支付条例》，公司若不能提供充分证据证明订单不足导致停工的事实，将承担由此带来的法律后果。同时，要求公司在实施停工措施前充分听取工会和职工意见，若需暂缓复工，应履行必要的通知义务。后经多次沟通协调，截至2021年12月底，约10名员工继续留在公司上班，10名员工申请劳动仲裁，其余职工与公司协商一致解除劳动合同。此后再未发生职工聚集表达诉求的情况。

近年来，受全球经济下行、国际贸易摩擦及疫情影响，一些企业面临订单锐减、开工不足等问题，部分企业停工停产、安排职工休息休假，导致职工收入大幅减少，容易引发劳资纠纷，劳动关系面临不少挑战。珠海市金湾区总工会及时启动监督程序，提出精准监督建议，提醒企业依法行使自主经营权，最大限度保障了职工合法权益，同时统筹处理好维护职工合法权益与推动企业发展的关系，有效促进劳动关系和谐稳定、健康发展。

陕西省总工会为新就业形态直播企业开展劳动用工"法治体检"案

陕西某文化传媒公司是一家全产业链型企业，因公司规模快速扩张，劳动用工管理方面存在劳动合同不规范等问题，曾出现因公司与主播之间对竞业限制的对象、期限、违约金等约定不明晰，培养孵化的网红主播"出走"，给企业造成经济损失的情况。陕西各级工会专门组建以工会干部、公职律师、专业律师为主体的"法治体检组"，梳理企业劳动用工方面可能存在的问题，宣讲劳动用工法律政策，对企业的管理运营合规性进行法律分析，提出整改措施，为某文化传媒公司及其他新业态企业开展深度

"法治体检",妥善化解了企业劳动用工管理方面存在的风险隐患,获得企业和职工好评。

新就业形态劳动者权益保障是近年来工会工作的重点。陕西各级工会组建专业化劳动法律监督队伍,通过体检内容"五个一",即为企业开展一次劳动用工法律风险体检、为企业经营管理人员和职工开展一次法律政策宣讲、为企业提供一次专业法律咨询问答、为企业制定防范和化解法律风险的"法治体检"报告一次、帮助指导企业按"法治体检"报告规范整改一次,以及调研摸底、实地体检、咨询问答、梳理汇总、整改提高等体检形式"五步走",为新业态企业提供个性化定制服务,开展全方位体检,帮助企业合规管理运营、规范劳动用工、解决纠纷争议,有效维护了新就业形态劳动者合法权益。

全国总工会、最高法、最高检联合发布劳动法律监督"一函两书"典型案例[①]

1. 天津市河北区检察院、法院联动化解武某英等97人与某环境卫生管理所劳动争议

【关键词】

检法联动　支持起诉　确认劳动关系　社会保险

[①] 载全国总工会微信公众号,https://mp.weixin.qq.com/s/D6_I3zW3CpQkcwcQ41yZdA,发布时间:2024年12月27日,最后访问时间:2025年3月6日。

【基本情况】

武某英等97人分别受雇于天津市三家环境卫生管理所（以下简称环卫所），从事道路清扫等工作。双方就劳动关系确认发生争议，经天津市河北区劳动人事争议仲裁委员会仲裁及天津市河北区人民法院（以下简称河北区法院）和天津市第二中级人民法院两审终审，确认存在劳动关系。用工期间，三家环卫所没有为武某英等97人登记社保并缴纳社会保险费，导致已退休人员无法享受社会保险待遇。当武某英等97人再次向河北区劳动人事争议仲裁委员会申请仲裁，要求环卫所赔偿损失时，该劳动人事争议仲裁委员会以超过法定退休年龄为由未予受理。后武某英等97人拟向法院提起民事诉讼。

【协同协作履职情况】

天津市河北区人民检察院（以下简称河北区检察院）依托设在区法院的支持起诉接待窗口，指导符合支持起诉条件的申请人收集线索、整理证据，打通劳动者权益保障绿色通道，共受理武某英等人与环卫所劳动争议支持起诉案97件，以检法联动深化协作为劳动者诉讼"降本增效"，进一步提高诉讼效率，降低诉讼成本，让弱势群体得到及时有效的法律指引。

河北区检察院经审查认定，武某英等97人与案涉三家环卫所存在劳动关系，环卫所在用工期间没有为劳动者登记社保并缴纳社会保险费，导致案涉劳动者在退休后无法享受社会保险待遇。依托与天津市河北区总工会（以下简称河北区总工会）制定的《关于建立职工劳动权益保障协作配合工作机制的意见》，河北区检察院及时向河北区总工会通报案件线索和审查认定结果。针对案涉劳动者文化水平、诉讼能力等方面存在的问题，河北区检察院强化会商研判、深化办案协作，决定支持起诉，并向河北区法院发出支持起诉书。河北区法院在一审审理中认定，案涉三家环卫所没有为武某英等97名劳动者登记社保并缴纳社会保险费，导致案涉劳动者在退休后无法享受社会保险待遇，遂作出一审民事判决，支持 97 名劳动者赔偿社会保险损失的诉讼请求共计 750 余万元。河北区检察院在接到河北区法院的生效判决文书后，及时向区总工会通报案件裁判结果，参与研商资金筹措方案，推动社会保险待遇落实到位。

河北区检察院对近 3 年办理的劳动争议支持起诉案件进行梳理，发现案件发生的主要原因在于案涉单位用工不规范，存在管理漏洞。为推动企业依法规范用工、前端化解劳动纠纷，河北区检察院与区总工会协商沟通，向案涉单位制发《工会劳动法律监督意见书》，并就保障劳动者权益，构建和谐劳动关系，深入企业"把脉施策"，通过普法宣讲进一步规范企业经营秩序，增强保护职工劳动权益的意识，推动"一函两书"制度取得实效。

【典型意义】

劳动者退休后依法享受社会保险待遇，事关劳动者切身利益和社会和谐稳定。河北区检察院探索"检察院支持起诉+法院+工会"工作模式，在强化检法联动，提高诉讼质效的基础上，重视源头治理预防在前，以"一函两书"落地见效助力企业单位"查漏补缺"。充分发挥检察机关与工会各自职能优势，用好"检察监督+劳动监督"机制，以两种监督双向赋能为劳动者权益"保驾护航"，为劳动者织密劳动权益保护网，以支持起诉作为保障劳动者依法享有社会保险待遇提供有力举措，切实解决好弱势群体的忧"薪"事。

2. 黑龙江省延寿县"法院+工会"促推用人单位主动履行定期支付伤残津贴义务

【关键词】

工伤保险待遇　支付义务　履行生效判决

【基本情况】

2002年，邓某因工伤保险待遇与某公司发生争议并诉至法院。黑龙江省延寿县人民法院判决，某公司应支付邓某相关工伤保险待遇，其中包括每月向邓某支付伤残抚恤金（现称伤残津贴）。判决生效后，某公司在近20年的时间里从未主动履行过给付伤残津贴的义务，导致邓某每年都要向人民法院申请强制执行。某公司的做法不仅给邓某造成了负担，同时也耗费了有限的司法资源。

【协同协作履职情况】

2024年初，延寿县人民法院针对某公司行为发出司法建议书，建议某公司通过合法且便捷的方式履行其对邓某的给付义务，同时将司法建议书抄送至延寿县总工会。延寿县总工会根据司法建议书，向某公司发出《工会劳动法律监督提示函》。某公司接受了相关建议，自2024年起定期向邓某支付伤残津贴，并将整改结果以回函的方式进行反馈。

【典型意义】

工伤保险是社会保险的重要组成部分。用人单位依法负有缴纳工伤保险费的义务。未依法参加工伤保险的用人单位职工发生工伤的，由用人单位支付工伤保险待遇。伤残津贴是在职工因工致残而退出工作岗位后定期享有的经济补偿，旨在保障其基本生活。在用人单位不主动履行生效判决给劳动者造成负担的情况下，人民法院通过发出司法建议书，同步抄送至总工会的形式，以柔性手段最终成功化解了近20年的执行问题。通过协调推进"一函两书"制度，用人单位从被动强制执行转变为主动履行，既有效保障了劳动者的合法权益，又促使用人单位认识到主动承担社会责任、遵守法律规定是构建和谐社会的重要组成部分，一次性解决了劳动者胜诉权益保障问题，有利于引领社会法治意识养成。

3. 江苏省镇江市司法建议助力工会在用人单位单方解除劳动合同中发挥监督作用

【关键词】

用人单位单方解除劳动合同　解除程序　监督　协同化解纠纷

【基本情况】

近年来，江苏省镇江市两级法院在劳动争议案件审理过程中，发现用人单位单方解除劳动合同前未履行通知工会程序问题易发多发。用人单位因未履行通知工会程序而被认定为违法解除劳动合同，需承担向劳动者支付赔偿金的责任。

【协同协作履职情况】

镇江市中级人民法院于2024年4月28日向镇江市总工会发出《关于充分发挥工会监督职能依法保障劳动者合法权益的司法建议书》，提出如下建议：1. 帮助和指导企业职工组建工会；2. 设置工会接收通知的规范性流程；3. 明确工会审查通知的操作要求；4. 加强工会组织建设与职能宣传。

镇江市总工会收到司法建议书后，高度重视、积极研商落实措施，对用人单位单方解除劳动合同中工会监督职能的作用发挥情况进行了专项调研，于2024年6月13日复函人民法院，提出以下措施：一是联合法院、检察院、人社部门出台专门意见指导用人单位规范履行单方解除劳动合同通知工会程序；二是试行工会对用人单位单方解除劳动合同监督预核查制度；三是大力推行"一函两书"提升工会监督实效。

2024年8月，镇江市总工会、镇江市中级人民法院、镇江市人民检察院、镇江市人力资源和社会保障局联合印发《工会监督预核查用人单位单方解除劳动合同工作指引（试行）》，在镇江市建立和试行用人单位单方解除劳动合同工会监督预核查机制，进一步完善劳动者权益保障制度，实现矛盾纠纷前端预防化解。

【典型意义】

《工会法》第二十二条第二款规定："用人单位单方面解除职工劳动合同时，应当事先将理由通知工会，工会认为用人单位违反法律、法规和有关合同，要求重新研究处理时，用人单位应当研究工会的意见，并将处理结果书面通知工会。"用人单位单方解除劳动合同，负有应当事先将理由通知工会的义务，否则将构成违法解除，需承担法定责任。人民法院在审理案件时，发现用人单位单方解除劳动合同过程中存在工会监督机制虚化、职能发挥不充分等问题，遂向总工会发出司法建议书，建议工会对用人单位单方解除行为的合法性进行预先审查，充分发挥监督作用。总工会积极回应，提出具体落实措施并与法院、检察院、人社部门联合出台文件，构建用人单位单方解除劳动合同工会监督预核查机制，为进一步保障劳动者合法权益、促进劳动纠纷预防化解和社会和谐稳定发挥了良好的示范作用。

4. 浙江省宁波市人民检察院制发检察建议督促规范小微放射诊疗机构职业病防治

【关键词】

行政公益诉讼检察建议　职业病防治　电离辐射风险

【基本案情】

口腔和宠物等小微放射诊疗机构在未办理辐射安全及放射诊疗许可，且未规范进行放射防护、未按要求安排放射工作人员进行职业健康体检的情况下，常年使用 X 射线设备开展放射诊疗活动，可能存在电离辐射风险。

【协同协作履职情况】

2023 年 8 月，浙江省宁波市镇海区人民检察院（以下简称镇海区检察院）收到镇海区总工会（以下简称区总工会）反映部分小微放射诊疗机构放射防护不到位可能存在职业健康隐患线索，经研判后以行政公益诉讼立案，在联合区总工会随机抽取4家机构进行现场调查核实基础上，调取关键数据进行建模比对，发现19家机构无辐射安全、放射诊疗许可信息，20家未落实职业健康体检要求。

镇海区检察院经咨询法学专家，明确小微放射诊疗机构涉及职业卫生健康、放射设备、宠物诊疗等具体监管事项，于2023年9月14日和22日，分别向区卫生健康局（以下简称区卫健局）、宁波市生态环境局镇海分局（以下简称市生态环境镇海分局）制发检察建议，督促依法履职。同年10月31日，镇海区检察院组织区卫健局、市生态环境镇海分局以及区农业农村局召开公开听证会，邀请人大代表、政协委员、法学专家、放射卫生专家以及工会代表参加，明确行政监管职责，分类施策针对性整改，合力促进小微放射诊疗机构规范化建设。同年11月6日以工作推进会形式，进一步明确区农业农村局作为宠物行业主管部门常态化通报动态数据，区卫健局及市生态环境镇海分局根据通报数据快速反应，跟进处置。

截至2023年11月底，整改工作基本完成。针对许可不全，区卫健局和市生态环境镇海分局全面排查全区72家机构，对筹建中的10家机构"点对点"指导许可审批事项。针对诊疗不规范和职业健康体检问题，区卫健局对4家明显违法机构予以罚款66600元，督促12家机构安排劳动者进行职业健康体检。针对射线设备管理不规范，市生态环境镇海分局对4家轻微违法机构责令限期整改。相关行政机关同步约谈小微放射诊疗机构，引导严格落实电离辐射污染和职业健康防治主体责任。2024年4月，镇海区检察院经跟进调查，确认整改取得实际成效。

2024年5月，宁波市人民检察院（以下简称宁波市检察院）

部署专项监督，督促行政机关针对存在严重问题的立案查处27件。同年7月，宁波市检察院向牙科、宠物行业协会制发社会治理检察建议，市总工会同步送达劳动法律监督提示函，建议规范行业自律管理。同年8月，宁波市检察院联合相关行政机关建立协作机制，推动小微放射诊疗活动纳入"双随机"及新业态跨部门联合执法。

【典型意义】

随着口腔医院、宠物医院的快速发展，小微放射诊疗职业安全问题日益引起重视。检察机关与工会深度协作，从线索挖掘、案件办理到成效评估全流程互动，协同联动、双向赋能，推动市域层面规范小微放射诊疗活动和职业健康防治工作，引导行业自律，切实维护劳动者合法权益。

5. 福建省厦门市湖里区引入"12368"热线助力工会化解农民工异地维权难

【关键词】

法院"12368"诉讼服务热线　农民工　拖欠劳动报酬

【基本情况】

2024年1月初，贵州籍农民工张某向福建省厦门市湖里区人民法院"12368"诉讼服务热线咨询欠薪纠纷网上立案事宜。张某称，自己在该区某项目工程做铝板安装工，承包劳务项目的个人拖欠其3225元劳务费，其现已不在厦门务工，不知如何维权。

【协同协作履职情况】

福建省厦门市湖里区人民法院研判后认为，该案标的额较小且争议不大，张某异地诉讼有诸多不便，更适合通过"工会+法院"纠纷化解机制处理，遂引导张某至该区总工会劳动法律监督委员会进行调解。2024年1月31日，厦门市湖里区总工会劳动法律监督委员会受理后，将该案委派至街道工会劳动法律监督员处。工会劳动法律监督员首先联系了项目组长，核实了张某劳务用工及劳务费支付情况，了解到承包劳务项目的个人称需等工程款下来才能发放。为帮助张某快速取得劳务费，工会劳动法律监督员将相关情况上报至"园区枫桥"基地，最终决定借助"工会+法院"构建的"一函两书"工作机制向案涉工地项目部负责人发出《工会劳动法律监督意见书》，根据法律规定提醒其无故拖欠农民工工资的法律风险。该意见书发出后，项目部负责人立即向张某支付了劳务费 3225 元。

【典型意义】

按时足额获得劳动报酬是劳动者最关心的权益。欠薪纠纷关系劳动者生存利益的维护，保障其利益诉求快速实现具有重要意义。人民法院立足司法职能，坚持和发展新时代"枫桥经验"，有效发挥调解在矛盾纠纷预防化解中的基础性作用，让大量矛盾纠纷止于未发。针对农民工异地讨薪难的问题，人民法院将"12368"诉讼服务热线作为化解矛盾纠纷的前沿阵地，通过分析研判，将标的额小、争议不大的案件引导至工会调解化解。工会发挥贴近一线优势，及时通过发出《工会劳动法律监督意见书》，促使案涉项目企业全额支付劳务费。"工会+法院"协作机制和"一函两书"制度的落实使农民工异地维权更加方便、快捷，降低了维权成本。

6. 湖北省鄂州市"一函两书"与司法建议联动化解某钢铁公司社会保险劳动争议

【关键词】

司法建议　社会保险　劳动争议

【基本情况】

2024 年 4 月，湖北省鄂州市中级人民法院审理了涉及 4 名劳动者与某民营钢铁公司的劳动争议案件。该企业以劳动者出具不缴纳社保承诺书为由,不为劳动者办理社会保险登记。经过法院与"法院+工会"诉调对接工作室的多方共同努力沟通,最终劳动者与公司达成了调解协议,劳动纠纷得以圆满解决。这批案件反映出的不为劳动者办理社会保险登记等劳动用工方面存在的问题,引起法院和工会的关注。

【协同协作履职情况】

为预防和化解类似劳动争议,鄂州市总工会和鄂州市中级人民法院积极探索建立工会劳动法律监督"一函两书"与司法建议联动机制,推进劳动权益保护。通过初步摸底,该企业涉及同类型劳动用工问题的职工约有140名,用工违法的问题如不尽快解决,将持续损害劳动者的合法权益。鄂州市中级人民法院经与鄂州市总工会会商后,协同推进运用司法建议、"一函两书"制度保障劳动者合法权益。5月13日,鄂州市中级人民法院向该公司发出司法建议,并抄送市、区两级工会,要求对劳动用工违法的问题进行整改。收到法院抄送的司法建议书后,鄂州市总工会指导区总工会立即向该公司发出《工会劳动法律监督提示函》,并当面送达。该公司收到司法建议书和《工会劳动法律监督提示函》后,非常重视该问题并采取了三个措施:一是立即组织公司人事部门对全体劳动者社保登记和缴纳问题进行了摸底和排查;二是对全部问题提出了整改方案;三是为全体劳动者缴纳社会保险。

【典型意义】

此案是湖北省首例成功运用"一函两书"与司法建议联动推进劳动权益保护的典型案例。鄂州市中级人民法院、鄂州市总工会在不断充分运用和完善"法院+工会"的联动机制的情况下,探索建立工会劳动法律监督"一函两书"制度与司法建议衔接机制,及时向用人单位发出司法建议和提示函,共同推动劳动法律法规贯彻执行,有效预防化解劳动关系矛盾纠纷,为实现好、维护好、发展好广大劳动者合法权益提供法治保障，有效保障了劳动者合法权益，有助于构建和谐劳动关系。

7. 重庆市北碚区运用劳动法律监督联动化解某科技发展有限公司加班工资劳动争议

【关键词】

劳动争议　加班工资　工会劳动法律监督

【基本情况】

张某于2009年2月4日入职重庆某科技发展有限公司（以下简称某科技公司），主要从事生产管理工作。2019年8月5日，双方续签了无固定期限劳动合同，约定加班费计算基数、工时制度、基本工资等内容。张某在上班期间每日超时工作，但公司并未支付张某加班费，故诉至法院。法院最终判决某科技公司支付张某加班费。

【协同协作履职情况】

判决生效后，北碚区人民法院向某科技公司发送司法建议书，并根据工会与法院构建的劳动法律监督联动机制、司法建议书抄送工会制度等制度机制，将司法建议书抄送北碚区总工会。北碚区工会劳动法律监督委员会向某科技公司发送《工会劳动法律监督提示函》，提醒某科技公司应加强管理，严格执行劳动定额标准，不得强迫或者变相强迫劳动者加班。用人单位安排加班的，应当按照国家有关规定向劳动者支付加班费。同时严格执行国家有关规定，加班费计算基数不得低于最低工资标准。

区总工会根据司法建议书，通过查阅公司内部规章制度、执行劳动定额标准情况等，指导某科技公司对此前维权职工个人情况进行全面梳理，并反馈了规章制度中存在的问题，提出了整改意见。某科技公司向北碚区总工会复函，汇报了公司执行劳动定额标准情况，表示公司会在运营管理中逐步完善公司规章制度，强化管理、合规经营,对于加班、工作时间,将严格按国家标准执行。

【典型意义】

本案涉及劳动争议领域加班时间、加班工资与劳动合同中约定加班费计算基数不得低于最低工资标准的认定问题,呈现出公司在该领域用工过程中存在的普遍性问题,工会充分发挥"工会+法院"协同推进"一函两书"工作机制,多管齐下,督促企业依法依规运行,共同保障职工合法权益。一是司法建议书+"提示函"双管齐下,共同督促企业核查并整改不规范用工行为,强化合规管理,与法院携手融入社会治理大格局,"抓前端、治未病",优化营商环境。二是做实跟踪回访,确保良性交流,在保障劳动者权益的同时为民营企业营造更好的法治环境,实现企业和职工双赢。三是通过工会调解、法律援助、法院司法建议等关注辖区内企业劳动领域用工过程中存在的问题,总结梳理普遍性、代表性、典型性问题,做强指导监督,对标对点开展"一函两书"工作,助推企业健康良性发展、构建和谐劳动关系。

8. 四川省都江堰市"检察+工会"督促落实劳动者职业病防治监管责任

【关键词】

行政公益诉讼检察建议　劳动者权益　职业病防治　安全生产

【基本案情】

四川省都江堰市部分汽车维修服务企业在喷涂作业过程中,未按规定向职工提供符合国家标准或行业标准的劳动防护用品,也未监督、教育职工按照使用规则正确佩戴、使用,部分企业职工甚至未佩戴任何防护用品进入喷漆房受限空间进行喷涂作业,健康安全存在严重风险。

【协同协作履职情况】

2023年11月，都江堰市总工会在工作中发现部分汽修企业未为劳动者提供防护用品，经《工会劳动法律监督提示函》《工会劳动法律监督意见书》等"一函两书"督促提醒后仍未改正，遂将案件线索移送都江堰市人民检察院（以下简称都江堰市检察院）。都江堰市检察院于2024年4月以行政公益诉讼立案。经现场调查、职工走访等方式，查明辖区内部分汽修企业未向职工提供防护用品，或者提供的防护用品不符合标准。经咨询专家，汽车喷漆过程中产生挥发性有机化合物等有毒有害气体，易造成呼吸系统疾病、神经系统损害等职业病危害。

2024年4月8日，都江堰市检察院组织市卫健局等部门及企业代表召开听证会，邀请市总工会、汽修协会派员参加。听证员一致认为，汽修企业未落实职业病防治主体责任，损害劳动者合法权益，应当立即整改。同年4月10日，都江堰市检察院依据《中华人民共和国安全生产法》《中华人民共和国职业病防治法》等规定，向市卫健局发出行政公益诉讼检察建议，建议对案涉汽修企业未按规定提供劳动防护用品的行为履行监管职责。同时，向市交通运输局制发社会治理检察建议，建议进一步规范汽修行业管理，指导行业协会、用人单位严格落实劳动者权益保护法定义务。

2024年5月31日，市卫健局作出回复，对3家汽修企业依法责令整改，并处以警告处罚。该局将汽修行业纳入2024年度职业病防治重点，联合市交通运输局、市应急局等开展职业病防治安全生产专项行动。全市68家一、二类汽修企业已投入300余万元用于开展职业健康体检和职业病危害因素监测、更新配备符合要求防护用品3万余件，开展职业病防治宣传培训4千余人次。推动市交通运输局、市应急局将汽修喷漆房参照有限空间予以管理，指导制定喷涂作业安全生产操作规程，确保生产作业安全。

汽修协会发挥行业协会自律作用,建立标准化劳动防护用品推荐目录,指导企业采购符合要求的防护用品。

都江堰市检察院邀请市总工会跟进调查,确认案涉汽修企业已配备符合标准的劳动防护用品,相关制度得到完善。以本案办理为契机,都江堰市检察院与市总工会制定《关于共同推进劳动者权益保障构建和谐劳动关系工作的协作机制》,构建检察机关法律监督与工会劳动法律监督协同保障劳动者权益新格局。

【典型意义】

劳动防护用品是保护劳动者职业健康的重要屏障。汽车维修服务行业,尤其是汽车喷涂作业产生含有大量有毒有害气体的蕴毒空间,部分企业因重视不足和减少经营成本需要,劳动防护措施投入不足,极大危害劳动者身体健康,也存在安全生产隐患。检察机关加强公益诉讼监督与工会劳动法律监督同向赋能,促进汽车维修行业职业病防治工作系统整治、全域有效治理,保障劳动者身体健康安全,形成多元协同保护劳动者合法权益的治理格局。

9. 贵州省册亨县人民检察院制发检察建议督促规范劳动者高温天气津贴发放

【关键词】

行政公益诉讼检察建议　劳动者高温天气津贴　大数据法律监督模型　类案监督

【基本案情】

贵州省册亨县位于贵州西南部,全年高温多雨,夏季平均气温33℃以上。特别是每年6月至9月,气温达到35℃的有60多天,户外劳动者工作时中暑等情形频发,但辖区内多家建筑单位、快递企业、外卖公司等未落实发放高温津贴规定,损害了劳动者合法权益。

【协同协作履职情况】

2023年5月，贵州省册亨县人民检察院（以下简称册亨县检察院）收到册亨县总工会移送的辖区内建筑单位、快递企业、外卖公司等未落实发放高温天气津贴规定的案件线索后，经初步调查核实，于同年6月30日依法立案办理。经向相关部门走访座谈、调阅相关资料等方式查明：2021年至2022年的6月至9月，册亨县日平均气温有109天达33℃以上，气温达到35℃的有60多天。《防暑降温措施管理办法》第十七条规定："用人单位安排劳动者在35℃以上高温天气从事室外露天作业，以及不能采取有效措施将工作场所温度降低到33℃以下的，应当向劳动者发放高温津贴，并纳入工资总额。"检察机关对县城内的建筑工人、环卫工人、外卖员、快递员、网络维修工作员共100人进行问卷调查发现，均表示未收到过高温天气津贴。

2023年7月6日，册亨县检察院就本案举行公开听证，邀请县人大代表、政协委员、人民监督员、县总工会代表及部分用人单位代表参加。听证员一致认为，册亨县夏季气温属于高温天气，用人单位应当按照相关法律法规规定，向高温天气作业的劳动者发放高温天气津贴。

2023年7月12日，册亨县检察院根据《防暑降温措施管理办法》《贵州省用人单位发放高温天气津贴的规定》等规定，依法向册亨县人力资源和社会保障局（以下简称县人社局）制发检察建议，建议其依法履行监督管理职责，督促全县用人单位按规定向高温天气作业的劳动者发放高温天气津贴。县人社局收到检察建议后，组织对辖区用人单位落实高温天气津贴政策开展专项排查，并督促用人单位向高温天气作业者482人发放高温天气津贴共计243399元。

结合本案办理，册亨县检察院与县总工会签订《关于建立劳动者权益保障工作协作机制的意见》，共同构建用人单位高温天气津贴合规发放公益诉讼大数据法律监督模型。通过提取辖区内用人单位工资明细表、气象发布情况、贵州省高温发放政策等信息,以数据碰撞比对,共发现相关问题线索40余条。黔西南州总工会同步向各县总工会及各用人单位制发了《工会劳动法律监督提示函》,协同推进辖区高温天气津贴发放工作,检察机关以行政公益诉讼立案办理相关案件5件。在检察公益诉讼和劳动法律监督的有效协同下,有关企事业单位对766名劳动者依法落实了高温天气津贴法定待遇共计30万余元。

【典型意义】

高温津贴是保护劳动者在高温环境下安全生产和身体健康的劳动津贴,属于劳动者的劳动报酬。检察机关针对高温作业劳动者高温天气津贴未能落实的情形,通过公开听证、检察建议等方式开展精准监督,督促行政机关根据贵州省关于发放高温天气津贴的规定确定发放标准,推动用人单位及时发放高温天气津贴。强化"工会+检察院"协作模式,构建相关法律监督模型,推动从个案办理到类案监督,切实维护劳动者合法权益。

10. 青海省总工会、青海省人民检察院运用"一函两书"协作机制保障快递企业劳动者工伤保险权益

【关键词】

行政公益诉讼检察建议　快递企业劳动者　工伤保险　"一函两书"

【基本情况】

2024年6月,青海省人民检察院(以下简称青海省检察院)会同省总工会、省社保局、省邮政管理局等单位对全省范围内快递企业参加工伤保险进行数据比对,并向部分快递人员了解情况,发现全省有60余家快递企业存在断缴或未缴纳工伤保险费的情形,存在损害劳动者合法权益的风险和隐患。

【协同协作履职情况】

为维护快递企业职工合法权益，青海省总工会与青海省检察院建立"一函两书"协作机制，以部门联动机制保障劳动者合法权益。青海省检察院在了解掌握本省快递员的工作状况以及工伤保险缺失的实际情况后，于2024年6月以行政公益诉讼立案。经进一步详细调查后，青海省检察院向青海省人力资源社会保障厅（以下简称省人社厅）发出行政公益诉讼检察建议，建议其核查本省范围内已取得邮政管理部门快递业务经营许可、具备用人单位主体资格的基层快递网点参加工伤保险的情况，督促相关快递企业依法缴纳工伤保险费，保障快递员合法权益。

省人社厅收到检察建议后高度重视，分别向社保经办机构和邮政管理局下发核查通知，在全省范围内开展基层快递网点未参加工伤保险问题排查工作，并建立基层快递网点优先参加工伤保险工作会商机制，召集邮政管理部门及快递企业代表召开工作会议，现场研究存在问题，分析研判工作态势，提出解决措施。通过与企业沟通协调、宣传法律法规等措施，督促企业落实整改。目前，断缴、漏缴的53户企业已正常缴费，未参加工伤保险的13户企业已于2024年8月底全部登记参保，劳动者的合法权益得到了有效保障。

【典型意义】

本案是工会运用"一函两书"制度协同检察机关办理的劳动者工伤保险公益诉讼案，为工会组织协同检察院、人社等部门，在现有法律框架之内，不断健全完善新就业形态劳动者包括工伤保险在内的各类社会保险制度提供了工作思路。案件办理过程中，检察机关与工会开展了深入调研，梳理分析新就业形态劳动者参加工伤保险的基础情况，结合劳动者的实际需求，发挥检察公益诉讼监督和劳动法律监督协同作用，积极稳妥推进问题的解决。

全国工会职工法律援助十大典型案例[1]

案例一 河北承德市双桥区总工会为韩某某等91名职工追讨劳动报酬提供法律援助案

【承办单位】 河北省承德市双桥区总工会、高新区总工会

【关键词】 群体性劳动争议 拖欠工资 强制执行

【推选理由】 本案涉及职工人数多、欠薪数额大、讨薪难度高、执行难度大，河北省承德市总工会以及双桥区总工会、高新区总工会、双桥区人民法院和社会律师联合行动，充分发挥跨部门协作联动机制作用，综合运用法律援助等多种法律服务手段，经过3个月的持续努力，为91名职工讨回工资欠款173万余元。

基本案情

河北A公司与承德B公司组建股份有限公司C，原B公司职工入职C公司，全部签订劳动合同。之后C公司因经营不善，自2022年9月起停止发放91名在岗职工工资，至2023年3月累计拖欠工资数额达到173万余元。因工资被长期拖欠，且出现未缴纳养老保险、医疗保险等问题，91名职工在与C公司协商无果情况下，向承德高新技术产业开发区劳动人事争议调解仲裁委员会提起仲裁。2023年6月8日，劳动人事争议调解仲裁委员会裁决支持91名职工诉求，要求C公司于裁决生效后30日内支付所欠工资，但是C公司拒不执行，之后向法院提起诉讼。因迟迟拿不

---

[1] 载全国总工会微信公众号，https://mp.weixin.qq.com/s/ozm0GlR-NwV8WfwgubEu8A，发布时间：2024年12月27日，最后访问时间：2025年3月6日。

到工资，91名职工在无奈之下，向双桥区人民法院高新区法庭提起诉讼，并向承德市总工会以及双桥区总工会申请法律帮助。承德市总工会高度重视，将该起案件转交双桥区总工会办理，要求密切关注事件进展，及时为91名职工提供法律援助。

处理过程

由于该起案件涉及承德市多个辖区，承德市总工会以及双桥区总工会、高新区总工会决定联合行动，共同支持91名职工向法院提起诉讼，并指派专业律师提供法律援助。经过工会和法律援助律师的不懈努力，2023年9月8日，承德市双桥区人民法院判决要求C公司于判决生效之日起10日内，向91名职工支付工资1737125元。但法院判决生效后，C公司依然未支付欠薪。

由于该案涉及职工人数众多、拖欠工资数额较大，承德市总工会以及双桥区总工会、高新区总工会、双桥区人民法院多次召开专题调度会，会商研究判决执行方案，并多次向C公司释法说理，强调拖欠职工工资对企业及其负责人的不利影响。同时，双桥区总工会配合执行法官走访询问被执行人财产线索，在查询得知被执行人账户财产已被其他法院查封后，执行法官第一时间对账户进行轮候查封，并连夜赶赴首封法院协调沟通。最终，在工会、法院和法律援助律师的共同努力下，2023年11月1日，C公司将所欠工资173万余元全额支付给91名职工。

典型意义

工会法律援助是国家法律援助制度的重要组成部分，是工会参与公共法律服务体系建设的重要内容，是工会依法维护职工合法权益的重要手段。近年来，承德工会探索创新维权服务制度机制，不断深化与法院、司法行政等部门的协同配合，构建形成了纵向联动、横向联通的法律援助工作格局。一是健全协作联动机制，承德市、县两级总工会与法院、司法行政、人社、信访等部门建立定期联席会议制度，对重大疑难劳动争议案件实行联动处置和信息互通,力争及时发现和妥善化解群体性劳动争议,持续优化维护劳动者合法权益协作配合举措,切实增强职工维权服务工作合力。二是提升职工法律援助服务质效,将工会职工法律援助从简单指派律师,逐步扩展为"释法说理""证据收集""案中调解""案件代理""协助执行"的职工法律援助"五位一体"工作体系。三是立足基层提供常态化法律服务,实施"心系劳动者"法律志愿服务进基层行动,精心打造维权服务工作站33个,组织"工字号"志愿者深入各类企业,及时了解掌握职工诉求,提供"贴身式"法律援助服务,获得职工群众充分肯定。

案例二　上海市总工会为董某某等601名被集体辞退职工提供法律援助案

【承办单位】上海市总工会

【关键词】群体性劳动争议　解除劳动合同　快速化解

【推选理由】群体性劳动争议常常牵一发而动全身,如何及时妥善化解该类劳动争议、维护劳动关系和谐稳定,是对工会维权服务能力水平的极大考验。在本案中,上海市总工会充分发挥多部门协同联动作用,在最短时间内帮助职工获取生效法律文书,争分夺秒申请强制执行,为职工争取利益最大化,使得涉及职工人数众多的劳动关系矛盾纠纷最终得到平稳化解。

基本案情

2023年12月22日,某折扣连锁超市突然宣布关闭,其经营主体某贸易(上海)有限公司与职工集体解除劳动合同,共涉及董某某等601名职工,引发众多职工不满情绪。同时,超市关闭以及集体辞退职工相关信息,在社交媒体、大众传媒上迅速传播扩散,引发社会广泛关注。上海市总工会接收到信息后,按照群体性劳动关系矛盾监测预警处置机制工作要求立即响应,市总工会主要领导高度重视,第一时间提出工作要求;市总工会劳动关系工作部会同市职工服务中心成立工作小组，与市劳动人事争议仲裁院进行沟通，制定联合应急处置方案，并在1小时内安排工作人员和法律援助律师到达现场，实地了解事态进展，安抚疏导职工情绪，提供专业法律服务。

处理过程

经过现场多轮沟通交流和调查核实，市总工会法律援助律师确认职工诉求主要集中在2023年12月工资、解除劳动合同经济补偿、应休未休年假折算工资以及加班费等方面。考虑到涉案人数多、金额大且临近岁末年初，加之超市存在资不抵债风险，市总工会与劳动人事争议仲裁院当即决定开设"绿色通道"。一方面，工会法律援助律师加班加点整理立案材料，指导职工填写仲裁申请书；另一方面，劳动人事争议仲裁院现场设点办公，当场受理职工仲裁申请并同步开展调解。经过各方共同努力，仅2天时间就帮助527名职工取得仲裁调解书。对于未达成调解意愿的其余74名职工，工会法律援助律师持续提供法律援助服务，其中65名职工在仲裁庭审中与超市达成调解协议，另有9名职工最终获得仲裁胜诉裁决。在事发不到20天时间内，有550余名职工劳动报酬及经济补偿支付到位，一场可能引发大规模人员聚集的群体性劳动关系矛盾纠纷得到及时妥善化解。

典型意义

一是快速响应、精准研判是群体性劳动争议有效化解的先决条件。上海市总工会建立群体性劳动关系矛盾监测预警处置机制，对该起案件第一时间作出响应，安排专人到事发现场接待职工，与企业行政沟通协调，为后续矛盾纠纷及早化解打下良好基础。二是部门联动、协作配合是群体性劳动争议高效化解的重要支撑。市总工会与人社等部门建立一系列协作联动机制，形成了许多处置群体性劳动争议行之有效的经验做法，在该起案件发生之后，工会与人社及时会商研判，共同开设劳动争议仲裁"绿色通道"，促成本案在较短时间内得到圆满解决。三是协商调解、快速履行是群体性劳动争议彻底化解的最优方案。涉案超市因资不抵债导致履约能力不足，成为该起案件办理中最不稳定因素。为避免发生职工赢了官司却拿不到钱款的不利结果，工会法律援助律师侧重采取协商和调解等方式，督促超市及时主动履行法定责任。四是分批服务、循序渐进是群体性劳动争议妥善化解的重要技巧。由于群体性劳动争议中职工诉求趋于多元，本案法律援助律师注重分类施策、分步解决，首先引导具有共同诉求的大多数职工与超市达成和解，再为具有特殊诉求的其他职工提供个性化法律服务，进而避免因个别影响整体而发生久拖不决状况。

案例三 江苏泰州市总工会为网约车司机赵某某追讨停运费提供法律援助案

【承办单位】 江苏省泰州市总工会职工法律援助中心

【关键词】 网约车司机 交通肇事 停运费

【推选理由】 泰州市总工会在服务新就业形态劳动者"六个一"行动中，排查发现网约车司机权益受损问题线索，及时介入对接，分析研判案情，指派专业律师为网约车司机提供法律援助，通过大量调取证据、还原事实真相、优化援助策略，成功维护了网约车司机合法权益，体现了工会对新就业形态劳动者的关心关爱，彰显了工会法律援助的应有价值。

基本案情

2021年4月，网约车司机赵某某在驾车行驶途中，与某驾校车辆发生碰撞，造成自有车辆损坏。经交警部门认定，肇事司机孙某某负事故全部责任。之后，保险公司赔付赵某某车辆维修等费用，但对车辆维修期间产生的55天停运损失拒不赔偿。赵某某多次与孙某某、某驾校、保险公司三方协商索赔，但三方各有说辞，均不赔付赵某某停运损失。其中，孙某某认为赵某某车辆不属于营运车辆，其主张停运损失缺乏依据；某驾校认为，该事故与其无关，不应由其承担赔付责任；保险公司认为停运损失属于间接损失，不属于保险理赔范围。之后，泰州市总工会从对接联系的网约车司机微信群中，了解到赵某某的维权诉求，主动将赵某某请到工会，详细了解事件经过及原因症结，考虑到赵某某系外来务工人员和单亲女职工，认为符合工会职工法律援助条件，遂指派专业律师为其提供法律援助。

处理过程

工会法律援助律师首先从法律和证据上进行分析，为赵某某索赔停运费明确了法律和事实依据。根据《最高人民法院关于审理道路交通事故损害赔偿案件适用法律若干问题的解释》第十二条规定，赵某某因道路交通事故无法从事相应经营活动所产生的合理停运损失，有权请求侵权人赔偿。但由于赵某某提出援助申请时，距离事故发生已逾期一年，且未留存相关证据，以致案件事实证明材料严重缺失。

为帮助赵某某收集和固定有效证据，法律援助律师先后到汽车维修店调取《售后服务环检问诊单》，确认维修期限；向法院申请调查令，赴保险公司调取赔偿明细和事故车辆维修照片，固定维修证据；赴交通运输局调取事故车辆换证前后档案明细，证明事故发生时为营运车辆且证照齐全；赴平台公司调取机动车登记证书及挂靠合同，协调平台公司出具情况说明，证实事故车辆为赵某某所有，其享有侵权损失赔偿诉权。

对于保险公司的免责抗辩，法律援助律师在庭审中提出，保险公司提供的《中国保险行业协会机动车商业保险示范条款》为格式条款，属于减轻保险公司自身法定义务情形，且保险公司无证据证明其已尽到提示说明义务，故该免责条款不发生法律效力，保险公司应当承担赔偿责任。最终，法院采纳了法律援助律师意见，认定赵某某合法从事网约车业务，支持赵某某关于车辆受损送修期间索赔停运费的诉讼请求。

典型意义

本案不仅有效维护了网约车司机赵某某的合法权益，宣传了国家法律政策知识，也向新就业形态劳动者宣扬了工会作为职工"娘家人"的角色定位，是工会做好职工法律援助工作的生动缩影。一是体现了工会法律援助的专业性，面对证据缺失的不利局面，坚持以事实为依据、以法律为准绳，通过大量调查取证，积极补强证据，还原事实真相，为案件胜诉提供了充分证据支持。二是彰显了工会法律援助的职工立场，以依法帮助职工群众解决"急难愁盼"问题为导向，将工会法律援助服务范围向新就业形态劳动者特别是网约车司机、货车司机等重点群体拓展，建立常态化、多样化的联系引导和维权服务机制，积极营造关心关爱新就业形态劳动者的良好氛围。

案例四　浙江宁波市江北区总工会为网络主播郑某追讨劳动报酬提供法律援助案

【承办单位】浙江省宁波市江北区总工会

【关键词】网络主播　解除劳动合同　确认劳动关系

【推选理由】本案从认定劳动关系"三要素"入手，以法律政策和证据材料为依据，通过工会职工法律援助渠道，帮助经济困难的新就业形态劳动者确认劳动关系，依法维护其劳动经济权益。这是工会维护新就业形态劳动者权益的一次成功实践，为工会更好推进新就业形态劳动者法律援助服务等工作提供了经验借鉴，具有较强的示范性和指导性。

基本案情

受援人郑某为浙江某市进城务工人员，长期以来无稳定经济收入，家庭状况较为困难。2023年10月，郑某入职宁波某助农产品销售公司从事主播工作，未与公司签订书面劳动合同，仅口头约定月薪7000元，开播时间以公司安排为准，每日保证播出时长4小时以上，需接受不定时加班，工资由公司负责人微信转账。2023年12月，销售公司以直播效益不好、存在经营困难为由，通知郑某于次日开始停止上班。郑某对公司停工通知难以接受，在经济较为困难且缺乏自我维权能力的情况下，向宁波市江北区总工会寻求帮助。

处理过程

宁波市江北区总工会接到郑某求助后，第一时间安排法律援助律师与郑某沟通。经过对案件事实以及所涉法律关系的分析梳理，法律援助律师认为郑某从事"主播"工作属于新型用工模式，不同于传统的"打卡""坐班"等工作模式，因此确认劳动关系成为本案有效解决关键。

2024年1月，该案进入劳动争议仲裁阶段，法律援助律师从确认劳动关系"三要素"着手，依据《劳动合同法》相关规定，提出三点论证意见。一是该销售公司为适格用人主体，应当与郑某订立书面劳动合同；二是郑某服从销售公司工作安排，在公司规定场所范围内从事网络直播，直播内容及形式均符合公司要求；三是销售公司主营业务为助农销售项目，郑某以直播带货形式销售农产品，符合其业务范围。劳动争议仲裁委员会采纳了法律援助律师意见，裁定郑某与销售公司存在合法有效劳动关系，因销售公司未与郑某签订书面劳动合同，应支付二倍工资赔偿；销售公司违法解除劳动关系，应当支付相应经济补偿。

之后，销售公司因不服仲裁裁决，向法院提起诉讼。宁波市江北区总工会迅速组织力量赴销售公司走访座谈，重点对公司行政管理人员宣传普及法律知识，并通过摆事实、讲道理等方式进行思想疏导，最终促成公司和郑某在之后的法院庭审现场达成和解，用人单位当场支付补偿金。

典型意义

当前，以网络主播、外卖送餐员、网约车司机等为代表的新就业形态劳动者规模日趋扩大，其就业渠道多元、用工形式灵活、工作时间不确定等特殊性，对劳动纠纷预防化解带来新的挑战。近年来，宁波市江北区总工会立足维权服务基本职责，紧盯重点领域和重点群体，积极运用法律援助方式维护新就业形态劳动者合法权益。一是高度重视，将维护新就业形态劳动者合法权益摆在重要位置，不论行业类别、工种岗位、性别出身，均纳入工会法律援助服务对象范围，努力做到有诉必应、接诉即办。二是紧扣需求，把准新就业形态劳动纠纷化解关键所在，做到第一时间与职工面对面交流，详细了解事件经过，精准分析争议焦点，有针对性地研究制定维权策略和措施。三是突出预防，主动靠前做好用人单位普法宣传工作，将工会法律援助从个案事后化解向类案主动预防延伸，引导用人单位提升守法意识，做到依法规范用工，防范化解劳动争议风险隐患，更好维护劳动关系和谐稳定。

案例五　为外卖配送员解某某工亡赔偿提供法律援助案

【承办单位】山东省济南市平阴县总工会

【关键词】外卖配送员　工亡赔偿　确认劳动关系

【推选理由】外卖配送员等新就业形态劳动者因劳动关系不明确，面临权益保障少、争议纠纷多、维权难度大等问题。本案是互联网经济高速发展下因新型用工形式而产生的争议，工会通过开展职工法律援助，及时高效化解了劳动争议纠纷，有力维护了新就业形态劳动者合法权益。

基本案情

解某某于2022年2月11日被威海某公司录用，并指定到平阴分公司从事外卖工作。3月5日21时许，解某某在送餐途中突发疾病，被送往平阴县医院治疗，后抢救无效死亡。解某某的家属为此事一直奔波无果，向平阴县总工会寻求帮助。县总工会经审核，认为解某某符合工会职工法律援助条件，立即指派工会法律援助工作者为其提供法律援助。对于解某某死亡赔偿问题，某公司提出由承保的保险公司负责理赔，但保险公司在审核之后，认为解某某并非工亡而拒绝理赔，最终某公司只同意以救济形式给予解某某家属5万元。经过多次沟通调解无效后，工会法律援助工作者帮助解某某家属向县劳动人事争议仲裁委员会提起仲裁申请，仲裁委员会认为此案不属于仲裁范围，告知向法院提起诉讼。

处理过程

工会法律援助工作者将相关证据材料递交至县法院。某公司认为与解某某签订《配送宣传协议》，其属于承揽外卖配送业务，双方不具有管理和被管理关系。工会法律援助工作者提出，某公司系依法登记成立的有限责任公司，具备建立劳动关系的用人单位主体资格；解某某根据某公司要求进行上岗前培训，每天打卡考勤，接受好评监督，通过公司APP接收订单，配备统一服饰及配送箱开展配送业务；某公司向解某某支付配送费，属于以计件提成方式支付薪酬，符合一般劳动关系特征。经法院审理，认定解某某与某公司之间自2022年2月11日起至3月9日止存在劳动关系。某公司不服法院一审判决，向济南市中级人民法院提起上诉。中级人民法院经审理后驳回上诉，维持原判。解某某家属接到胜诉判决后向工会表达谢意："这笔赔偿得来不易，对我们太珍贵了！感谢工会为我们伸张正义！"

典型意义

开展职工法律援助是工会依法履行维权服务职责的重要手段。近年来，平阴县总工会多措并举，扎实推进工会职工法律援助工作，办出"工"字特色，为推动构建和谐劳动关系发挥了积极作用。一是健全"一站式"服务阵地,在工会服务职工阵地建立工会法律援助实体机构,设立劳动争议调解室、调裁诉对接室、仲裁派驻庭、巡回法庭等,为职工提供法律咨询、协商调解、代理仲裁和诉讼等一站式全链条维权服务,叫响"工会法律援助服务在您身边"工作品牌。二是强化"联动式"多元解纷,完善"工会+法院+检察院+人社+司法"多部门联动协作机制,积极参与劳动争议多元化解,全方位预防化解劳动争议纠纷。三是开展"防范式"普法宣传,定期深入企业开展公益法律服务和劳动用工指导服务,不断提升职工和企业尊法学法守法用法的能力和水平。四是组建"专业化"法律服务团队,组建一支由工会干部、律师、志愿者等组成的法律服务工作者队伍,及时调处化解劳动争议纠纷,提升工会职工法律援助专业性和影响力。

案例六　河南南阳市镇平县总工会为曹某某等5名职工追讨劳动报酬提供法律援助案

【承办单位】河南省南阳市镇平县总工会

【关键词】拒不支付劳动报酬罪　跨部门协同联动

【推选理由】本案中,镇平县总工会依托工会法律援助中心维权优势,综合运用"工会+人社""工会+检察院""工会+法院"等协同机制,加强与相关部门联动配合,依法有效维护职工合法权益。

基本案情

2021年1月,贾某某与王某某共同成立某实业有限公司,贾某某为法定代表人,王某某为董事长。二人在经营该公司期间,拖欠曹某某等5名职工2021年2月至12月工资共计26.68万元。曹某某等人多次索要无果后,于2023年3月向南阳市镇平县总工会提出法律援助申请。

处理过程

南阳市镇平县总工会法律援助中心受理曹某某等5人的法律援助申请后，立即展开办案调查，但贾某某、王某某居住河北，与二人多次联系仍拒不配合调查。县总工会遂启动"工会+劳动监察"监督程序，由县人社局对该公司进行立案处理。2023年5月25日，县人社局向该公司下发限期整改指令书，贾某某、王某某二人在整改期限截止后，仍拒绝支付曹某某等5人工资。县总工会随即联合县人社局，以二人涉嫌拒不支付劳动报酬罪，向县公安局移送案件线索。

2024年1月4日，县公安局以贾某某、王某某二人涉嫌拒不支付劳动报酬罪，向县检察院移送审查起诉。县检察院审查后，于2024年1月16日向县法院起诉。经审理查明，被告人贾某某、王某某有能力支付而不支付劳动者劳动报酬，数额较大，经政府有关部门责令支付仍不支付，应当以拒不支付劳动报酬罪追究刑事责任。在该案提起公诉前，贾某某、王某某将所欠工资26.68万元支付到位，得以减轻处罚，之后二人分别被判处有期徒刑六个月，缓刑一年，罚金8000元。

典型意义

职工群众利益无小事。南阳市镇平县总工会在法律援助过程中，高度关注农民工等弱势群体合理合法诉求，加强与人社、公安、检察院等部门协同联动，推动工会职工法律援助与行政执法、刑事司法等手段有效衔接，切实解决职工群众"急难盼愁"问题。一是强化阵地队伍建设，县总工会不断夯实"一中心两站点"（工会法律援助中心、工会驻法院法律援助站、工会驻劳动人事争议仲裁院法律援助站）建设，组建法律援助律师团队，建立覆盖县域内重点企业、工业园区的工会法律援助维权网络，就近就地为职工特别是困难职工、农民工提供及时高效的法律服务。二是强化法律援助基础保障，为工会职工法律援助工作提供充足经费支持，扎实开展服务农民工公益法律服务行动，开展"送法进工地""送法进企业"活动，指导企业依法规范用工，有效维护劳动关系和谐稳定。三是建立协同联动机制，加强与人社、公安、法院、检察院等部门的协作配合，建立劳动争议特别是欠薪等重大复杂案件联合研判机制和信息沟通机制，深化共建共治，增强工作合力，为维护职工合法权益构筑坚实法律屏障。

案例七　湖南常德市总工会为患病职工钟某追讨经济补偿等提供法律援助案

【承办单位】湖南省常德市总工会、常德市武陵区总工会

【关键词】退休年龄　患病职工　"背靠背"调解

【推选理由】随着我国老龄化现象日益凸显，达到法定退休年龄但未享受退休待遇的职工在企业工作情况屡见不鲜。当此类职工因身体原因无法继续提供劳动时，企业多以劳动合同自行终止为由通知其离岗，且不愿支付或减少支付经济补偿。工会通过开展职工法律援助，能够有效维护此类职工合法权益。

基本案情

钟某（1963年9月出生）于2009年上半年入职常德市某物业公司担任保安员，该公司未为其购买社会保险。2022年4月，钟某患尿毒症住院治疗1个多月，并请人代班，该公司支付了全勤工资。2023年11月下旬，钟某因尿毒症再次住院治疗，该公司支付了病假工资。2023年12月5日，该公司通知钟某离岗，并要求其签订离职协议，因公司未支付经济补偿，钟某拒绝签字。2023年12月7日，钟某邮寄上岗申请书，公司未予回复。钟某认为公司属于违法解除劳动合同，要求公司支付经济赔偿金、加班工资以及赔偿失业保险金等损失，并于2024年1月向常德市总工会申请法律援助。

处理过程

常德市职工维权帮扶中心详细了解钟某情况及诉求后，依法为其提供法律援助，指派工会法律援助律师办理此案，并依据属地管理原则要求武陵区总工会全力做好配合。工会法律援助律师一方面向钟某详细了解案件事实，指导钟某提供住院病历等证据，另一方面与该公司多次沟通，希望通过协商方式解决纠纷。经过多轮"背靠背"沟通，在达成调解趋势日益明朗情况下，法律援助律师及时将协商结果向主审法官报告，引导双方当事人继续开展调解。

该案于2024年4月17日进行庭审，经常德市武陵区法院主持调解，该公司一次性支付钟某经济补偿、失业保险金等款项共计5万元，于4月30日支付到位。区总工会继续为钟某提供法律服务，督促该公司协助钟某办理补缴基本养老保险相关手续，同时协调人社部门向该公司发函。

典型意义

一是及时响应与介入。市总工会在接到职工求助后，第一时间给予职工支持和帮助，迅速展开调查工作，详细了解案件情况，体现对职工权益的高度关注和积极负责的态度。二是专业指导帮助，市总工会指派经验丰富的法律援助律师，为职工提供专业法律指导，帮助职工梳理案件事实，收集有力证据，为职工维权提供了坚实法律后盾。三是多方沟通协调，工会法律援助律师积极与涉事企业沟通，努力寻求协商解决途径，同时与法院保持密切联系，为案件妥善处理牵线搭桥。四是厘清法律关系，工会法律援助律师深入研究和准确判断职工与企业的法律关系，对照法律政策规定，明确职工权益边界和保障范围，为维权工作明确法律依据。五是坚持调解优先，既及时保障了职工合法权益，又提高了案件处理效率，还降低了职工维权成本。六是督促履行承诺，市总工会持续督促企业履行相关承诺，确保职工合法权益落实到位，充分体现了工会对职工权益维护的责任担当。

案例八　广西南宁市总工会为章某某等8名农民工追讨劳动报酬提供法律援助案

【承办单位】广西壮族自治区南宁市总工会

【关键词】农民工　追讨劳动报酬　协作联动

【推选理由】本案是依托劳动争议多元化解机制保障农民工工资支付的典型案件。近年来，南宁市总工会在积极推进根治欠薪行动中，探索构建"法院+工会+检察院+人社+N"劳动争议多元化解协作联动机制，通过整合法院、检察院、劳动争议仲裁机构、劳动保障监察机构、工会法律服务律师团和协调劳动关系专家工作室等力量，为农民工提供精准高效法律援助服务，助力解决农民工工资追讨难题，切实保障农民工劳动报酬权益，进一步增强农民工异地务工安全感和归属感。

基本案情

某装饰工程有限公司负责承建南宁市某项目楼户内精装修工程，与不具备建筑企业资质的某建筑劳务公司授权委托代理人陈某某签订《工程分包合同》，明确陈某某为现场代表，全面负责工程施工与管理等有关事宜。2018年，陈某某雇请章某某等8名江苏籍农民工为装修工程提供劳动。项目竣工后，章某某等8名农民工长时间未能领取足额劳动报酬。2019年2月，陈某某经过多次催讨，向章某某等8名农民工出具《欠条》等字据，确认存在拖欠劳动报酬事实，但事后仍不支付欠薪。自2019年起，章某某等8名农民工先后向当地劳动保障监察机构、公安机关、检察院、法院等单位反映欠薪问题，但因缺乏相应维权能力，所提诉求未能获得支持，追讨劳动报酬陷入僵局。

处理过程

2023年11月，章某某等8名农民工向广西南宁市总工会寻求法律援助，希望帮忙追讨被拖欠的劳动报酬97720元。南宁市总工会受理章某某等8名农民工法律援助申请后，随即联同劳动保障监察机构调解专家以及工会职工维权律师，前往南宁市中级人民法院、兴宁区法院、兴宁区检察院走访了解具体案情，会同研究维权工作方案。同时，南宁市总工会从本级工会法律服务律师团中，指派3名律师组成援助服务团，为8名农民工提供法律援助。援助律师通过梳理案件证据材料及法律关系，以《保障农民工工资支付条例》第三十条、第三十六条为依据，主张在分包单位拖欠农民工工资情况下，农民工可向施工总承包单位某装饰工程有限公司主张清偿责任，并迅速为当事人代拟起诉文书。2023年12月，法院受理该案后，援助律师积极与法院沟通，申请法院出具相关调查函，先后前往南宁市劳动保障监察支队、兴宁区检察院依法调取涉案相关材料，进一步提高原告方证据证明效力，最大限度还原案件事实。经过不懈努力，2024年5月，南宁市兴宁区法院作出一审判决，支持8名农民工追讨劳动报酬诉讼请求。2024年6月，该案上诉至南宁市中级人民法院，最终经调解结案。

典型意义

一是部门联动，多方协作解难题。本案得以顺利解决，主要得益于法院、检察院、人社、工会等多部门联动配合。在收到农民工反映的问题线索后，南宁市总工会主动协调法院、检察院、人社等部门，专门就工资清偿问题召开研讨会议，经各方专业会商，及时解决了案件诉讼管辖问题，避免农民工因异地诉讼承受不必要的时间、费用等成本支出。此外，南宁市总工会积极打通劳动争议调解、仲裁、诉讼等渠道，为农民工提供追讨欠薪"一站式"法律服务。二是律师助力，专业服务保权益。南宁市总工会指派具有劳动领域丰富执业经验的3名律师组成援助服务团，为农民工提供专业法律援助。援助律师充分发挥专业优势，重点对照《保障农民工工资支付条例》相关规定，认真梳理案情，确认违法事实。在诉讼过程中，援助律师以事实和法律为依据，充分发表代理意见，反映农民工利益诉求，积极争取法院判决支持，有效维护被欠薪农民工合法权益，取得了良好法律效果和社会效果。

案例九　重庆市永川区总工会为张某等 32 名职工追讨劳动报酬提供法律援助案

【承办单位】重庆市永川区总工会

【关键词】群体性劳动争议　拖欠劳动报酬　仲裁调解

【推选理由】本案涉案公司以劳务派遣规避劳动关系，在全国各大城市均有线下门店，其涉及面广、关注度高、影响范围大，加之事发时间临近年关，容易引发群体性事件，处置难度大。案件充分发挥了工会参与劳动争议多元化解机制作用，通过工会牵头、多部门联动协作及时高效化解矛盾纠纷，有效维护了职工合法权益。

基本案情

2023 年 12 月，重庆市永川区总工会接到张某等 32 名职工求助，反映某实业有限公司长期拖欠张某等人劳动报酬一事。经了解，该公司为节约成本、降低用工风险，在定向招录职工后，通过第三方以劳务派遣方式用工，存在管理混乱、劳动关系不清等情况。后因经营不善，该公司线下门店大量关闭，致大批职工失业。截至张某等人向工会申请法律援助时，该公司已拖欠职工两个月工资，且未提出解除劳动合同的经济补偿方案。张某等人存在通过非理性方式讨要劳动报酬倾向。

处理过程

永川区总工会接到申请后，第一时间与相关部门互通信息，了解到该公司已人去楼空，公司账户也已被冻结，员工工资均无法正常支付。鉴于临近年关，职工讨薪心切，易引发非理性维权事件，为妥善化解该起纠纷，区总工会当即组织召开协调会，会同区人社、信访、司法行政等部门对案件进行分析研判，认为通过调解方式才能快速推动案件申请司法执行，解决欠薪问题，并商定由区总工会牵头，各部门配合，迅速介入处置。工会法律援助律师、劳动争议调解员通过上门、电话、微信等方式与当事人反复沟通，分析案件风险，提出解决方案，成功引导当事人双方达成调解意向。在区总工会主持下，区劳动争议仲裁和劳动保障监察执法部门出席见证下，双方当事人签订了仲裁调解书。案件自立案到达成调解协议仅用时7天，为职工挽回经济损失十万余元，有效缩短维权时间成本。

典型意义

本案中，工会根据案件特点"因案施策"，充分发挥桥梁纽带作用，维护了劳动关系和谐稳定，为经济社会发展贡献了积极力量。一是主动作为促化解。工会通过劳动用工指导、争议调解、法律援助等方式主动参与矛盾纠纷社会治理，前端介入，闭环处置，促进了大量劳动争议及时就地解决。二是多方联动聚合力。工会与人社、信访、司法、法院、检察院等部门互通情况、共享信息、会商研判、协作配合是妥善处置矛盾纠纷的关键措施。发挥好"工会+N"联动模式，有利于拓展工会信息渠道，把控风险的前端关口，提升处置的专业水平。三是方式灵活显质效。重庆工会把握调解、仲裁、诉讼特点，一方面坚持调解优先，积极引导职工以调解方式化解矛盾纠纷，另一方面将职工法律援助作为调解工作的重要补充，根据案件特点灵活选择处置方式，降低维权时间成本，达到最佳服务效果。

案例十 陕西宝鸡市渭滨区总工会为胡某等11名农民工追讨劳动报酬提供法律援助案

【承办单位】 陕西省宝鸡市渭滨区总工会

【关键词】 农民工　公益诉讼　拖欠劳动报酬

【推选理由】本案是一起典型的发包方、承包方层层分包，恶性拖欠农民工劳动报酬的纠纷诉讼。渭滨区总工会与相关部门多方联动，积极为涉案农民工提供法律援助，法院对案件快审快结，及时高效维护农民工合法权益。

基本案情

2020年4月，胡某等11人经宝鸡某劳务公司指派，在宝鸡某房地产项目从事真石漆、外墙保温项目施工工作。2021年3月30日，胡某等11人完成与劳务公司约定的全部项目施工工作，劳务公司在支付部分工资后，仍拖欠胡某等11人工资（每人5000—40000元不等）共计22.5万元，经多次催要，该劳务公司仍以各种理由拒绝支付。胡某等11人向宝鸡市渭滨区劳动监察大队投诉，经其与劳务公司多次协调无果。2022年6月20日，渭滨区检察院依法对该恶性欠薪案涉及的11名农民工工资数额进行调查取证、确认核实，作出了胡某等11人的支持起诉书。2022年7月12日，该检察院向渭滨区法院提交了涉案胡某等11人的支持起诉书及相关资料。

处理过程

经渭滨区检察院、区总工会的对接联系，区法院立即对这批农民工讨薪案立案。区总工会职工（农民工）法律援助工作站指派区某法律服务所主任李某、法律工作者李某某、谢某担任一审案件代理人。为使胡某等人尽快拿到被拖欠工资，代理人详细研究案情，理清代理思路，充分做好庭审准备。最后，在渭滨区检察院、区总工会和相关部门的共同努力下，法院经审理，判决该劳务公司向胡某等11人支付劳动报酬共计22.5万元，并赔偿2021年5月1日起至款清之日止按照同期一年期贷款市场报价利率计算的利息损失。相关分包公司对上述债务承担连带清偿责任。

典型意义

一是依法开展检察公益诉讼。本案是由渭滨区检察院支持起诉的公益诉讼,是一起典型的恶性拖欠农民工劳动报酬的群体性纠纷诉讼。这类案件的特点是标的额不大,多数在5000—50000元之间;无欠条,诉讼取证难;送达难。在当前劳动力市场饱和、就业难的背景下,许多不好找活的农民工,往往不加甄别地跟着包工头背井离乡,出现纠纷后搞不清责任主体,更容易受骗,被恶意欠薪。二是建立部门协作联动机制。工会、检察院、人社、司法行政、法院等部门协调配合,建立信息互通、检查联动等机制,形成对劳动者权益维护工作的有效支持。特别是对涉及人数较多的职工维权案件,通过部门紧密协作配合,能够快速高效解决矛盾纠纷,切实维护职工合法权益和社会和谐稳定。三是"关口"前移主动排查化解。渭滨区总工会联合区人社局、区司法局开展民营企业法律法规公益"法治体检"三年行动,及时发现企业劳动用工风险隐患,通过"一函两书"等形式,督促用人单位依法规范用工,从源头上维护职工合法权益。

附录三

本书所涉文件目录

宪　法
 2018 年 3 月 11 日　　中华人民共和国宪法

法　律
 1996 年 10 月 29 日　　中华人民共和国乡镇企业法
 1999 年 8 月 30 日　　中华人民共和国个人独资企业法
 2006 年 8 月 27 日　　中华人民共和国企业破产法
 2007 年 12 月 29 日　　中华人民共和国禁毒法
 2007 年 12 月 29 日　　中华人民共和国劳动争议调解仲裁法
 2009 年 8 月 27 日　　中华人民共和国全民所有制工业企业法
 2009 年 8 月 27 日　　中华人民共和国矿山安全法
 2010 年 8 月 28 日　　中华人民共和国人民调解法
 2012 年 12 月 28 日　　中华人民共和国劳动合同法
 2015 年 4 月 24 日　　中华人民共和国就业促进法
 2016 年 11 月 7 日　　中华人民共和国煤炭法
 2018 年 12 月 29 日　　中华人民共和国劳动法
 2018 年 12 月 29 日　　中华人民共和国民办教育促进法
 2018 年 12 月 29 日　　中华人民共和国社会保险法
 2018 年 12 月 29 日　　中华人民共和国职业病防治法
 2019 年 3 月 15 日　　中华人民共和国外商投资法
 2020 年 5 月 28 日　　中华人民共和国民法典
 2021 年 4 月 29 日　　中华人民共和国消防法
 2021 年 6 月 10 日　　中华人民共和国安全生产法

2021年8月20日	中华人民共和国人口与计划生育法
2021年12月24日	中华人民共和国工会法
2022年10月30日	中华人民共和国妇女权益保障法
2023年12月29日	中华人民共和国公司法
2024年9月13日	中华人民共和国国防教育法
2024年12月25日	中华人民共和国科学技术普及法

行政法规及文件

2003年11月24日	建设工程安全生产管理条例
2007年4月9日	生产安全事故报告和调查处理条例
2010年12月20日	工伤保险条例
2012年4月28日	女职工劳动保护特别规定
2019年12月30日	保障农民工工资支付条例
2024年12月6日	使用有毒物品作业场所劳动保护条例

部门规章及文件

2000年11月8日	工资集体协商试行办法
2011年5月3日	特种设备作业人员监督管理办法
2019年2月18日	人力资源社会保障部、教育部等九部门关于进一步规范招聘行为促进妇女就业的通知
2020年12月18日	住房和城乡建设部等部门关于加快培育新时代建筑产业工人队伍的指导意见
2021年4月14日	工会会计制度
2021年6月8日	关于全面推行中国特色企业新型学徒制加强技能人才培养的指导意见
2021年6月23日	交通运输部、国家邮政局、国家发展改革委、人力资源社会保障部、商务部、市

	场监管总局、全国总工会关于做好快递员群体合法权益保障工作的意见
2021年7月16日	市场监管总局、国家网信办、国家发展改革委、公安部、人力资源社会保障部、商务部、中华全国总工会关于落实网络餐饮平台责任切实维护外卖送餐员权益的指导意见
2021年7月16日	人力资源社会保障部、国家发展改革委、交通运输部、应急部、市场监管总局、国家医保局、最高人民法院、全国总工会关于维护新就业形态劳动者劳动保障权益的指导意见
2024年1月19日	人力资源社会保障部办公厅、最高人民法院办公厅、司法部办公厅、全国总工会办公厅、全国工商联办公厅、中国企联办公室关于加强新就业形态劳动纠纷一站式调解工作的通知

司法解释及文件

2020年2月20日	最高人民法院、中华全国总工会关于在部分地区开展劳动争议多元化解试点工作的意见
2020年12月29日	最高人民法院关于在民事审判工作中适用《中华人民共和国工会法》若干问题的解释
2020年12月29日	最高人民法院关于审理劳动争议案件适用法律问题的解释（一）
2020年12月29日	最高人民法院关于产业工会、基层工会是

否具备社会团体法人资格和工会经费集中户可否冻结划拨问题的批复

其他规范性文件

2006年12月11日	企业工会工作条例
2007年8月20日	企业工会主席合法权益保护暂行办法
2008年7月25日	企业工会主席产生办法（试行）
2015年6月26日	机关工会工作暂行条例
2016年10月9日	工会基层组织选举工作条例
2016年12月12日	工会会员会籍管理办法
2017年12月15日	基层工会经费收支管理办法
2018年9月4日	事业单位工会工作条例
2018年9月12日	中华全国总工会关于加强职工互助保障活动规范和管理的意见
2019年12月31日	工会预算管理办法
2020年1月15日	中华全国总工会关于加强和规范区域性、行业性工会联合会建设的意见
2020年12月8日	基层工会法人登记管理办法
2020年12月29日	基层工会预算管理办法
2021年3月31日	工会劳动法律监督办法
2021年7月28日	中华全国总工会关于切实维护新就业形态劳动者劳动保障权益的意见
2021年8月31日	中华全国总工会、民政部关于加强社会组织工会建设的意见（试行）
2022年4月25日	中华全国总工会关于加强新时代工会女职工工作的意见
2023年10月12日	中国工会章程
2023年12月28日	工会参与劳动争议处理办法
2024年5月9日	工会女职工委员会工作条例

图书在版编目（CIP）数据

工会法一本通 / 法规应用研究中心编. -- 2 版.
北京：中国法治出版社，2025.4. --（法律一本通）.
ISBN 978-7-5216-5204-8

Ⅰ. D922.56

中国国家版本馆 CIP 数据核字第 2025S0G461 号

责任编辑：谢雯　　　　　　　　　　　　封面设计：杨泽江

工会法一本通
GONGHUIFA YIBENTONG

编者/法规应用研究中心
经销/新华书店
印刷/保定市中画美凯印刷有限公司
开本/880 毫米×1230 毫米　32 开　　　印张/ 9.625　字数/ 224 千
版次/2025 年 4 月第 2 版　　　　　　　2025 年 4 月第 1 次印刷

中国法治出版社出版
书号 ISBN 978-7-5216-5204-8　　　　　　定价：29.00 元

北京市西城区西便门西里甲 16 号西便门办公区
邮政编码：100053　　　　　　　　　　传真：010-63141600
网址：http://www.zgfzs.com　　　　　编辑部电话：010-63141784
市场营销部电话：010-63141612　　　　印务部电话：010-63141606

（如有印装质量问题，请与本社印务部联系。）